나는 왜 기독교인이 아닌가

옮긴이 송은경

1963년 부산 출생. 서울대학교 영어영문학과를 졸업했다. 『나는 왜 기독교인이 아닌가』, 『프로방스에서의 1년』, 『레오나르도 다 빈치와 마키아벨리』, 『안데르센 지중해 기행』, 『상처뿐인 어린 천사 엘렌』, 『라테란의 전설』, 『바나나』, 『러셀 자서전』, 『커피 이야기』, 『런던통신 1931~1935』 등의 번역서가 있다.

나는 왜 기독교인이 아닌가

1999년 3월 2일 초판 1쇄 펴냄
2005년 11월 10일 개정판 1쇄 펴냄
2025년 2월 24일 개정판 25쇄 펴냄

지은이 | 버트런드 러셀
옮긴이 | 송은경
펴낸이 | 윤철호
펴낸곳 | ㈜사회평론
단행본사업본부장 | 강상훈
편집위원 | 최연희
편집 | 엄귀영 윤다혜 이희원 조자양
경영지원본부 | 나연희 주광근 오민정 정민희 김수아 김승현
마케팅 | 윤영채 정하연 안은지 박찬수
디자인 | 가필드

등록번호 | 제10-876호(1993년 10월 6일)
전화 | 02-326-1182(마케팅)
주소 | 서울시 마포구 월드컵북로6길 56 사평빌딩
이메일 | editor@sapyoung.com
ISBN 978-89-5602-588-9 03100

책값은 뒤표지에 있습니다.
사전 동의 없는 무단 전재 및 복제를 금합니다.
잘못 만들어진 책은 구입하신 서점에서 바꾸어 드립니다.

나는 왜 기독교인이 아닌가
Why I am not a Christian

버트런드 러셀 지음 / 송은경 옮김

사회평론

WHY I AM NOT A CHRISTIAN
by Bertrand Russell

Korean translation copyright 1999 by Sahoipyungron Publishing Co.
this Korean edition was published by arrangement with
Routledge, London, through KCC, Seoul, Korea

이 책의 한국어판 저작권은 KCC를 통한 Routledge와의
독점계약에 의하여 (주)사회평론이 소유합니다.
신저작권법에 의해 한국 내에서 보호를 받는 저작물이므로 무단 전재와 복제를 금합니다.

편집자 서문

버트런드 러셀은 다작한 문필가였으며 소책자들과 여러 다양한 정기간행물들에 실린 기고문에도 뛰어난 것들이 많다. 이 점은 특히 종교에 관한 그의 글들에서 확인되는데, 그중 많은 것들이 일부 합리주의자 그룹 외에는 알려지지 못했다. 편집자는 이 책에서 종교에 관한 이러한 에세이를 비롯해 「자유와 대학」, 「우리의 성 윤리」 같은, 지금도 여전히 큰 관심사가 되고 있는 글들을 엮어보았다.

러셀은 논리나 지식론 같은 순수하게 추상적인 주제들에 크게 기여한 것으로 명성이 높지만, 도덕과 종교 면에서도 그가 위대한 이단자에 속했다는 점 역시 장차 중요하게 기억되리라 생각한다. 그가 순수하게 기술적인 의미의 철학자였던 적은 단 한 번도 없었다. 그는 늘 종교들이 각기 나름의 대답을 제시해온 근본적인 의문들—다시 말해, 우주에서의 인간의 위치와 선한 삶의 성격에 관한 문제들에 깊은 관심을 가졌다. 이러한 문제들을 그는 초지일관 예리함과 재치, 감명적인 어법으로 다루면서 그의 다른 저작들을 유명하게 만들었으며 그 번뜩이는 문체로 자신의 견해를 표명한다.

이러한 특징들이 이 책에 실린 에세이들을, 어쩌면 자유 사상가의 견해 표명 가운데 흄이나 볼테르 시대 이후 가장 감동적이고도 우아한 것으로 만드는지도 모른다.

버트런드 러셀의 종교에 관한 책은 어느 시대에든 출간할 만할 가치가 있는 것 같다. 오늘날, 종교의 부활을 노린 운동이 온갖 교묘한 현대식 선전 기법을 동원해 수행되고 있는 것을 목도하는 우리로서는 비신자의 주장을 다시 한 번 들을 수 있다는 것이 특히 바람직하게 느껴진다. 지난 몇 년 사이 우리는 이곳저곳 어느 구석에서나, 높고 낮거나 중간 그 어느 수준에서나, 무차별적으로 종교적 선전의 폭격을 받아왔다. 《라이프》지는 아예 다음과 같은 편집 방향을 잡아두고 있다. '독단적 유물론자들과 근본주의자들을 제외하면', 진화론과 기독교 신앙 사이의 전쟁은 '종결된지 오래이며' '우주나 생명, 혹은 인간이 순수하게 우연에 의해 진화되어 왔다는 견해에 대해…… 과학 자체도 자신있게 확인해주지 못하고 있다.' 유달리 점잖은 대접을 받는 호교론자의 한 사람인 토인비 교수는, "우리는 세속적 근거에서 공산주의자의 도전에 맞설 수 없다"고 말한다. 노르만 빈센트 필, 몽시뇨르 쉰, 기타 종교적 정신병학 교수들은 수백만 명이 보는 칼럼에서, 베스트셀러에서, 매주 전국 방방곡곡으로 퍼져나가는 라디오 및 텔레비전 프로그램에서, 신앙의 축복을 찬양해댄다. 당적을 막론하고 정치인들도, 지난 날 공직을 두고 다투기 전까진 전혀 신앙인으로 알려지지 않았던 많은 사람들이, 자기는 교회에 충실히 나간다고 주장하면서 박식한 강연을 할 때마다 빠지지 않고 하나님을 들먹인다. 우수한 몇몇 대학 강의실을 제외하면 이 문제의 부정적인 측면에 대한 애기를 언급조차 하기 어렵다.

그러므로 종교세력의 공격이 대규모 선전에만 국한되지 않는 오늘날에 있어서는 비종교주의자의 관점을 단호하게 역설하고 있는 이와 같은 책이야말로 무엇보다 절실히 요청된다. 미국의 경우 종교세력의 공격은 헌법에 명시된 교회와 국가의 분리 원칙을 뿌리부터 흔들어놓는 무수한 형태의 시도들로 나타나고 있으며 그러한 많은 시도들이 성공을 거두었다. 여기서 일일이 열거할 수 없을 정도로 많은 사례들이 있지만 이러한 혼란스러운 경향을 내버려둘 경우 기존 종교에 반대하는 사람들을 이류 시민으로 만들어버릴 소지가 충분히 있음을 보여주는 두세 가지 예를 들어보겠다. 몇 달 전 하원 산하의 한 위원회에서는, '하나님에 대한 충성'은 최고의 통치 서비스에 필수적인 조건이라고 하는 놀라운 주장을 결의안에 포함시켰다. 이 입법가들이 공식적으로 주장한 바로는 '행정부 내 혹은 산하의 어떤 지위에 있는 어떤 사람의 서비스든, 반드시 하나님에 대한 신앙을 그 특징으로 해야 한다'는 것이다. 이 결의안이 아직 입법화된 것은 아니지만 거센 반대 운동이 일지 않는 한 조만간 법률화될 수도 있다. '우리는 하나님을 믿는다'는 주장을 미국의 국가적 표어로 만들고자 하는 또 다른 결의안도 이미 상하 양원을 통과해 법률이 되어 있다. 이와 유사한 움직임들에 대해 솔직하게 비판하는 몇 안 되는 사람들 중 하나인 뉴욕 대학의 조지 악스텔 교수는 한 상원위원회 앞에서 행한 증언에서, 이러한 움직임들은 교회-국가 분리의 원칙에 대한 '작지만 중대한 침식' 행위라고 적절하게 표현한 바 있다.

헌법이 금한다고 명시하는 부분들에 종교를 주입하려는 시도는 비단 연방 법규 분야에만 국한되지 않는다. 특히 눈에 띄는 예로 뉴욕 시의 경우를 들 수 있다. 1955년, 교육위원회 산하 감독 위원회에서는 '감독관 및 교사들을 위한 지침서'에서, '공립 학교들은 우리나라가 종교 국가라는 명백한 사실을 인정하고 하나님에 대한 믿음을 고무시키며' 한발 더 나아가 '자연법 및 도덕률의 궁극적인 원천은 하나님임을 밝힌다'고 불쑥 명시한 선언문을 준비했다. 만일 이 선언문이 채택되었더라면 뉴욕 시의 교육 과정 가운데 종교의 침략을 면할 수 있는 과목은 하나도 없었을 것이다. 과학이나 수학 같은 명백하게 비종교적인 학문들의 교육조차 종교적 색채를 띤 채 이루어졌을 것이다. 그 선언문에서는 이렇게 밝혔다. '과학자들과 수학자들은 우주를 논리적이고 질서정연하며 예측가능한 곳으로 생각한다. 그들이 생각하는 하늘의 그 광대함과 웅장함, 인간 심신의 경이로움, 자연의 아름다움, 광합성 작용의 신비, 우주의 수학적 구조, 혹은 무한의 개념은 우리로 하여금 결국 하나님의 작품 앞에 고개 숙일 수밖에 없게 만든다. 그러므로 우리는 이렇게 말할 수 있을 뿐이다. "하늘은 하나님의 손으로 빚은 작품임을 생각할 때." 이렇게 해서 '산업 미술'과 같은 순수한 과목조차 그대로 두지 않았다. 감독 위원회의 철학자들은 이렇게 주장했다. '산업 미술에서 변함없이 이용되는 물질들의 고유 속성과 전기 작용, 금속과 곡물 성분, 목재의 아름다움에서 관찰되는 경이로움은 자연 세계의 계획성과 질서에 대한, 그리고 지고한 능력의 경이로운 작업에 대한 사색을 불러일으킨다.' 이 보고서가 발표되자 민간 단체는 물론 보다 자유로운 몇몇 종교 단체들로부터 엄청난 분노가 터져나오는 바람에 교육위원회는 이것을 채택할 수 없었다. 결국 가장 심한 반대에 부딪힌 구절들을 손질한 수정문이 곧이어 채택되었다. 그러나 그 수정 문안조차도, 비종교인이라면 눈살을 찌푸릴 만한 종교적 언어들 투성이어서 그것의 합헌성을 두고 법정 공방이 벌어질 것으로 예상된다.

종교업자들의 침해 행위들에 대해 지금까지 별다른 반대 여론이 일지 않는 것은 놀라운 일이다. 오늘날의 종교는 유순하고 관대하다, 박해는 과거지사라고 보는 시각이 널리 퍼진 것이 그 한 원인이 아닌가 싶다. 그러나 이것은 위험스러운 착각이다. 물론 종교계 지도자들 가운데는 자유와 관용의 진정한 옹호자들도 많고 더 나아가 교회와 국가의 분리 원칙을 굳게 믿는 이들도 많긴 하지만, 불행하게도 할 수만 있다면 예전처럼 박해를 가하고자 하고 그것이 가능할 경우 기꺼이 그렇게 하는 사람들도 많다.

대영 제국의 상황은 다소 다르다. 이 나라에서는 국교회가 존재하고, 모든 국립학교에서 종교 수업을 할 수 있도록 법적으로 인가받고 있다. 그럼에도 불구하고 이 나라의 성향은 훨씬 더 관대해서, 공직 생활을 하는 사람들도 자신이 비신자라는 사실을 별 주저 없이 공개하곤 한다. 그러나 영국에서도, 종교를 옹호하는 저속한 선전이 맹위를 떨치고 있으며 보다 공격적인 종교 집단들은 자유 사상가들이 견해를 발표하지 못하도록 안간힘을 쓰고 있다. 예를 들어 최근 베버리지 리포트는 BBC 방송에 대해, 합리주의자 대표들의 견해도 듣게 해주어야 한다고 권고한 바 있다. BBC는 공식적으로는 이 권고를 받아들였으나 실행하기 위한 아무런 후속 조치도 취하지 않았다. '종교를 배제한 도덕'을 다룬 마가렛 나이트 여사의 토크쇼는 중요한 화제에 관한 비신자들의 견해를 알리려는 극히 소수의 시도들 가운데 하나였다. 나이트 여사의 토크쇼가 각종 편협주의자들 측의 격렬한 분노를 야기하자 이에 놀란 BBC는 예전처럼 종교업자들에 아첨하는 자세로 되돌아갔다. 버트런드 러셀이 뉴욕 시립대 철학과 교수로 부임하려 하자 끝까지 방해하여 결국 좌초시킨 것도 바로 이런 세력들이다. 이 책에 실린 몇몇 에세이들은 고맙게도 원 발간자들의 허락을 받아 다시금 인쇄한 것들이다. 이 점과 관련해, 『나는 왜 기독교인이 아닌가』와 『종교는 문명에 공헌하였는가』를 발간했던 와츠 씨를 비롯한 여러분께 감사드리고 싶다. 『나는 이렇게 믿는다』를 펴낸 루트리지 씨와 케간 폴, 『인간은 죽은 뒤에도 존재하는가』를 펴낸 허치슨 씨와 그 동료들, 『토마스 페인의 운명』의 원 발행자이자 니콜슨 씨와 왓슨 씨, 「우리의 성 윤리」 및 「자유와 대학」을 최초로 실었던 《아메리칸 머큐리》의 발행자인 니콜슨 씨와 왓슨 씨께도 감사드린다. 나의 친구인 안토니 플루 교수, 루스 호프만, 세일라 메이어와, 이 책을 준비하는 과정에서 여러모로 도움을 준 나의 학생들 마릴린 자니, 사라 길릴안, 손 비스키드에게도 감사드리는 바이다.

  마지막으로, 처음부터 이 작업을 격려해주셨던 러셀 본인에게도 깊은 감사를 표하고 싶다. 변함없이 이어진 그의 깊은 관심이야말로 큰 자극이 되었다.

1956년 10월, 뉴욕시에서
폴 에드워즈

저자 서문

종교적 주제들을 다룬 필자의 여러 에세이를 재발행해주신 에드워즈 교수에게 감사드린다. 특히 서문에서 훌륭한 견해까지 덧붙여주셨다. 나로서는 이번 일이 다양한 에세이에서 다룬 주제들에 대한 나 자신의 신념을 재확인할 수 있는 기회가 되어 특히 기쁘다.

최근 몇 년 사이, 내가 과거에 비해 종교적 정통파를 덜 반대하게 되었다는 소문이 나돌았다. 이러한 소문은 전혀 근거 없는 얘기다. 나는 세계의 모든 위대한 종교들 ― 불교, 힌두교, 기독교, 회교, 공산주의까지 ― 에 대해, 진실이 아닐 뿐 아니라 해로운 것들이라고 생각한다. 이 종교들이 하나같이 불일치하니 논리적으로 생각해봐도 그중에 하나만 빼고는 진실일 수 없음이 자명하다. 극소수 예외가 있긴 하지만, 어떤 사람이 받아들이는 종교는 그 사람이 살고 있는 공동체의 종교이기 마련이므로 결국 그로 하여금 문제시된 그 종교를 받아들이게 만든 것은 환경의 영향임이 분명하다. 스콜라 신학자들이 신의 존재를 입증하는 논리적 논거라는 것을 만들어내고 기타 그와 유사한 흐름들이 나오면서 많은 저명한 철학자들이 그것을 받아들인 것은 사실이지만 이러한 전통적 주장들이 호소하는 논리는 낡은 아리스토텔레스적 논리로서 지금은 사실상 가톨릭계 논리가들 외에는 어떤 논리가도 받아들이지 않는다. 순수하게 논리적이지 못한 이러한 이론들 가운데 하나로 목적론을 들 수 있다. 그러나 이 이론은 다윈에 의해 파괴되었으며 하나님의 전지전능함을 포기하지 않고서는 논리적으로 인정받을 수 없게 되었다. 논리적 설득력은 차치하고라도, 전지전능하고 자비로운 신성이란 것이, 무생명의 성운으로서 수백만 년 동안 준비한 끝에 고작 히틀러나 스탈린, 수소 폭탄의 출현이라는 것으로 스스로 적절하게 보상받게 된다고 생각하는 사람들의 윤리 가치를 나로선 기이하게 여기기 않을 수 없다.

종교의 진실성 문제는 그것의 유용성과는 또 다른 문제이다. 나는 종교가 진실하지 못하다고 굳게 믿는 만큼이나 해롭다고 확신하는 바이다.

종교가 주는 해악에는 두 종류가 있다. 하나는 종교에 반드시 주어져야 한다고 여겨지는 믿음의 성질에 좌우되는 것이고, 또 하나는 믿어지고 있는 특정 신조들에 좌우되는 것이다. 우선 믿음의 성질에 관해 살펴보자. 여기서는, 신앙을 갖는 것, 다시 말해 반대 증거가 있더라도 흔들리지 않는 확신을 가지는 것이 도덕적인 것으로 여겨진다. 아니, 반대 증거로 인해 의심이 생기면 그 증거들을 억압해야 한다고 주장된다. 이러한 근거 위에서, 러시아의 경우 자본주의를 옹호하는 주장을 못 듣도록, 미국의 경우 공산주의를 옹호하는 주장을 못 듣도록 젊은이들의 귀를 막아버린다. 그 결과 양측의 신념이 원상 그대로 보존되면서 사생결단식의 전쟁만 준비될 뿐이다. 비록 자유로운 탐구의 뒷받침을 받지 못하는 믿음이라 하더라도 이것 혹은 저것을 믿는 것이 중요하다는 식의 확신은 거의 모든 종교들에서 볼 수 있는 현상으로서 바로 이것이 국가교육제도를 자극해댄다. 그 결과 젊은이들은 정신을 차릴 수 없을 지경이 되어 자신들과 다른 광신주의를 가진 상대편에 대해 광적인 적대감으로 가득 차게 되며, 특히 모든 종류의 광신주의에 반대하는 사람들에 대해 더한층 적의를 가지게 된다. 증거에 입각해 확신하는 습관, 증거가 확실하게 보장하는 정도까지만 확신하는 습관이 일반화된다면 현재 세계가 앓고 있는 질환의 대부분이 치유될 것이다. 그러나 지금 대부분의 나라들에서는 그러한 습관의 형성을 방해하는 것이 교육의 목표로 되어 있으며, 근거없는 독단 체제를 믿지 않겠노라고 하는 사람들은 2세를 가르칠 자격이 없다고 여겨지는 형편이다.

위에서 말한 해악들은 문제시되는 특정 신조와 관계없이, 독단적으로 주장되는 모든 신조들에 공통적으로 존재하는 것들이다. 그러나 대부분의 종교들에는, 뚜렷한 해악을 저지르는 특정 윤리적 교의들이 존재한다. 가톨릭에서는 산아제한을 금하고 있는데 만일 이 주장이 만연하게 된다면 빈곤의 완화나 전쟁의 폐지는 불가능해질 것이다. 힌두교에서는 소를 신성한 동물로 대접하고 과부의 재혼을 금하여 전혀 불필요한 고통을 야기하고 있다. 소수의 진정한 신자들에 의한 독재를 꿈꾸는 공산주의는 온갖 혐오스런 작태를 연출해내고 있다.

오직 광신주의만이 효과적인 사회 집단을 만들어낼 수 있다고 하는 얘기를 우리는 이따금 듣게 된다. 나는 이것을 역사의 교훈과 정면 배치되는 이야기라고 생각한다. 그러나 어쨌거나, 어떤 결과가 초래되든 효과만이 중요하다고 생각할 수 있는 사람들은 비굴하게 성공을 숭배하는 자들뿐이다. 내 입장에서는, 커다란 해악을 저지르는 것보다는 작은 선을 행하는 것이 낫다고 본다. 내가 바라는 세계는 독성과도 같은 집단적 적대감에서 해방된 세계, 만인의 행복은 투쟁이 아니라 협력에서 나올 수 있음을 깨달을 수 있는 세계이다. 공평무사한 증거의 창날로부터 일평생 막아준다는 명목으로 차세대들의 정신을 독단이라는 굳은 병기 속에 가둬두기보다, 정신의 자유를 목표로 하는 교육이 이루어지는 세상을 보고 싶다. 세계는 열린 가슴과 열린 정신을 필요로 한다. 그리고 그것은 낡은 체제든 새로운 체제든 굳어버린 체제에서는 결코 나올 수 없다.

버트런드 러셀

차례

편집자 서문 5
저자 서문 11

1 나는 왜 기독교인이 아닌가 17
2 종교는 문명에 공헌하였는가 43
3 나는 이렇게 믿는다 73
4 인간은 죽은 뒤에도 존재하는가 121
5 마담, 그럴까요? 아니, 그렇지 않아요 131
6 가톨릭과 신교의 회의론자들에 대하여 145
7 중세의 생활 157
8 토마스 페인의 운명 165
9 고상한 사람들 185
10 새로운 세대 197
11 우리의 성 윤리 211
12 자유와 대학 225
13 하나님은 존재하는가 243
14 종교는 우리들의 문제를 해결할 수 있는가 283
15 종교와 도덕 299

역자 후기 303

# 1

나는 왜 기독교인이 아닌가
Why I am not a Christian

이 글은 1927년 3월 6일, 전국 비종교인협회 런던 남부지부 후원하에 배터시(Battersea) 읍공회당에서 강연한 내용이다.

오늘 내가 얘기하고자 하는 주제는 '나는 왜 기독교인이 아닌가?' 하는 것이다. 먼저, '기독교인'이란 말이 어떤 의미인지 그 뜻부터 이해하고 넘어가는 것이 좋을 것 같다. 요즘 대다수의 사람들은 이 말을 대단히 느슨한 의미로 사용하고 있다. 어떤 이들은 기독교인을 훌륭한 인생을 살려고 애쓰는 사람의 뜻으로만 사용한다. 그런 의미라면 기독교인은 모든 종파나 교리에 존재할 수 있는 것이다. 그러나 나는 그것이 그 말의 적절한 의미라고는 생각하지 않는다. 기독교인이 아닌 모든 사람들—불교인, 유교인, 회교인 등—은 훌륭한 삶을 살려는 노력을 하지 않는다는 뜻이 그 속에 함축되어 있는 말이다. 나는 누구든 저 나름대로 남부끄럽지 않게 살려고 애쓰는 사람이 곧 기독교인이라고는 결코 보지 않는다. 여러분이 스스로를 기독교인이라고 할 수 있으려면 먼저 분명한 신념을 어느 정도 갖추고 있어야 한다고 생각한다. 오늘날 이 말은 성 토마스 아퀴나스 시대 때만큼 그렇게 순수한 의미를 가지지 못한다. 그때만 해도, 누군가 '나는 기독교인이요' 라고 하면 말뜻 그대로 이해되어졌다. 엄청나게 정교화된 교리 전체를 받아들이며, 교리에 나오는 자구 하나하나까지 확신을 다해 믿는다는 의미였던 것이다.

기독교인이란 무엇인가?

오늘날에는 전혀 그렇지가 못하다. 우리가 생각하는 기독교의 의미는 다소 막연할 수밖에 없다. 그러나 누구든 스스로를 기독교인이라고 할 수 있으려면 반드시 갖추어야 될 별개의 조항 두 가지가 있다고 나는 생각한다. 첫째는 교리 차원의 것이다. 즉, 하나님과 영생을 꼭 믿어야 한다. 이 두 가지를 믿지 않으면서 기독교인을 자칭하는 것은 적절하지 않다고 본다. 두 번째로 좀더 들어가, 크리스천(기독교인)이란 명칭이 내포하듯 크라이스트(예수 그리스도)에 대한 어떤 믿음이 있어야 한다. 예를 들면 회교인들도 신과 영생을 믿고 있지만 스스로를 기독교인이라고는 하지 않을 것이다. 기독교인이라면 최소한 예수가 신은 아니라 하더라도 가장 선하고 지혜로운 사람이라는 정도는 믿을 수 있어야 한다. 만일 여러분이 예수에 대해 그 정도도 믿을 생각이 없다면 스스로 기독교인이라고 할 권리가 없다고 본다. 물론 휘태커의 역서(歷書)나 지리책에서 보듯, 세계 인구를 기독교인과 회교도, 불교도, 배물교도 등으로 나누는 관점도 있긴 하다. 이런 의미에서 보면 우리는 모두 기독교인들이다. 지리책에서는 우리를 전부 기독교인에 집어넣고 있지만 그것은 순전히 지리적인 관점이므로 무시해도 좋을 것이다. 따라서 내가 왜 기독교인 아닌가를 설명하기 위해선 두 가지 문제를 반드시 짚고 넘어가야 할 것이다. 첫째, 나는 왜 하나님과 영생을 믿지 않는가? 둘째, 나는 왜 예수가 대단히 높은 수준의 도덕적 선을 행한 사람이라는 건 인정하지만 최선(最善), 최현(最賢)의 인간이었다고는 생각하지 않는가?

지난날 비신자들의 성공적인 노력이 없었다면 나는 기독교에 대해 그처럼 탄력적인 정의를 내릴 수 없었을 것이다. 앞서 말했듯 옛날의 기독교는 훨씬 더 순수한 뜻을 지니고 있었다. 예를 들어, 지옥에 대한 믿음까지 포함하고 있었다. 영원한 지옥의 불에 대한 믿음은 극히 최근까지도 기독교 신앙의 핵심적인 조항이었다. 여러분도 아시다시피 이 나라에서는 추밀원(Privy Council)의 결정으로 이 항목이 핵심적인 자리에서 밀려났지만 캔터베리 대주교나 요크 대주교는 그 결정에 반대했다. 그러나 이 나라에서 우리의 종교는 의회의 법률이 결정하는 것이므로 추밀원은 그들 대주교를 무시할 수 있었고 결국 지옥은 기독교인에게는 더 이상 필요하지 않게 되었다. 그러므로 나는 기독교인은 반드시 지옥을 믿어야 한다고 우기진 않을 것이다.

하나님은 존재하는가?

하나님의 존재를 논하는 것은 아주 중차대한 문제이다. 따라서 내가 이 문제를 정말 제대로 다루려면 '천국'이 올 때까지 여러분들을 이 자리에 붙잡아두어야 할 것이다. 그땐 내가 이 문제를 다소 약식으로 다루어도 여러분은 날 용서할 수밖에 없을 테니까. 물론 여러분도 아는 바와 같이, 가톨릭 교회는 하나님의 존재는 순수 이성에 의해 입증될 수 있다는 교리를 못박아두었다. 다소 기묘한 교리이긴 하지만 분명히 그들의 교리 중의 하나다. 그들이 이러한 교리를 도입하게 된 것은 한때 자유 사상가들이, 믿음의 영역에서는 물론 하나님이 존재한다고 알고 있지만 이성만 가지고 따지자면 신의 존재를 부정하지 않을 수 없게 만드는 이러저러한 논거들이 존재한다고 입버릇처럼 말해왔기 때문이다. 그러한 주장과 논거들이 장황하게 쏟아져 나오자 가톨릭 교회는 중단시켜야겠다고 판단했다. 그렇게 해서 그들은 하나님의 존재는 순수 이성에 의해 증명될 수 있다고 못박았고, 자신들의 이론도 그 점을 증명하기 위한 것이라고 결말짓지 않을 수 없었다. 그러한 이론은 물론 셀 수도 없이 많지만 여기서는 몇 가지만 다뤄보기로 하겠다.

제1원인론

아마도 가장 단순하고 이해하기 쉬운 이론은 제1원인론일 것이다(이 이론에서는 우리가 보는 이 세상 만물에는 모두 원인이 있으며 그 원인의 사슬을 따라 점점 깊이 들어가다보면 최초의 원인에 도달할 수밖에 없게 되는데 그 제일 마지막의 원인에 하나님이란 이름을 붙여야 한다고 주장한다). 이 이론은 오늘날 그다지 높은 비중을 차지하지 못하는 것 같다. 무엇보다도, 원인이란 것 그 자체가 과거와 많이 달라졌기 때문이다. 철학자와 과학자들은 계속해서 원인에 대해 캐 들어가고 있지만 옛날과 같은 활력은 찾아보기 어렵다. 그러나 그 점은 차치하더라도, 제1원인은 반드시 존재한다는 이론에서 다소라도 타당성을 발견하기란 어렵다. 나의 경우, 젊을 때 이 문제에 대해 아주 진지하게 생각했고, 오랫동안 제1원인론을 믿고 있었다. 그러던 어느 날 내 나이 열여덟이었을 때, 존 스튜어트 밀의 『자서전』을 읽다가 다음과 같은 구절을 발견했다.

"아버지는 내게 이렇게 가르치셨다. '누가 날 만들었는가?' 라

1 나는 왜 기독교인이 아닌가

는 물음에는 해답이 있을 수 없다. 왜냐하면 그 즉시 '누가 하나님을 만들었는가?' 라는 보다 깊은 물음이 제기되기 때문이다."

지금도 그렇게 생각하지만, 아주 단순한 이 구절이 내게 제1원인론의 오류를 보여주었다. 모든 것에 원인이 있다고 한다면 하나님에게도 원인이 있어야 할 것이고, 어떤 것이 원인 없이 존재할 수 있다면 세상도 하나님처럼 원인 없이도 존재할 수 있어야 할 것이므로 이 이론에는 아무런 타당성도 없다. 이 논리는, 세계는 코끼리 등에 얹혀 있고 그 코끼리는 거북이 등에 얹혀 있다고 보는 힌두교도의 관점과 하나도 다를 바 없다. '그럼, 그 거북이는?' 하고 물었더니 그 인도인은 '우리 주제를 바꿔보는 게 어떻겠소' 라고 대답했다. 원인이 없다면 세상은 생겨나지 못했다고 볼 이유도 없지만, 반대로 세상이 항시 그렇게 존재해 있었다고 해서 안 될 이유도 없다. '세상은 시초를 가진다' 고 생각할 이유가 전혀 없는 것이다. 사물에는 시초가 있어야 한다는 생각이야말로 우리의 상상력의 빈곤과 다름없다. 그러므로 내가 볼 땐 제1원인에 관한 이론으로 더 이상 시간을 낭비할 필요가 없을 것 같다.

자연 법칙론

다음으로, 자연 법칙에서 끌어낸 아주 흔한 이론이 있다. 이 이론은 특히 아이작 뉴턴 경과 그의 우주론의 영향을 받으면서 18세기 내내 유행했다. 행성들이 중력의 법칙에 따라 태양 주위를 돌고 있음을 관찰한 사람들은 하나님이 행성들을 그렇게 특정한 형태로 움직이도록 명령했으며 바로 그 때문에 행성들이 그렇게 돌게 된 것이라고 생각했다. 이 편리하고 단순한 설명은 중력의 법칙을 더 깊이 파고들어야 하는 수고를 그들에게서 덜어주었음은 물론이다. 오늘날 우리는 아인슈타인이 도입한 다소 복잡한 방식으로 중력의 법칙을 설명한다. 나는 이 자리에서 아인슈타인이 해석한 중력의 법칙에 관해 강의하려는 것은 아니다. 그렇게 하자면 또 얼마간의 시간이 걸릴테니까 말이다. 어쨌거나 지금은, 이유는 아무도 모르지만 자연은 획일적인 방식으로 움직인다고 하는 뉴턴식 체계하의 자연법칙 따위는 믿지 않게 되었다. 우리는 이제, 과거에 자연 법칙이라고 생각했던 많은 것들이 사실은 인간의 인습이란 것을 알게 되었다. 까마득히 깊은 우주 공간에서도 1야드는 여전히 3피트라는 것을 여러분은 안다. 참으로 놀라운 사실임에는 분명하지만 그것을 가리켜 자연 법칙이라고 할 사람은 없을 것이다. 지금까지 자연 법칙으로 여겨져 왔던 것 중에는 이런 것들이 너무도 많다. 그에 반해, 원자가 실제로 하는 일에 대해 알아보면 원자들이 법칙에 따르는 정도가 생각보다 훨씬 낮다는 것, 그리고 우리가 도달하는 법칙들은 그저 우연히 생겨날 수 있는 것들의 통계적 평균치에 불과하다는 것을 알게 된다. 아시는 바와 같이, 주사위를 던지면 36회에 한 번씩 6이 연달아 나오게 된다는 법칙이 있긴 하지만 우리는 그 법칙이 주사위가 목적에 따라 구른다는 것을 증거한다고 생각지는 않는다. 그러나 만일 주사위를 던질 때마다 매번 6이 연달아 나온다면 거기엔 무슨 목적이 작용했다고 생각하지 않을 수 없다. 자연 법칙에는 이런 류의 것들이 매우 많다. 그것은 확률의 법칙에서 생겨나는 것과 같은 통계적 평균치들이다. 그리고 바로 이런 점 때문에 자연 법칙의 모든 현상은 과거에 비해 훨씬 감동이 줄게 되었다. 당장 내일이라도 변할지 모르는 과학의 일시적 상태를 대변하는 이러한 측면과는 별도로, 자연 법칙들의 존재는 결국 법칙 부여자를 함축한다고 보는 견해가 있다. 이러한 생각들은 자연 법칙과 인간의 법칙을 혼동한 데서 기인한다. 인간의 법칙은 여러분에게 어떤 식으로 행동할 것을 지시하는 명령으로서, 여러분은 그대로 행동할 수도 있고 따르지 않을 수도 있다. 그러나 자연 법칙은 사물들이 실제로 어떻게 움직이는가를 기술하는 것으로서 사물의 실제 움직임을 기술하는 데 지나지 않으므로 사물에 대해 이러저러하게 움직이도록 명령하는 자가 반드시 있다고 말할 순 없다. 왜냐하면 그런 존재가 있다고 가정하는 순간 곧 다음의 의문에 직면하기 때문이다. '하나님은 왜 그러한 자연 법칙들만 만들고 다른 법칙들은 만들지 않았는가?' 만약에 이것이 하나님 자신의 기분에 따라 그렇게 된 것일 뿐 다른 이유가 없다고 한다면 결국 법칙의 지배를 받지 않는 것들도 있다는 뜻이 되고 그렇게 되면 자연 법칙의 일관성은 깨어지고 마는 것이다. 만일 상당수 정통 신학자들이 주장하듯, 하나님은 모든 법칙을 만듦에 있어 다른 법칙이 아닌 바로 그것들을 만들게 된 이유—물론 최선의 우주를 창조하는 것이 그 이유였다고 하겠지만 실상을 보면 그런 것 같지도 않다—가 있었다. 다시 말해 하나님이 만든 법칙들에는 이유가 있었다고 본다면, 하나님 자신도 어떤 법칙에 따랐다는 얘기가 되므로 하나님을 중재자로 끌어들여 봤자 아무런 유리할 것도 없게 된다. 결국 법칙은 신성한 칙령 외부에 그리고 그 이전에 존재한다는 얘기가 되므로 하나님은 별 소용이 없게 된다. 왜냐하면 그는 최종적인 법칙 부여자가 아닌 셈이니까. 한마디로, 자연 법칙에 관한 이러한 이론들은 더 이상 과거와 같은 힘을 지니지 못한다. 나는 이 이론들을 검토하기에 가장 적절한 시대에 살고 있으며, 하나님의 존재를 설명하는 데 이용되는 이론들은 시간이 흐르면서 그 성격이 바뀌었다. 처음 등장했을 때 그것들은 명백한 오류들을 지식으로 위장한 견고한 이론들이었다. 그러나 현대로 접어들면서 지적 지지도가 점점 낮아지자 일종의 도덕적 모호함으로 가장하는 경향이 높아지고 있다.

목적론

다음으로 살펴볼 이론은 목적론이다. 여러분도 다 아는 얘기겠지만, 세상 만물은 우리가 이 세상에서 살아가기에 꼭 맞도록 만들어져 있기 때문에 만에 하나 이 상태에서 조금만 달라진다면 우리는 살아갈 수 없으리라고 주장하는 것이 바로 목적론이다. 이것은 때로 다소 기묘한 형태로 등장하기도 한다. 예를 들어 토끼의 꼬리가 흰 것은 총 쏘기에 좋도록 하기 위해서라고 하는 주상도 있나. 목석론을 응용한 이 같은 해석을 토끼들이 어떻게 생각할지 의심스럽다. 패러디(Parody)하기 딱 좋은 이론이다. '코는 안경 쓰기에 알맞도록 만들어졌음에 분명하다'고 하는 볼테르의 말도 들어보았을 것이다. 이런 류의 패러디는 18세기에는 엉뚱하게 들렸을지 모르지만 반드시 그런 것만도 아닌 것으로 밝혀졌다. 다윈 이후로 우리는 생물이 각자의 주위 환경에 적합하게 된 이유에 대해 많이 알게 되었기 때문이다. 그것은 즉, 환경이 생물에 맞추어 만들어졌기 때문이 아니라 생물이 환경에 맞추어 변해왔기 때문이며 이것이 바로 적응의 기본 원리이다. 거기에 목적의 증거 따위는 전혀 없다.

이 목적론을 살펴보노라면, 온갖 결함들을 지닌 세상에 사는

1 나는 왜 기독교인이 아닌가

사람들이 어떻게 이 세계를 전지전능한 하나님이 수백만 년에 걸쳐 만들어놓은 최선의 것이라고 믿을 수 있는지가 놀라울 따름이다. 나는 정말이지 믿어지지가 않는다. 생각해보라, 만일 여러분에게 전지전능과 수백만 년의 세월을 주면서 세상을 완성시켜보라고 했다면 고작 공포의 KKK단이나 파시스트 같은 것 밖에 만들 수 없었을까? 게다가, 과학의 일반 법칙을 인정한다면 인간과 이 지구상의 모든 생명체는 적당한 과정을 거쳐 결국에는 다 멸종될 것이란 점도 예상하지 않을 수 없다. 태양계 몰락의 한 단계로서 말이다. 몰락의 어느 단계에 이르면 원형질의 생성에 적당한 온도 따위의 조건들이 주어지고 그렇게 해서 태양계 전체의 일생 가운데 잠시 생명이 존재하게 된다. 우리는 바로 달에서 지구의 예상되는 앞날을 본다. 죽음, 냉기, 무생명으로 뒤덮인 그 모습 말이다.

그런 류의 시각은 사람을 우울하게 만들고, 그런 견해를 믿는다면 계속해서 살아갈 수 없을 것 같다고 말하는 이들도 있을 것이다. 그러나 그런 얘기는 믿지 말기 바란다. 말도 안 돼는 소리들이다. 지금으로부터 수백만 년 후에 일어날 일을 두고 정말로 심각하게 걱정하는 사람은 아무도 없다. 설령 자기가 진심으로 걱정하고 있다고 생각해도 실상 그들은 스스로를 속이고 있는 것일 뿐이다. 사람들이 걱정하는 것은 훨씬 더 현세적인 일, 이를테면 단순한 소화 불량 때문일 수는 있지만 수백만 년 후에 이 세상에서 일어날 일을 생각하고 정말로 심각하게 슬퍼지는 사람은 아무도 없다. 그러므로 생명이 사라진다고 생각하는 것은 물론 우울한 일이긴 하지만 적어도 우리는 그렇게 말하지 않을 수 없으며—그러나 이따금, 인생을 살아가는 사람들이 하는 짓거리를 곰곰이 성찰해보노라면 나로선 그 생각이 차라리 위로에 가깝게 느껴질 때가 있다―그것 때문에 인생이 비참해질 것까진 없다고 본다. 그저 여러분의 관심을 다른 데로 돌려보게 만드는 정도일 것이다.

신성을 위한 도덕론

이제 우리는, 신학자들이 논증 작업을 통해 만들어낸 지적 계보라고 할 수 있는 것에서 좀더 깊이 들어간 단계에 이르렀다. 다시 말해, 소위 하나님의 존재를 지지하는 도덕론과 만나게 됐다. 여러분도 잘 알고 있겠지만 과거 하나님의 존재를 지지하는 지적 이론에는 세 종류가 있었는데 임마누엘 칸트의 『순수 이성 비판』에 와서 모두 처분되었다. 그러나 칸트는 그러한 이론들을 처분하자마자 새 이론을 하나 만들어냈는데 그것이 바로 도덕론이며 그는 이 이론을 굳게 확신했다. 사실 칸트도 대부분의 사람들과 비슷했다. 즉, 지적 차원에시는 회의직이있고 도딕직 사원에서는 사기 너너니 무릎에서부터 들어온 금언들을 은연중에 믿고 있었다. 이 대목에서, 정신 분석가들이 강조해 마지않는 사실 하나가 입증된다. 사람에게는 성장 후의 관계보다 유년기의 관계에서 받은 영향이 훨씬 더 크게 작용한다는 얘기 말이다.

어쨌거나 칸트는 앞서 말한 대로, 하나님의 존재를 지지하는 새로운 도덕론을 창안했으며 그 이론은 다양하게 형태를 바꿔가며 19세기 내내 큰 호응을 받았다. 그의 도덕론에는 온갖 종류의 형태가 있는데 그중 하나에서는 하나님이 존재하지 않는다면 옳고 그름도 있을 수 없다고 주장한다. 옳고 그름 사이에 실제로 차이가 있든 없든 나로서는 전혀 관심이 없다. 그것은 또 다른 문제이기 때문이

1 나는 왜 기독교인이 아닌가

다. 나의 관심사는, 옳고 그름에 차이가 있다고 확신하게 되면 곧바로 다음과 같은 의문 상황에 놓이게 된다는 점이다. '그럼 그 차이는 하나님의 명령 때문에 생기는 것인가, 그렇지 않은가?' 만일 하나님의 명령에 의해 생기는 거라면 하나님 자신에게는 옳고 그름이 아무 차이가 없다는 얘기가 된다. 따라서 하나님에게는 선(善)이라는 말 자체가 벌써 아무 뜻 없는 말이 되고 만다. 만일 여러분들이 신학자들처럼 하나님은 선하다고 말하려면, 옳고 그름은 하나님의 명령과는 무관하게 어떤 의미를 지닌다고 말하지 않으면 안 된다. 왜냐하면 하나님 자신이 옳고 그름을 만들었다는 자명한 사실과는 상관없이 하나님의 명령은 선이며 악이 아니기 때문이다. 그러므로 여러분이 그렇게 말할 수 있기 위해선, 옳고 그름은 오직 하나님에 의해서만 생겨난 것이 아니라 그 본질에 있어 논리적으로 하나님에 앞서 존재한다고 말할 수 있어야 한다. 물론 각자의 기호에 따라, 보다 우월한 신이 있어 이 세계를 만든 하나님에게 명령을 내린 거라고 해도 좋고, 우리가 알고 있는 이 세계는 사실 신이 보지 않는 틈을 타 악마가 만들어낸 것이라고 보는 일부 그노시스(gnosis)주의자들의 노선을 택할 수도 있을 것이다. 나는 후자가 대단히 그럴싸한 견해라고 종종 생각해보긴 했지만 거기에 대해선 할 말들이 많을 것이고 나도 지금 그 문제로 시비하고 싶진 않다.

불의 치유론

이번에는 도덕론의 아주 기이한 형태 하나를 다뤄보자. 그것은 하나님의 존재는 이 세상에 정의를 가져오기 위해 반드시 필요하다고 주장한다. 우리가 알고 있는 우주 이 한편에는 너무도 큰 불의(不

義)가 존재한다. 그리고 선한 자들이 고통 받는 일도 많고 악한 자들이 융성하는 일도 많아서 둘 중에 어느 것이 더 괴로운 일인지조차 분간이 안 될 때가 많다. 그러므로 우주 전체에 정의가 존재한다고 믿기 위해서는 이 지구상 삶의 불균형을 바로잡아주는 내세를 가정하지 않을 수 없다. 따라서 긴 안목에서 결국 정의가 존재하게 하기 위해 하나님은 있어야 하며 천국과 지옥이 있어야 한다고 말한다. 이것은 참으로 이상한 논리다. 만일 여러분이 이 문제를 과학적 견지에서 본다면 이렇게 말하게 될 것이다. '결국 나는 이 세상밖에 모른다. 우주의 다른 부분들에 대해선 전혀 알지 못한다. 그러나 확률에만 입각해 말할 수 있다고 한다면, 아마도 이 세상이 우주 전체의 평균적 표본일 것이고 그러니 여기에 불의가 존재한다면 다른 곳들에도 역시 불의가 존재할 가능성이 있다고 말할 것이다.' 여러분이 오렌지 상자를 하나 받아서 열어보았다고 가정해보자. 맨 윗줄 오렌지들이 모조리 상했다는 걸 알게 되었을 때 여러분은 '그 밑의 것들은 분명히 싱싱할 것이다. 그래야 불균형이 바로잡히니까' 라고 하지는 않을 것이다. '아마도 상자 전체를 상한 것들로만 채워 보냈겠군' 이라고 말할 것인데, 과학적인 사람이 우주에 관해 주장할 수 있는 것도 바로 그것이다. 다시 말해, '여기 이 세상에서 우리는 엄청난 불의를 본다. 그렇다고 한다면 정의가 세계를 다스리는 것은 아니라고 보는 것이 마땅하다. 따라서 그러한 사실에 근거하는 한, 신의 존재를 인정하는 도덕론이 아닌 부인하는 도덕론을 받아들일 수밖에 없다.' 내가 지금까지 여러분에게 설명해온 지적 이론들이 사람들을 진정으로 감동시키지 못한다는 건 물론 나도 잘 알고 있다. 정말로 사람들을 움직여 하나님을 믿도록 만드는 것은 지적 이론 따위가 아니다. 사람들이 하나님을 믿는 것은 대부분 어릴 때부터 그래야 한다고 배워왔기 때문이며 바로 그것이 주된 이유다.

그럼 그 다음으로 강력한 이유는 무엇일까? 나는 그것이 안전에 대한 갈망, 즉 나는 돌봐줄 큰 형님이 계시는 것 같은 느낌에 대한 갈망이라고 생각한다. 이것은 사람들로 하여금 하나님을 믿고 싶어지게 만드는 데 지대한 영향력을 행사하는 요인이다.

예수 그리스도의 성격

이제부터는, 합리주의자들에 의해 충분히 다뤄지고 있지 않다고 종종 생각되는 문제에 대해 몇 마디 말하고자 한다. 예수 그리스도는 과연 최선, 최현의 사람이었나 하는 문제 말이다. 여기에는 당연히 누구나 동의할 거라고 일반적으로들 생각한다. 그러나 나는 그렇게 생각하지 않는다. 물론 나는 예수에게는 내가 공감할 수 있는 점들이 참으로 많다고 생각하며, 그 공감의 정도는 기독교인으로 자처하는 사람들보다 훨씬 더 크다고까지 말할 수 있다. 내가 앞으로도 계속해서 그와 함께 할 수 있을지는 모르겠지만 과거 나는 그와 더불어 여느 독실한 기독교인보다 멀리까지 갈 수 있었다. 예수가 한 말을 여러분은 기억할 것이다. '악을 대적하지 말라, 누구든지 네 오른뺨을 치거든 왼뺨도 내주어라.' 이것은 새로운 가르침도 새로운 신조도 아니다. 예수보다 약 5, 6백 년 전에 이미 노자나 석가가 하신 말씀이다. 그럼, 기독교인들은 진정 사실로 받아들이는 신조냐 하면 그것도 아니다. 이 나라의 현 수상(스탠리 볼드윈)을 예로 들어 보자. 그가 독실하기 그지없는 기독교인이라는 데 대해선 나도 전혀 의심하지 않지만 그렇다고 해서 여러분에게, 가서 그 사람의 한쪽 뺨을 때려보라고 권하지는 않겠다. 아마도 여러분은 수상이 성경의 이 구절을 비유를 위한 것으로 이해하고 있다는 것을 알게 될 테지만.

그런데 내가 볼 때 아주 훌륭한 게 하나 더 있다. '심판받지 않으려거든 심판하지 말라' 는 예수의 말을 기억하실 것이다. 여러분은 잘 알지 못할테지만 한때 기독교 국가들의 법정에서 이 신조가 유행했다. 나는 지금까지 살아오면서 매우 독실한 기독교인 판사들을 꽤 많이 알게 되었는데, 자신이 하는 일이 기독교 신조에 위배된다고 느끼는 사람은 단 한 명도 없었다. 또한 예수는 '네게 구하는 자에게 줄 것이며, 네게서 빌어가고자 하는 자를 외면하지 말라' 고 했는데 이 말 역시도 아주 훌륭한 신조다.

좀전에 여러분들의 협회장은 우리가 여기서 정치를 논하려는 것이 아니라고 말한 바 있지만 나로선 지난번 총선 얘기를 하지 않을 수 없다. 그것은, 네게서 빌어가려 하는 자를 외면하는 것이 얼마나 바람직한 일인가의 문제를 두고 붙은 싸움이었으며, 그러니 우리로선 이 나라의 자유당과 보수당이 예수의 가르침에 동의하지 않는 사람들로 구성되어 있다고 볼 수밖에 없다. 당시 그들은 정말이지 매몰차게 외면했으니까.

그리고 또 하나 예수의 가르침이 있는데, 내가 볼 땐 아주 많은 것을 담고 있다고 생각하지만 일부 우리의 기독교인 친구들 사이에선 크게 인기 있는것 같지가 않다. '네가 완벽해지고자 한다면 가서, 네가 가진 것을 팔아 가난한 자들에게 주어라' 는 말씀이다. 이것은 대단히 뛰어난 가르침이지만 말한 바와 같이, 그다지 실천되고 있지 못하다. 이 모든 말씀들은 다 좋은 가르침이라고 생각한다. 그러나 살면서 행하기는 다소 어렵다. 당장 나부터도 그 말씀들에 따라 산다고 공언하지는 못한다. 그러나 결국 다 그렇다 해도 기독교인은 경우가 한참 다르다.

예수의 가르침에 담긴 결함들

나는 예수가 남긴 교훈들이 훌륭하다는 건 인정하지만 복음서들에 묘사된 것과 같은 예수의 최고 지혜나 최고 선을 받아들이기 어렵게 만드는 몇 가지 사항을 지적하지 않을 수 없다. 그러나 여기서 역사적 문제는 우리의 관심사가 아니라는 점을 먼저 밝히고자 한다. 역사적으로 본다면, 예수가 과연 존재했는가부터가 지극히 의심스러울 뿐 아니라 실존 인물이었다 하더라도 우리로선 그에 관해 아는 것이 전혀 없기 때문에 문제가 대단히 어려워진다. 따라서 나는 역사적인 문제에 대해서는 관심이 없다. 나의 관심사는 복음서에 나타난 예수이기 때문에 복음 기록자의 해석에 따르겠지만, 그 중에는 그다지 현명한 것 같지 않은 대목 몇 군데가 발견된다. 첫째, 예수는 자신이, 당시에 살고 있던 사람들이 모두 죽기 전에 찬란한 구름 속에서 재림하게 될 것으로 굳게 믿었다. 이것을 증명할 만한 구절은 대단히 많다. 예를 들어 '사람의 아들(구세주)이 올 때까지 너희는 이스라엘로 넘어가지 못 하리라' 고 예수는 말했다. 또 '여기 서 있는 자 중에 사람의 아들이 그의 왕국으로 들어갈 때까지 죽음을 맛보지 않을 자가 몇 명 있다' 고도 하였다. 예수가 그렇게 믿었다고 보여지는 대목은 그 밖에도 많다. 예수는 당시 살았던 사람들의 생전에 자신의 재림이 실현되리라고 믿었다. 그의 초창기 추종자들도 그렇게 믿었고 그의 수많은 도덕적 가르침의 기초도 바로 그것이었다. 예수가 '내일 일을 걱정하지 말라'고 한 것이라든지 기타 그와 유사한 말들을 했을 때는 가까운 시일 내에 재림이 일어날 것이니 현세의 모든 일상적인 일들은 중요하지 않다고 생각했을 가능성이 크다. 나는 재림이 임박했다고 믿었던 기독교인들을 실제 몇 사람 알고 있다. 재림이 정말로 코앞에 다가왔다고 말해 교인들을 놀라 기절초풍하게 만들었던 목사도 한 사람 있었다. 그러나 교인들은 그 목사가 정원에 나무를 심고 있는 것을 보고 크게 안심했다고 한다. 초기 기독교인들은 예수의 재림을 진심으로 믿었다. 그들이 정원에 나무 심는 것과 같은 행위들을 삼간 것은 재림이 임박했다는 믿음을 예수에게서 전해 받았기 때문이었다. 이런 점에서 보면 예수는 분명히 다른 지혜로운 이들만큼 현명하지 못 했으며, 따라서 지고의 현자일 수도 없었다.

도덕상의 문제

이제 도덕적 문제로 넘어가보자. 내가 볼 때 예수의 도덕적 성격에는 대단히 중대한 결함이 한 가지 있는데 그것은 즉, 그가 지옥을 믿고 있었다는 점이다. 나는 누구든 진정으로 깊은 자비심을 가진 사람이라면 영원한 형벌 따위를 믿을 수는 없을 거라고 생각한다. 복음서에 그려진 대로라면 예수는 분명히 영원한 형벌을 믿었으며, 자신의 설교에 귀 기울이려 하지 않는 사람들을 향해 보복적인 분노를 터뜨리는 대목이 수차례 발견된다. 이러한 태도는 평범한 설교자들에게서는 보기 드문 것도 아니지만 훌륭한 존재가 그런다는 것은 어쩐지 품위에 어울리지 않는다. 이를 테면 소크라테스에게서

1 나는 왜 기독교인이 아닌가

는 그러한 태도를 찾아볼 수 없다. 그는 자기 말에 귀 기울이지 않는 사람들에게 매우 부드럽고 점잖았음을 보게 되는데 내 생각에도 격분하는 것보다는 그 쪽이 훨씬 더 성자다운 태도가 아닐까 싶다. 아마도 여러분은 소크라테스가 죽어가면서 한 말이라든지, 자기와 생각을 달리하는 사람들에게 늘 했던 말들을 기억하실 것이다.

여러분은 복음서에서 다음과 같은 말을 보게 된다. '너희, 뱀의 무리, 독사의 자식들아, 너희가 어찌 지옥의 저주를 면하겠느냐?' 예수가 자신의 설교를 좋아하지 않았던 사람들에게 한 말인데, 내가 볼 땐 결코 좋은 어조가 아니다. 복음서에는 지옥을 언급하는 이런 말이 대단히 많다. 성령을 거역한 죄악에 대해 말한 유명한 구절도 물론 있다. '누구든 성령을 욕되게 말하는 자는 이 세상에서나 저 세상에서나 용서받지 못 하리라.' 이 구절은 이 세상에 말할 수 없이 많은 불행을 야기했다. 사람들이 자신을 돌아보니 모두 성령에 대해 죄를 지은 것 같아 모두들 이 세상에서도 저 세상에서도 용서받지 못하겠구나 생각하게 된 것이다. 내 생각으로는 진실로 자비로운 성품을 지닌 사람이라면 결코 그와 같은 두려움과 공포를 이 세상에 심어놓지는 않았을 것이다.

예수는 또 이렇게 말한다. '사람의 아들이 그의 천사들을 보내어 그의 왕국에서 거역하는 자와 부정하는 자를 모두 거두어 불가마에 던져버리리니, 거기서 통곡하고 이를 갈게 되리라.' 통곡하고 이를 간다는 대목을 예수는 이어지는 구절에서도 계속해서 말하고 있는데 이 부분을 읽는 사람으로서는 통곡하고 이를 가는 장면을 떠올리며 어떤 쾌감을 느낀 건 아닌가 의심스러워지지 않을 수 없다. 그게 아니라면 그처럼 자주 언급될 리가 없다. 다음으로 여러분은 양과 염소에 관한 대목을 기억할 것이다. 재림이 일어날 때 양과 염소를 어떻게 나눌 것인가를 얘기하면서 예수는 염소들에게 이렇게 말한다.

'너 저주받은 자여, 내게서 떠나 영원한 불 속으로 들어가라.' 계속해서 '이들을 영원한 불 속에 사라지게 하라'고 한다. 이어 다시 이렇게 말한다. '너의 한 손이 네 뜻을 거역하면 그 손을 끊을지니, 병신이 되어 생명으로 가는 것이 두 손을 가지고 지옥으로, 영원히 꺼지지 않는 불 속으로 들어가기보다 나으리라. 거기에는 언제나 구더기가 들끓고 불이 꺼지지 않느니라.' 이 얘기 역시 예수는 계속해서 되풀이한다. 나는 죄에 대한 형벌은 지옥불로 다스린다는 이 모든 교리가 잔인한 교리라고 말하지 않을 수 없다. 그것은 세상에 잔인성을 심고, 대를 잇는 잔인한 고문을 부여한 교리다. 그렇게 된 원인을 따져볼 때, 예수 기록자들이 묘사한 대로라면 분명 복음서의 예수에게 어느 정도 책임이 있다고 생각지 않을 수 없다.

중요성은 다소 덜하지만 그 밖에 다른 예들도 있다. 이를테면 가다렌(Gadarene) 지방의 돼지떼에 관한 대목에서는 참으로 비정하게도 마귀를 돼지들 속에 들어가게 하여 돼지떼가 비탈로 내리달아 바다 속에 빠져버렸다. 여기서 여러분은 예수가 전능자였다는 것, 따라서 마귀들을 그냥 조용히 사라지게 만들 수도 있었다는 점을 잊어서는 안 된다. 그러나 그는 마귀들을 돼지들 속에 들여보냈다. 이번에는, 들을 때마다 늘 사람을 어리둥절하게 만드는, 무화과 나무에 관한 희한한 얘기가 있다. 여러분도 잘 아는 얘기지만 그 내막은 다음과 같다.

"시장기를 느낀 예수께서 멀리 서 있는 이파리 무성한 무화과를 보시고 먹을 것이 있을까 하고 그리로 가셨다. 무화과수에 가보니 아직 열매 맺을 때가 되지 않아 잎사귀 외엔 아무것도 없음을 아시게 되었다. 그때 예수께서 대답하시고 나무에 이르기를 '지금부터 영원히 아무도 네 열매를 먹지 못하리라' 하시니…… 베드로가 예수께 말씀드리기를 '주여, 주께서 저주하신 저 무화과수를 보소서, 시들어버렸나이다' 라고 하였다."

참으로 이상한 이야기가 아닐 수 없다. 무화과가 열릴 철도 아닌데 나무를 탓하다니 말이다. 나로서는 예수가 지혜로 보나 도덕성으로 보나 역사에 남은 다른 사람들만한 높은 위치에 있다고 도저히 볼 수 없다. 그런 점들에 있어서는 석가나 소크라테스를 예수 위에 놓아야 한다고 생각한다.

감정적 요소

앞서도 말했지만 나는 사람들이 종교를 받아들이는 진정한 이유는 이론과는 아무 관계가 없다고 생각한다. 사람들은 정서적 이유 때문에 종교를 받아들이고 있다. 종교는 사람을 덕 있게 만들어주기 때문에 종교를 공격하는 것은 아주 나쁜 짓이라는 말을 우리는 종종 듣는다. 나도 그런 얘길 듣는다. 그러나 나는 그렇게 생각하진 않는다. 여러분은 이 문제를 패러디한 사뮤엘 버틀러(Samuel Butler)의 『다시 찾은 에레혼』이란 책을 물론 알 것이다. 히그스라는 사람이 에레혼이라는 어느 먼 나라에 도착하게 된다. 거기서 얼마간 지내던 그는 기구를 타고 그 나라에서 빠져나온다. 이십 년이 지난 후 그 나라를 다시 찾은 그는 자신을 태양의 아들로 숭배하는 새로운 종교가 퍼져 있음을 알게 되는데 여기서는 그가 하늘로 올라간 것으로 전해지고 있다. 때마침 그의 승천 기념제가 벌어지려고 하는 순간 그는 행키와 팽키라는 교수들이 서로 얘기하는 소리를 듣게 된다. 자신들은 인간 히그스에겐 눈길도 주지 않으며 앞으로도 그러고 싶다는 얘기였다. 그런데 그 사람들은 다름아닌 태양의 아들교의 고위 사제들이다. 격분한 히그스는 그들에게 가 말한다. '나는 이 엉터리 수작을 모두 폭로하고 그들의 신은 바로 나, 인간 히그스이며 나는 기구를 타고 하늘로 올라갔던 거라고 에레혼 사람들에게 밝히겠다.' 그러자 그들이 말했다. '그래서는 안 됩니다. 이 나라의 모든 도덕은 이 신화를 중심으로 짜여 있어요. 만일 당신이 하늘로 올라간 게 아니라는 것을 알게 되면 사람들이 모두 사악해질 겁니다.' 결국 그는 그들의 얘기에 설득당한 채 조용하게 빠져 나온다.

바로 이 점이다. 기독교에 매달리지 않으면 우리는 모두 사악해질 것이란 얘기 말이다. 내가 보기엔 기독교에 매달려온 사람들이 대부분 극악했다. 여러분은 이 기묘한 사실, 즉 어떤 시대든 종교가 극렬할수록, 독단적인 믿음이 깊을수록, 잔인성도 더 커졌고 사태도 더 악화되었다는 점을 발견할 것이다. 누구나 기독교를 철저히 믿었던 소위 신앙의 시대에는 고문 기구를 갖춘 종교 재판소가 존재했으며, 수백만의 불운한 여인들이 마녀로 몰려 불태워졌다. 종교의 이름으로 온갖 종류의 잔인한 폭력이 온갖 부류의 사람들에게 가해졌던 것이다.

여러분도 세상을 둘러보면 알게 될 것이다. 인간의 정서적 발전, 형법의 개선, 전쟁의 감소, 유색 인종에 대한 처우 개선, 노예제도의 완화를 포함해 이 세계에서 단 한 걸음이라도 도덕적 발전이

1 나는 왜 기독교인이 아닌가

이뤄질 때마다 세계적으로 조직화된 교회 세력의 끈덕진 반대에 부딪히지 않았던 경우는 한 번도 없었다. 교회들로 조직화된 기독교는 이 세계의 도덕적 발전에 가장 큰 적이 되어 왔으며 지금 현재도 그러하다는 것을 나는 긴 심사숙고 끝에 말하는 바다.

교회는 어떤 방식으로 진보를 저해해왔는가

지금도 사정은 마찬가지라고 하면 여러분들은 내가 너무 지나치다고 생각할지도 모르겠다. 그러나 나는 지나치다고 생각하지 않는다. 한 가지 사실을 들어보자. 이 얘길 들으면 여러분도 수긍하게 될 것이다. 유쾌한 얘기는 아니지만 교회는 우리로 하여금 유쾌하지 못한 사실들을 언급하지 않을 수 없게 만든다. 오늘날 우리가 살고 있는 이 세계의 한 순결한 처녀가 매독 환자에게 시집을 갔다고 가정해보자. 이런 경우 가톨릭 교회는 이렇게 말한다. '이는 파기할 수 없는 신성한 맹세이니 너희는 평생을 같이 살아야 한다.' 게다가 이 여인은 매독에 중독되어 태어날 아이를 낙태하고 싶어도 아무 조치도 취할 수 없게끔 되어 있다. 이런 것이 바로 가톨릭 교회가 하는 말이다. 나는 그것을 악마적 잔인성과 다름없다고 단언하는데, 타고난 동정심이 독단으로 깡그리 포장된 사람이 아니라면, 도덕적 본성이 모든 고통의 감각 앞에 완전히 마비된 사람이 아니라면, 그러한 혼인 상태를 지속하는 것이 올바르고 적절하다고 주장할 사람은 결코 아무도 없을 것이다.

위의 얘기는 일례에 불과하다. 현재 이 순간에도 교회는 자칭 도덕적이라는 것을 강요함으로써 여러 다양한 방법으로 온갖 부류의 사람들에게 과다하고 불필요한 고통을 가하고 있다. 또한 우리가 알고 있는 바와 같이, 교회는 인간의 행복과는 아무 관계도 없는 편협한 행동 규범을 정해 놓고 그것을 도덕이라고 하기 때문에 교회의 주요 역할은 여전히, 세상의 고통을 덜어주는 모든 방면의 진보와 개선에 맞서는 데 머문다. 만일 여러분이 이러저러한 것은 인간의 행복에 도움이 되므로 그렇게 행해야 한다고 말하면 그들은 인간의 행복과 그 문제는 아무 관계도 없다고 생각한다. '인간의 행복이 도덕과 무슨 상관이 있는가? 도덕의 목적은 사람들을 행복하게 하자는 것이 아니다' 고 말이다.

종교의 기반은 두려움이다

종교의 일차적이고도 주요한 기반은 두려움이라고 나는 생각한다. 그것은 한편으로는 미지의 것에 대한 공포이기도 하고, 한편으로는 앞서 말한 것처럼, 여러분이 온갖 곤경이나 반목에 처했을 때 여러분 편이 되어줄 큰형님이 있다고 느끼고 싶은 갈망이기도 하다. 두려움은 그 모든 것의 기초다. 신비한 것에 대한 두려움, 패배에 대한 두려움, 죽음의 두려움…… 두려움은 잔인함의 어버이다. 따라서 잔인함과 종교가 나란히 손잡고 간다고 해서 놀랄 것은 전혀 없다. 이 세계를 사는 우리는 과학의 도움으로 이제야 사물을 좀 이해했고 어느 정도 정복할 수 있게 됐다. 그동안 과학이 기독교와 교회에 맞서, 또한 모든 낡은 교훈에 맞서 한 걸음 한 걸음씩 어렵사리 전진해온 덕분이다. 인류는 세세손손 그 오랜 세월 비굴한 두려움 속에 살아왔으나 과학은 우리가 그러한 두려움을 극복하도록 도와줄 수 있다. 과학은 우리를 가르칠 수 있다. 그리고 나는 바로 우리의 마음도 우리를 가르칠 수 있다고 본다. 이제는 더 이상 가상의 후원을 찾아 두리번거리지 말고, 하늘에 있는 후원자를 만들어내지 말고, 여기 땅에서 우리 자신의 힘에 의지해, 이 세상을, 지난날 오랜 세월 교회가 만들어온 그런 곳이 아니라 우리가 살기 적합한 곳으로 만들자고 말이다.

우리의 할 일

우리는 우리 자신의 발로 서서 공명정대하게 세상을 바라보고자 한다. 세상의 선한 구석, 악한 구석, 아름다운 것들과 추한 것들. 세상을 있는 그대로 보되 두려워하지는 말자. 세상에서 오는 공포감에 비굴하게 굴복하고 말 것이 아니라 지성으로 세상을 정복하자. 신에 대한 모든 관념은 동양의 고대적 전제주의에서 나왔다. 자유인들에겐 전혀 어울리지 않는 개념인 것이다. 교회 사람들이 스스로를 비하하며 끔찍한 죄인이니 뭐니 떠들어대는 얘기를 듣고 있노라면 자존심을 가진 사람들이 저럴 수 있을까 경멸감마저 든다. 우리는 굳건히 서서 이 세계를 진솔하게 직시해야 한다. 있는 힘을 다해 세상을 최선의 것으로 만들어야 한다. 그리고 비록 바라던 만큼 되지 않을지라도 적어도 지금까지 다른 사람들이 만들어온 세상보다는 훨씬 나을 것이다. 좋은 세상을 위해서는 지식과 온정과 용기가 필요하다. 과거에 대한 후회나 미련, 혹은 오래전에 무식한 사람들이 뱉어 놓은 말들로 자유로운 지성에 족쇄를 채우는 짓 따위는 전혀 필요하지 않다. 두려움 없는 직시와 자유로운 지성이 요구된다. 죽어버린 과거만 돌아보고 있을 게 아니라 미래에 대한 희망이 필요하다. 그러면 우리의 지성이 창조할 미래가 죽은 과거를 훨씬 능가하게 될 것임을 우리는 믿는다.

2

종교는 문명에 공헌하였는가
Has Religion Made Useful Contributions to Civilisation?

나는 종교에 대해 루크레티우스(Lucretius)와 견해를 같이 한다. 나는 그것을 두려움에서 생겨난 질병, 인류에게 말할 수 없는 불행을 가져다준 근원이라고 본다. 하지만 종교가 문명에 다소 공헌해왔다는 점은 부인하지 않는다. 종교는 일찍이 역법(曆法)의 정착에 기여했고, 종교적 목적에서 일식과 월식 현상을 정성껏 기록하던 이집트 사제들이 마침내 그 날짜를 미리 점칠 수 있게 된 배경이 되기도 했다. 나는 이 두 가지의 공헌에 대해서는 기꺼이 인정하지만 그 밖의 다른 공로에 대해서는 전혀 알지 못한다.

  오늘날에는 '종교'라는 말이 대단히 느슨한 의미로 사용되고 있다. 극단적인 신교의 영향하에 있는 일부 사람들은, 도덕이나 우주의 본질에 대한 개인의 어떤 진지한 확신을 의미하는 말로 이 단어를 쓰고 있다. 종교를 그런 뜻으로 사용하는 것은 대단히 반역사적인 행위이다. 종교는 일차적으로 사회 현상의 하나다. 교회가 처음 생겨난 데는 개인적으로 굳은 확신을 지닌 스승들의 힘이 컸을지 모르지만 그들은 자신들이 구축한 교회에 대해서는 그다지 큰 영향력을 발휘하지 못했다. 반면에 교회는 집단들 속에서 번성하면서 지대한 영향력을 행사해왔다. 서구 문명에 속한 사람들에게 최고 관심사가 되고 있는 예를 하나 들어보자. 복음서에 나타난 예수의 가르침은 기독교인들의 윤리와 엄청나게 큰 거리를 유지해왔다. 사회적·역사적 관점에서 볼 때 기독교에 있어 가장 중요한 것은 예수가 아니라 교회이기 때문에 만일 여러분들이 사회적 세력으로서의 기독교를 판단하려 한다면 복음서들을 재료로 삼아서는 안 될 것이다. 예수는 가난한 자들에게 재산을 나눠줄 것이며, 싸우지 말 것이며, 교회에 가지 말 것이며, 간음을 벌하지 말 것을 가르쳤다. 그러나 구교도, 신교도들은 이런 점들에서 예수의 가르침을 실천하려는 강한 의욕을 보여준 일이 없다. 일부 프란체스코파 수사들이 '사도(使徒)다운 빈곤'의 교리를 가르쳐보려 시도한 적은 있지만 교황은 이를 비난하면서 그들의 교리를 이단으로 선언했다. 또 하니, '심판받지 않으려거든 심판하지 말라'와 같은 구절을 생각해보라. 그리고 이런 구절이 종교 재판과 공포의 KKK단에 어떠한 영향을 주었던가 자문해보라.

이런 현상은 기독교뿐 아니라 불교에도 적용된다. 석가는 온화한 성품에다 깨인 사람이었다. 죽음을 맞이한 그는 자신이 영원 불멸할 거라고 생각하는 제자들을 보고 웃음을 터뜨렸다. 그러나 불교 승단은—예컨대 오늘날 티베트에 남아 있는 승려 계급이 그렇듯—대단히 몽매하고 전제적이며 잔인하다.

이처럼 교회와 그 창시자 사이에 이견이 생기는 것은 결코 우연한 일이 아니다. 어떤 사람의 말 속에 절대적인 진리가 담겨 있다고 생각되는 순간 그의 말을 해석하는 전문가 집단이 생겨나고

2 종교는 문명에 공헌하였는가

이 전문가들은 어김없이 권력을 차지한다. 진리의 열쇠를 그들이 쥐고 있기 때문이다. 다른 특권층과 마찬가지로 그들은 자신들의 이익을 위해 권력을 행사한다. 그러나 그들은 한 가지 점에 있어 다른 특권층보다 더 질이 나쁘다. 과거에 단 한 번 완벽하게 만인 앞에 계시됐던 불변의 진리를 해석하는 것이 그들의 업이기 때문에 그들은 필연적으로 지적, 도덕적 진보의 반대자로 변해버리는 것이다. 교회는 갈릴레오와 다윈을 반대하였고 바로 우리 시대에 있어서는 프로이트에 반대하고 있다. 한때 그 권력이 정점에 달했던 시절에는 한술 더 떠서 지적인 생활까지도 반대했다. 그레고리 대교황은 어느 주교에게 보낸 편지의 서두에서 이렇게 말한 바 있다. '귀하가 몇몇 친구들에게 문법을 해설해주고 있다는, 얼굴을 붉히지 않고서는 입에 담기 힘든 보고가 들어왔소.' 주교는 교황 당국으로부터 이 사악한 일에서 손을 떼도록 강요당했으며 결국 르네상스기가 될 때까지 라틴어 사용은 허용되지 않았다. 지적인 면에서 뿐 아니라 도덕적인 면에서도 종교는 해롭다. 내 얘긴, 종교가 인간의 행복에 도움이 되지 않는 윤리 규약을 가르친다는 뜻이다. 몇 년 전 독일에서 폐위된 왕가에게 사유 재산을 계속 허용할 것인가의 문제를 두고 국민 투표를 실시했을 때 독일 교회들은 그들의 사유 재산을 박탈하는 것은 기독교 가르침에 어긋난다고 하는 입장을 공식적으로 밝혔다. 누구나 다 알고 있듯, 교회들은 노예제의 폐지에 반대하는 입장을 버틸 수 있을 때까지 고수했으며, 오늘날에도 널리 선전된 몇몇 경우를 제외하고는 경제 정의를 위한 모든 움직임에 반대하고 있다. 교황은 사회주의를 공식적으로 비난한 바도 있다.

기독교와 성(性)

그러나 기독교의 특징 가운데 최악의 것은 뭐니뭐니해도 성(性)에 대한 태도다. 이것은 너무도 병적이고 부자연스런 태도여서 로마 제국이 몰락해가던 당시 문명 세계가 앓았던 질병과 연결해 생각해야만 비로소 이해될 수 있다. 우리는 가끔 기독교가 여성의 지위를 향상시켰다는 취지의 얘기를 듣게 된다. 그러나 이것은 역사상에 있을 수 있는 가장 엄청난 착오 중 하나다. 여자는 엄격한 도덕 규범의 테두리를 벗어나선 안 된다는 점을 가장 중시하는 사회에서 여성들이 상당한 지위를 누린다는 것은 불가능하다. 수도승들은 늘 여자를 요사스런 존재로 생각해왔다. 과거에나 현재나 교회는 순결을 최고로 가르친다. 그러나 순결을 지키는 것이 불가능한 자는 결혼해도 좋다고 한다. 성 바울은 '격정으로 타오르는 것보다는 결혼함이 나으리라'고 무자비하게 말한다. 교회는 결혼을 파기 불가능한 것으로 만들고 '사랑의 기교'에 대한 지식을 모조리 배격함으로써, 아주 적은 쾌락과 아주 많은 고통을 수반하는 형태의 성만이 허용되어지는 교리를 지키기 위해 안간힘을 썼다. 산아 제한에 반대하는 것도 알고 보면 같은 동기에서 나왔다. 즉, 여성이 지쳐 쓰러질 때까지 해마다 아이를 낳게 되면 결혼 생활에서 많은 쾌락을 얻어내지 못할 거라고 보는 것이다. 따라서 교회로선 산아 제한을 장려할 이유가 없다.

　　기독교 윤리와 밀접한 관계에 있는 죄악의 개념은 사람들에게 자학의 배출구를 허용한다는 점에서 막대한 해를 미친다. 결국 사람들은 그러한 배출구를 적법하다고, 심지어 숭고하다고까지 믿게 되기 때문이다. 매독 예방의 문제를 예로 들어보자. 이 병은 미리

2 종교는 문명에 공헌하였는가

예방만 하면 걸릴 위험이 그다지 크지 않은 것으로 알려져 있다. 그러나 기독교인들은 이러한 사실이 널리 알려지는 것에 반대하는데 그 이유는 죄인들은 벌을 받아 마땅하다고 보기 때문이다. 그들은 이런 시각을 견지하는데 그치지 않고 심지어 죄인의 처자식들까지도 벌 받게 만들려고 한다. 세상에는 지금 이 순간에도 수천 명의 어린이들이 선천성 매독으로 고통당하고 있다. 죄인들이 벌 받는 꼴을 보고 싶어 하는 기독교인들의 욕구만 없었어도 세상에 나오지 않았을 아이들이다. 이러한 악마적 잔인성으로 이어지는 교리가 어떻게 해서 도덕에 좋은 영향을 미친다고 여겨질 수 있는지 나로서는 도저히 이해가 되지 않는다.

성 행위와 관련해서 뿐 아니라 성적 주제의 지식과 관련해서도 기독교인의 태도는 인류의 복지를 위협한다. 이 문제를 편파적이지 않은 분위기에서 연구해보려고 노력해온 사람이라면 누구나 아는 사실이 있다. 정통 기독교인들이 인위적으로 아이들을 성에 대해 아무것도 모르게 만들려고 하는 것은 그들의 정신적·육체적 건강에도 위험스러울 뿐 아니라, 대부분의 아이들이 그렇지만, '그릇된' 방법으로 그 지식을 주워듣게 되는 경우 성 자체를 점잖치 못하고 멸시되는 것으로 여기는 태도를 형성시키게 된다는 점이다. 나는 지식이 때로는 바람직하지 않을 수도 있다는 견해에 변호의 여지가 있다고는 생각지 않는다. 또한 지식을 습득함에 있어 어떤 연령의 누구만이 자격이 있다는 식으로 선을 그을 생각도 없다. 그러나 성 지식이라는 특수한 경우, 다른 지식들의 경우에 비해 그런 쪽으로 기우는 주장들이 훨씬 우세하다. 사람은 누구나 그 상황에 대해 모르기보다 미리 알고 있을 때 보다 현명하게 행동할 가능성이 높기 때문에 중요한 문제에 대해 자연스런 호기심을 보인다는 이유로 아이들에게 죄의식을 심어주는 것은 어리석은 짓이다.

소년들은 누구나 기차에 흥미를 느낀다. 그런데 만일, 기차에 흥미를 가지는 것은 사악한 일이라고 소년에게 말했다고 해보자. 기차에 타거나 역에 나갈 때마다 아이의 눈을 붕대로 감아버렸다고 하자. 아이 앞에서는 '기차'란 말을 일절 입에 담지 못하게 하고, 아이가 장소를 옮길 때 이용하는 그 교통편에 대해 알 수 없는 신비감에 싸이게 내버려두었다고 하자. 그 결과 아이가 기차에 대해 관심을 잃게 되느냐 하면 그렇지 않다. 오히려 그 반대로 전보다 더 흥미를 느끼는 한편 병적인 죄의식에 시달리게 될 것이다. 기차에 흥미를 가지는 것은 그릇된 것이라고 들어왔기 때문이다. 이로 인해 적극적인 지성을 가진 소년이라면 누구나 크고 작은 정도의 신경 쇠약증에 걸리지 않을 수 없게 된다. 성 문제에서 일어나는 현상이 바로 이런 것이다. 그러나 성은 기차보다 더 흥미로운 것이기에 더욱 나쁜 결과가 나온다. 어릴 때 성지식을 금기시한 결과 기독교 집단에 속한 성인들의 거의 대부분이 약간의 신경 질환에 걸려 있다. 그리고 이와 같이 인위적으로 주입된 죄의식이야말로 훗날의 잔인함, 소심함, 우둔함을 야기시키는 한 요인이 되는 것이다. 성에 관해서든 다른 무엇에 관해서든, 아이가 알고 싶어 하는데도 계속해서 그것을 모르고 지내게 만들어야 할 어떤 류의 합리적 근거도 존재하지 않는다. 그러므로 이러한 사실이 초기 교육을 통해 인식되어질 때까진 우리는 결코 건전한 인구를 생산할 수 없을 것이고 교회가 교육 정책을 좌우하는 한 그러한 교육은 불가능하다.

이처럼 비교적 세부적인 반론은 차치하더라도, 기독교의 근본

2 종교는 문명에 공헌하였는가

교리들이 받아들여지기까지 엄청난 윤리적 곡해가 수반된다는 점은 확실하다. 이 세상은 선하고 전능한 하나님에 의해 창조되었다고 한다. 세상을 창조하기 전 하나님은 세상이 안게 될 온갖 고통과 불행을 내다보셨다. 그렇다면 하나님은 그 모든 것에 책임이 있다. 이 세상의 고통은 죄에서 기인하는 거라고 주장해봤자 아무 소용없다. 무엇보다도 그 주장 자체가 진실이 아니다. 강물이 범람하거나 화산이 폭발하는 것은 죄 때문이 아니다. 설혹 그것이 사실이라 하더라도 달라지는 것은 아무것도 없다. 만약 내가 아이를 낳으려 하는데 그 아이가 장차 살인광이 될 것임을 알면서도 낳는다면 그의 죄에 대한 책임은 내가 져야 할 것이다. 하나님이 인간이 장차 저지르게 될 죄악을 미리 아셨다면 인간을 창조하기로 결심했을 때 이미 하나님은 그 죄악의 모든 결과에 분명한 책임이 있다. 기독교인들은 세상의 고통은 죄를 씻기 위한 것이며 따라서 좋은 것이라고 흔히 말한다. 이러한 주장은 물론 자학의 합리화에 지나지 않지만 어쨌거나 대단히 빈약한 변론임에 틀림없다. 나는 언제 한 번 누구든 기독교인을 병원의 아동 병동으로 데려가볼 생각이다. 거기서 고통을 견디고 있는 아이들을 똑똑히 목격하게 한 다음, 이 아이들은 도덕적으로 버려졌으니 고통 받아 마땅하다는 예의 그 주장을 계속 해보라고 하고 싶다. 사람이라면 자기 마음속에서 자비와 동정의 감정을 모조리 몰아내지 않는 한 그렇게 말할 수 없을 것이다. 자신이 믿고 있는 하나님만큼이나 잔인해지지 않고선 말이다. 고통 받는 이 세상의 모든 것이 최선을 위한 것이라고 믿는 사람은 자신의 윤리적 가치에 손상을 입지 않을 수 없다. 왜냐하면 항시 고통과 불행에 대한 변명거리를 찾아내야 하기 때문이다.

종교에 대한 반론

종교에 대한 반론에는 지적 반론과 도덕적 반론의 두 부류가 있다. 지적 반론은 종교란 것을 진리로 볼 근거가 없다고 주장한다. 도덕적 반론에서는, 종교적 지침은 인간이 지금보다 잔인했던 시절에 나왔으므로 그것만 아니었어도 당대의 도덕적 양심에 의해 사라졌을 비인간성을 영속화하는 경향이 있다고 주장한다.

먼저 지적 반론을 살펴보자. 우리가 살고 있는 이 실용의 시대에는 종교적 가르침이 진리냐 아니냐는 크게 중요하지 않다고 보는 경향이 일부 있다. 중요한 건 그것이 유용한가 아닌가의 문제라는 것이다. 그러나 어느 한 문제를 제대로 판단하려면 다른 문제를 함께 생각하지 않을 수 없다. 만일 우리가 기독교를 믿고 있다면 어떤 것이 좋으냐에 대한 우리의 견해는 기독교를 믿지 않았을 때 우리의 견해와는 다를 것이다. 따라서 기독교인에게는 기독교의 영향이 좋게 보일 것이고 비신자에게는 나쁘게 보일 것이다. 게다가, 지지할 만한 증거가 있느냐 여부는 제쳐둔 채 이러저러한 진술은 반드시 믿어야 한다고 하는 것은 증거에 대한 적대감을 낳고, 우리의 편견에 들어맞지 않는 모든 사실들에 대해 마음을 닫아버리게 만드는 태도이다.

어떤 류의 과학적 정직성은 대단히 중요한 특성으로서, 의무적으로 믿어야 할 것들이 있다고 생각하는 사람에게서는 보기 힘든 자질이다. 그러므로 우리는 종교의 진리성 여부를 따져보지 않고는 종교가 유익한가 아닌가를 제대로 판단할 수 없다. 기독교인, 회교인, 유대교인에게 있어 종교의 진리성과 관련된 가장 근본적인 문제는 신의 존재이다. 종교가 여전히 득세했던 시절에는 '신'이란

2 종교는 문명에 공헌하였는가

말이 완벽하게 한정적인 의미였지만 합리주의자들이 맹공격한 결과 차츰 의미가 흐려지면서 마침내는 사람들이 신을 믿는다고 주장해도 그게 무슨 뜻으로 한 말인지 이해하기 힘들게 되었다. 논의를 위해 매슈 아놀드(Matthew Arnold)의 신에 대한 정의를 들어보자. '정의에 이바지하는, 우리 자신들이 아닌 힘.' 어쩌면 우리는 이 정의를 더욱 모호하게 만들면서 자문할지도 모른다. 이 지구상에서 살아가는 존재들의 의지 외에 우주에도 의지가 있다는 증거가 과연 있는가라고 말이다.

이 문제에 대한 종교인들의 통상적인 주장은 대충 다음과 같다. '나와 내 친구들은 놀랄만한 지능과 덕의 소유자들이다. 그처럼 대단한 지능과 덕이 우연에 의해 생겨났다고는 상상하기 어렵다. 따라서 최소한 우리만큼 지적이고 덕스러운 누군가가 존재하는 게 분명하며, 바로 그가 우리를 생산하기 위해 우주란 기계를 가동한 것이다.' 유감스럽게도 나로선 이 얘기가 그것을 주장하는 사람들이 감명 받는 만큼 그렇게 감명스럽지가 않다. 우주는 광대하다. 그러나 우리가 에딩턴(Arthur Stanley Eddington)의 말을 믿는다고 한다면 인간만큼 지적인 존재들은 아마 우주 다른 어떤 곳에도 없을 것이다.

이 세상에 존재하는 물질의 총량을 생각해보고 지적 존재들의 육신을 형성하고 있는 물질의 양과 비교해보라. 전자에 비하면 후자는 무한소에 가깝다는 것을 알게 될 것이다. 따라서 지능을 발휘할 수 있는 유기체가 우발적인 원자 결합으로 인해 우연의 법칙에서 생겨났을 가능성은 거의 없지만 그럼에도 불구하고 우리가 실제 알고 있는 것과 같은 유기체들이 우주에 극소수 존재할 가능성은 있다. 한걸음 더 나아가, 우리 자신을 그러한 광대한 과정의 절정으로 본다면 우리가 정말 더할 나위 없이 훌륭한 존재들인 것 같지도 않다. 물론, 여러 성직자들이 나보다 훨씬 더 훌륭하다는 것, 그리고 나의 가치를 너무도 압도적으로 초월하는 가치들을 내가 온전히 평가할 수 없다는 건 나도 잘 안다. 그러나 그 점을 충분히 참작한 후에도 나는 영겁을 통해 작용하는 전능한 신이라면 좀더 나은 작품을 만들 수도 있지 않았을까 하는 생각을 하지 않을 수 없다. 또 하나 우리가 놓치지 말아야 할 것은 이러한 아쉬운 결과마저도 일시적 성공에 불과하다는 점이다. 지구는 영원히 거주할 수 있는 곳이 아니다. 인류는 사라지게 될 것이며, 만일 우주적 과정이 차후에 스스로를 정당화하고자 한다면 우리의 행성뿐 아니라 다른 곳에서도 그렇게 하지 않을 수 없을 것이다. 그리고 그런 일이 일어난다 해도 조만간 멈출 것이 분명하다. 열역학 제2법칙에 따른다면, 우주는 점차 침몰해가고 있으며 마침내는 어디에도 관심을 끌만한 것이라곤 존재하지 않게 될 것임이 분명하다. 물론 때가 되면 신이 우주 기계의 태엽을 다시 감을 거라고 말할 수 있는 여지는 있다. 그러나 그렇게 말하려면 주장의 근거를 신앙에나 둘 수 있을 뿐 과학적 증거에 기초할 가능성은 털끝만치도 없다. 과학적 근거만을 가지고 말한다면 우주는 지금까지 이 지구의 다소 비참한 결과를 향해 서서히 가고 있으며 그보다 훨씬 더 비참한 단계인 우주적 몰락의 단계를 향해 지금도 가고 있다. 만일 이것을 목적의 증거라고 한다면 나로서는 그러한 목적은 내게 아무 호소력도 갖지 못한다고 말할 수밖에 없다. 그러므로 나는 하나님이란 것을 믿어야 할 이유를, 제아무리 모호하고 힘 빠진 이유조차도 결코 알지 못한다. 낡은 형이상학론들에 대해선 덮어두려 한다. 종교 옹호론자들 자신부터 이미 팽개쳐버린 이론들이기 때문이다.

영혼과 영생

개인의 영혼을 강조하는 기독교의 태도는 기독교 사회의 윤리에 지대한 영향을 미쳐왔다. 이 교리는 정치적으로 더 이상 희망을 품을 수 없는 집단들 속에서 나왔다는 점에서 근본적으로 스토아 학파의 학설과 동종이다. 건전한 성격에 활력 있는 사람이라면 선을 행하고자 하는 것이 자연스런 충동이다. 그러나 사회적으로 영향력을 발휘할 수 있는 정치적 권력과 기회를 모두 박탈당하게 되면 그는 자연스런 행로에서 이탈하여, 우선 스스로가 착해지는 것이 중요하다고 생각하게 된다. 초기 기독교인들에게 일어난 일이 바로 이런 것이었고 그것은 결국 선행과는 상당히 거리가 먼 '개인의 신성함'이란 개념으로 이어졌다. 신성함은 행동력에 있어 무능한 자들에 의해 달성될 수 있는 것이었기 때문이다. 따라서 사회적 미덕은 기독교 윤리에서 배제되게 되었다. 오늘날까지도 고루한 기독교인들은 뇌물을 받는 정치가보다 간음한 자를 더 사악하게 여긴다. 후자보다 전자가 몇 천 배 더 큰 해를 주는데도 말이다. 중세의 미덕 관념은 당시의 그림들에서 볼 수 있듯 어딘가 시시하고 나약하며 감상적이었다. 가장 덕 있다고 여겨진 사람은 세상에서 물러난 사람이었다. 행동인이 성자로 추대되는 유일한 경우는 성 루이처럼, 터키 민족과 싸우느라 국민의 생명과 자신을 낭비한 사람들이었다. 교회는 어느 누가 국가 재정이나 형법이나 사법제도를 개혁했다고 해서 그 사람을 성자로 보진 않았다. 그와 같은 단순한 인류 복지에

의 공헌은 전혀 중요하지 않게 생각되었다. 기독교 역사를 통틀어 공익에 기여했다는 이유로 성인 대접을 받은 사람이 단 한 명이라도 있는지 의심스럽다. 이처럼 사회적 인간과 도덕적 인간을 분리하게 되자 영(靈)과 육(肉)의 분리 경향도 점차 증대하게 되었고 이러한 영육의 분리는 지금도 기독교의 형이상학과 데카르트에서 나온 체계들 속에 잔존해 있다. 넓은 의미로 보자면 육체는 인간의 사회적, 공적 측면을 대변하며 영혼은 사적인 면을 나타낸다고 볼 수 있다. 영혼을 강조하면서, 기독교 윤리는 스스로를 철저하게 개인주의화 시켰다. 수많은 세월 기독교가 군림해오면서 생겨난 실질적인 결과는 사람들이 자연이 준 본성 이상으로 이기적으로 되고, 자기 속에 갇혀 살게 된 것이라고 나는 확신한다. 인간을 각자의 에고(Ego)라는 울타리 밖으로 자연스럽게 나오게 만드는 자극제는 바로 성, 친자간의 애정, 애국심, 혹은 집단 본능과 관련된 충동들이기 때문이다. 그러니 교회는 인간침을 디헤 성을 비난하고 경시했다. 가족간의 애정은 예수 자신과 그의 추종자 무리에 의해 비난받았다. 애국심은 로마 제국의 속민 내부 어디에서도 제자리를 찾을 수 없었다. 복음서에는 가정에 대한 반론이 분명히 보이지만 그러나 이 문제는 그동안 응분의 관심을 받지 못 했다. 예수의 어머니에 대해 교회는 존경의 태도를 보이지만 예수 자신은 그런 태도를 거의 보이지 않았다. '여자여, 내가 당신과 무슨 상관이 있나이까?' (요한복음 2장 4절) 예수가 자기 어머니께 말하는 방식이 이렇다. 또한 예수는 '내가 온 것은 아들이 그 아비와, 딸이 그 어미와, 며느리가 시어머니와 불화하게 하려 함이니 아비나 어미를 나보다 더 사랑하는 자는 내 사람이 될 자격이 없다' (마태복음 10장 35~37절)

고 말한다. 이 모든 것은 교리를 위해 생물학적 가족 관계를 끊으라는 의미이다. 이는 기독교의 확산과 함께 세상에 생겨나게 된 불관용과 지대한 관계를 지닌 태도이다.

이러한 개인주의는 개인 영혼의 불멸이란 교리에서 절정에 달했는데 이 교리에서는 개인의 영혼이 사정에 따라 내세에서 영원한 축복을 누리게 되든가 영원한 재앙을 받게 된다고 본다. 그런데 그러한 중차대한 갈림길을 결정하는 그 사정이란 것이 어딘가 좀 기묘하다. 이를테면, 만일 여러분이 목사가 무어라고 중얼거리며 물을 뿌려준 직후에 사망하면 여러분에겐 영원한 축복이 내려진다. 그러나 오랜 세월 덕스런 삶을 살아온 여러분이 어느 날 구두끈이 끊어져 상스런 말을 내뱉고 있는 순간 우연히 번갯불에 맞았다면 여러분에겐 영원한 고통이 주어진 것이다. 현대의 신교도가 이러한 것을 믿을 거란 얘기는 아니다. 아니, 신학 교육을 제대로 받지 못한 현대의 구교도조차도 아마 믿지 않을 것이다. 내가 말하고자 하는 것은, 이것이 바로 정통 교리이며 최근까지도 굳게 믿어졌다는 것이다. 과거 멕시코와 페루에 건너간 스페인 사람들은 갓난 인디언 아이들에게 세례해주고 난 즉시 머리를 박살내버렸다. 그렇게 해야 아이들이 천국으로 간다고 믿었던 것이다. 정통 기독교인이라면 그 누구도 그들의 이런 행위를 비난할 만한 논리적 근거를 대지 못 한다, 비록 오늘날에는 누구나 다 댈 수 있지만 말이다. 기독교식 개인 불멸의 교리는 무수한 방식으로 도덕에 끔찍한 영향을 주었으며, 영육의 형이상학적 분리는 철학에 대해 그러한 영향을 미쳤다.

불관용의 근원

기독교의 출현과 더불어 퍼진 불관용은 기독교의 가장 기이한 특징의 하나인데 내가 볼 때 그것은 유대인의 정의관과, 유대신만 존재한다는 그들의 배타적 믿음에서 기인하다. 유대인들이 왜 이렇듯 유별난 특성을 갖게 되었는지, 나로선 알지 못한다. 아마도 그들이 예속되어 있던 시절 유대인을 이방민들에 흡수시키려는 시도에 대한 반발로 생겨난 듯하다. 이유야 어쨌건, 개인적 정의를 강조하고, 한 종교 외에 다른 종교를 관용하는 것은 사악한 짓이라는 관념을 강조하는 풍토의 조성자는 유대인, 특히 유대인 사도들이었다. 이 두 가지 관념은 서양 역사에 엄청나게 끔찍한 영향을 미쳐왔다. 교회는 콘스탄티누스 대제 이전에 로마 정부가 기독교인을 박해한 사실을 크게 중시해왔다. 그러나 그것은 미미하고 간헐적이며 전적으로 정치적인 성격의 박해였다. 콘스탄티누스 시대부터 17세기 말까지 쉼 없이 이어진 기독교인에 의한 기독교인의 박해는 과거 로마 황제들의 박해보다 훨씬 더 혹독했다. 이렇듯 박해하는 태도는 기독교의 발흥 이전에는 유대인들 사이에서나 볼 수 있었을 뿐 고대 세계에선 알려진 바 없었다. 예를 들어 헤로도투스의 역사책을 보면, 자신이 방문해 본 나라들의 관습에 대해 온화하고 포용력 있게 설명해놓았다. 물론, 특별히 야만적인 관습에 경악하는 대목도 이따금 보이지만 대체적으로 그는 낯선 신과 낯선 관습들에 관대하다. 그는 제우스를 다른 이름으로 부르는 자는 영원한 파멸을 겪을 것이며 따라서 그들의 형벌이 가능한 한 빨리 시작되도록 사형에 처해야 한다는 점을 입증하려 안달하지 않았다. 그러한 적대적 태도는 기독교인의 몫으로 남겨둔 셈이다. 현대의 기독교인들은 보다 덜 사나운 것이 사실이지만 자신들의 기독교 덕택에 그렇게 된 것은 전혀 아니다. 그것은 르네상스 시대에서 시작해 오늘날에 이르기까지 기독교인들로 하여금 전통적 신앙의 많은 부분들에 대해 부끄러움을 느끼게 만들어온 수세대에 걸친 자유 사상가들 덕분이다. 현대의 기독교인들이, 기독교 속의 온유함과 합리주의는 모두 과거 정통 기독교인들으로부터 박해받았던 사람들의 가르침에서 기인한다는 사실을 무시한 채, 기독교는 참으로 온유하고 합리적이라고 말하는 걸 들으면 우습기까지하다. 오늘날 이 세계가 기원전 4004년에 창조되었다고 믿는 사람은 아무도 없다. 그러나 그다지 오래지 않은 시절만 해도 이 점에 회의를 품는 것은 엄청난 죄악으로 여겨졌다. 내 고조부의 경우, 에트나 화산의 용암층 두께를 직접 보시고 난 후 세상은 정통파가 추정하는 것보다 오래 되었다는 결론에 도달하고는 이러한 견해를 책자로 출판하셨다. 이 일로 그는 주정부에서 쫓겨났고 사회에서 배척당했다. 만일 그가 좀더 비천한 계층이었더라면 틀림없이 훨씬 더 가혹한 처벌이 내려졌으리라. 150년 전에는 믿었던 온갖 불합리한 것들을 지금은 믿지 않는다는 건 정통파 자신들에겐 전혀 자랑거리가 못 된다. 격렬하기 그지없는 저항에도 불구하고 기독교 교리는 서서히 약화되어왔으며 그것은 순전히 자유 사상가들의 맹공에 의해 이루어진 결과이다.

자유 의지론

자연 법칙이라는 주제에 대한 기독교인들의 태도는 이상하리만치 유동적이고 불확실하다. 한편으로는, 대다수 기독교인들이 믿고 있는 자유 의지라는 교리가 있어, 인간의 행위는 적어도 자연법칙에 지배되어서는 안 된다고 말한다. 다른 한편으로는, 특히 18세기와 19세기에 유행한 것으로, 하나님은 법칙 부여자이며 자연 법칙은 창조주의 존재를 입증하는 주요 증거의 하나라는 믿음이 존재했다. 최근에는 자유 의지를 옹호하면서 법칙의 지배에 반대하는 쪽이, 자연 법칙은 법칙 부여자를 증거한다는 믿음보다 강해지고 있는 분위기이다. 유물론자들은, 인간 육체의 움직임은 기계적으로 결정된다고 본다. 따라서 우리가 말하는 것이나 사물의 위치 바꿈 같은 우리가 일으키는 모든 작용들은 자유 의지라는 것의 영역 바깥에서 일어난다는 것을 보여주기 위해, 아니, 입증해보려고 물리 법칙을 이용하였다. 만일 사실이 그렇다고 한다면 뭐든 우리의 구속받지 않는 의지를 위해 남겨진 게 있다 하더라도 그것은 별 가치가 없게 된다. 어떤 사람이 시를 쓰거나 살인을 한다고 할 때 그의 행위에 관련된 육체적 움직임은 순전히 물리적 원인들에서 나온 결과라고 한다면, 진자에겐 동상을 세워주고 후자에선 교수형을 내리는 것은 불합리한 처사일 것이다. 형이상학적 체계들 속에는 의지가 자유로운 순수 사고의 영역이 남아 있을 수도 있다. 그러나 그것도 육체적 움직임이라는 수단에 의해서만 타인들에게 전달될 수 있으므로 자유라는 영역은 결코 전달할 수 있는 것이 될 수 없으며 따라서 아무런 사회적 의미도 가질 수 없는 것이 되고 만다.

여기에 뒤이어 이번에는 진화론이 나와, 그것을 받아들인 기독교인들에게 큰 영향을 주었다. 이 기독교인들은, 인간에 대해 다른 생명체에 대한 설명과는 완전히 틀리게 설명하는 것이 아무 효과도 없다는 것을 알게 되었다. 따라서 그들은 인간 속의 자유 의지를 끝까지 지키기 위해, 생명 물질의 행동을 물리나 화학 법칙 용어로 설

2 종교는 문명에 공헌하였는가

명하려는 모든 시도에 반대해왔다. 모든 하등 동물은 일종의 자동 기계 장치라고 보는 데카르트의 입장은 더 이상 자유 신학자들의 지지를 얻지 못한다. 연속성의 교리는 그들로 하여금 한 발 더 나아가, 소위 죽은 물질의 행태조차도 불변의 법칙에 엄격하게 지배받진 않는다고 주장하고 싶게 만든다. 아마도 그들은, 법칙의 지배를 폐기하게 되면 기적의 가능성들도 폐기할 수밖에 없다는 사실을 간과했던 모양이다. 기적이라는 하나님의 행위는 일반 현상을 지배하는 법칙을 위반하는 행위니까 말이다. 그럼에도 불구하고, 모든 창조물 그 자체가 기적이므로 특별히 신의 개입을 입증하려고 특정 사건들에 매달릴 필요는 없다고, 깊이 깨달은 듯한 태도로 주장하는 현대 자유 신학자들의 모습이 눈에 선하다.

    자연 법칙에 반대하는 이러한 태도의 영향으로, 일부 기독교 호교론자(護敎論者)들은 가장 최근의 원자론—지금까지 믿어온 물리 법칙을 다수의 원자들에 적용해보면 근사치나 평균치의 진실만을 보여주는 데 반해, 개개의 전자들은 상당히 제멋대로 움직인다는 것을 보여주는 경향—까지 이용하게 되었다. 내 생각으로는 이러한 경향은 일시적 국면이며, 미세 현상을 지배하는 법칙도 조만간 물리학자들에 의해 발견되어질 것으로 본다. 물론 그 법칙은 종래의 물리학에서 주장해온 것들과는 아주 많이 다르겠지만 말이다. 그것은 어찌됐건, 미세 현상을 다루는 오늘날의 이론들이 실제로 중요한 것과는 아무런 관계도 없다는 점에 주목해볼 가치가 있다. 눈에 보이는 움직임, 아니 누가 보든 달라 보이는 움직임들은 모두 다수의 원자들과 관련된 것이기 때문에 결국 종래의 법칙들로도 충분히 감당할 수 있다(앞서 든 예로 돌아가서). 시를 쓰거나 살인을 하려면 상당량의 잉크나 납을 이동시키지 않을 수 없다. 그 잉크를 구성하고 있는 전자들은 자기들만의 작은 무도장에서 자유로이 춤추며 돌아가는지 모르지만 그 무도장 자체는 전체로 보아 종래의 물리 법칙들에 따라 움직이고 있으며 그것만이 시인이나 출판인의 관심사인 것이다. 그러므로 현대의 이론들은 신학자들이 관심을 가지는 인간적 이해가 걸린 문제들과는 크게 관련이 없다.

따라서 자유 의지의 문제는 그대로 남을 뿐이다. 결국 형이상학적 문제로서 자유 의지를 어떻게 생각하든 간에 분명한 것은, 실제에 있어서는 아무도 그것을 믿는 사람이 없다는 것이다. 성격은 훈련이 가능한 것이라고 사람들은 늘 믿어왔다. 알콜이나 아편이 행동에 영향을 준다고 모두들 알고 있다. 의지력만 있으면 술에 취하지 않을 수 있다고 자유 의지를 믿는 사람은 주장한다. 그러나 술 취한 사람이 '영국 헌법'을 정신이 말짱할 때처럼 똑똑하게 말할 수 있을 때, 그는 그렇게 주장하지 못한다. 아이를 착하게 하는 데는 세상에서 가장 훌륭한 설교보다도 적절한 음식이 더 효과가 있다는 것을 아이들을 다루어본 사람이라면 누구나 안다. 자유 의지론이 실천적으로 효력을 발휘하는 한 가지 경우는, 사람들이 이러한 상식적 지식을 끝까지 쫓아가 합리적인 결론에 도달하는 것을 방해할 때이다. 어떤 사람이 우리를 괴롭히는 행동을 할 때 우리는 그를 나쁜 사람이라고 생각하지만, 그의 성가신 행동은 선행된 원인들에서 나온 결과라는 사실과 직면하기를 거부한다. 그러나 실제로 그러한 원인들을 깊이 파고 들어가보면 그가 태어난 시점 이전까지 올라가게 되며 따라서 아무리 상상력을 펼쳐보아도 그에게 책임이 있다고 할 수 없는 사건들에까지 이르게 될 것이다.

2 종교는 문명에 공헌하였는가

자동차를 다루면서 다른 사람들을 대할 때처럼 어리석게 구는 사람은 아무도 없다. 자동차가 움직이지 않는다고 해서 그 괘씸한 행동을 죄의 탓으로 돌리진 않는다. '이 나쁜 자동차야, 움직일 때까진 휘발유를 주지 않겠다'고 하는 사람은 없다. 어디가 잘못됐는지 찾아내서 고쳐보려 한다. 그러나 사람을 대할 때 이처럼 한다고 하면 그것은 우리의 신성한 종교에서 말하는 진리에 어긋난다고 여겨진다. 그리고 이런 시각은 어린 아이들을 다루는 데도 적용되고 있다. 아이들에겐 대부분 나쁜 습관이 있기 마련이다. 모른 척 내버려두면 저절로 없어질 수도 있는 이런 습관들에 대해 벌을 가하면 오히려 더 굳어진다. 그럼에도 불구하고 극소수 예외를 제외한 대부분의 보모들은 벌을 주는 것이 옳다고 생각하고 있다. 그러다간 자칫 아이를 정신 이상으로 몰고가는 수가 있는 데도 말이다. 정신 이상이 되면 법정에서는 이를 그 습관이 해로운 증거로 인용할 뿐, 체벌이 해롭다고는 하지 않는다(실제로 최근 뉴욕 주에서 외설 행위로 기소된 사건을 두고 하는 얘기다).

교육 분야의 개혁은 정신 이상아와 정신 박약아 연구를 통해 이루어진 경우가 꽤 많은데, 그러한 연구에서는 이런 아이들이 도덕적으로 자신의 실패에 대한 책임이 없다는 가정하에 정상아들보다 과학적으로 다루었기 때문이다. 아이가 공부를 못 할 땐 매질이나 채찍질이 약이라는 얘기가 아주 최근까지도 공공연히 나돌았다. 요즘의 아이들 다루는 법에선 이러한 시각이 거의 사라졌지만 형법에는 아직 잔존해 있다. 범죄 성향이 있는 자를 저지하는 것은 마땅한 일이지만 공수병에 걸려서 사람을 물려고 하는 사람까지도 저지되어야 한다고 여겨진다. 비록 이 사람에게 죄가 있다고 생각할 사람은 아무도 없겠지만 말이다. 전염병을 앓는 사람을 나쁜 사람이라고 할 순 없어도 그런 사람은 치료될 때까지 격리해야 하며 위조범 근성이 있는 사람도 그렇게 해야 한다고 한다. 그러나 전자의 경우는 결코 후자보다 죄가 크다고 볼 수 없다. 이것은 상식에 지나지 않는 얘기지만 기독교 윤리와 형이상학에서는 이런 형태의 상식까지도 반대한다.

어떤 단체가 공동체에 미치는 도덕적 영향을 판단하려면 그 단체에서 구현되는 충동의 종류와, 그 단체가 그 공동체에서 충동의 효능을 증대시키는 정도를 고찰해보아야 한다. 이 충동은 때로는 아주 뚜렷하게 드러나고 때로는 보이지 않게 숨어 있다. 예를 들어 등산회의 경우는 모험에 대한 충동을 뚜렷하게 구현하며 식자 사회에서는 지식을 향한 충동을 구현한다. 단체로서의 가정은 시기심과 어버이 감정을 구현하며 축구회나 정당은 경쟁 플레이를 향한 충동을 구현한다. 그러나 두 개의 거나란 사회적 단체—즉, 교회와 국가—는 그 심리적 동기에 있어 좀더 복잡하다. 국가의 제일 큰 목적이 국내의 범죄와 외적에 대한 안전 보장이란 건 분명하다. 이것은 어린 아이들이 겁을 집어먹었을 때 서로 끌어모으며 안심시켜줄 어른을 찾는 것과 같은 심리에 근거해 있다. 교회는 좀더 복잡한 기원을 가지고 있다. 종교의 가장 중요한 근원이 두려움이란 것은 의심의 여지가 없다. 이것은 오늘날에도 볼 수 있는데, 사람이 어떤 것에 놀라게 되면 생각이 신에게로 쏠리기 쉽기 때문이다. 전쟁, 질병, 실패 등은 모두 사람들을 종교적으로 만들기 쉽다. 그러나 종교가 호소력을 발휘하는 대상은 공포감 외에도 몇 가지가 더 있다. 종교는 특히 우리 인간의 자존심에 대고 호소한다. 만일 기독교가 진

2 종교는 문명에 공헌하였는가

리라면 인류는 보기보다 그렇게 가엾은 벌레들은 아닌 셈이다. 인류는 우주 창조주의 관심의 대상으로서, 행동을 잘 하면 창조주가 수고스럽게도 기뻐해주시고 잘 못하면 불쾌해 하시니까 이것은 대단한 우대이다. 우리 같았으면, 개미들 중에 어떤 놈이 자기 의무를 다 하는가 가려내려고 개미집을 연구해볼 생각은 하지도 못 할 것이다. 그중에 나태한 개미들을 가려내어 모닥불에 던져버릴 생각도 물론 못할 것이다. 만약 하나님이 우리를 위해 이렇게 해주시는 거라면 우리를 매우 중요하게 여긴다는 뜻이며 더욱이 우리들 중에 착한 자에게 천국에서의 영원한 행복을 상으로 하사한다는 것은 훨씬 더한 우대이다. 다음으로, 우주의 모든 전개는 소위 선이라는 결과, 다시 말해 우리에게 기쁨을 주는 결과를 가져오기 위해 계획된 것이라고 하는 비교적 현대적인 관념이 있다. 이 관념 역시도 우주는 우리와 취미와 편견을 같이 하는 존재에 의해 조종되고 있다고 보는 자위적 가정이다.

정의에 대한 관념

종교를 통해 구현되는 심리적 충동 가운데 세 번째의 것은 정의의 관념으로 발전되어졌다. 많은 자유 사상가들이 이 관념을 대단한 존경심으로 대하면서 독단적인 종교는 몰락하더라도 이 관념은 보존되어야 한다고 주장한다는 것을 나는 잘 알고 있다. 그러나 나로선 동의할 수 없는 대목이다. 정의의 관념을 심리적으로 분석해보면 바람직하지 못한 열정에 그 뿌리를 두고 있는 것으로 보이기 때문이다. 따라서 이성의 승인(imprimatur)을 통해 강화시켜서는 안 될 관념이라고 나는 생각한다. 정의와 불의는 함께 생각해야 한다.

그중 하나를 강조하려면 반드시 나머지 하나도 강조하게 된다. 그렇다면, 실제에 있어 '불의'란 과연 무엇일까? 그것은 사실, 군중이 싫어하는 류의 행동이다. 그것을 불의라고 지칭함으로써, 그리고 그 관념 주변에 정교한 체계를 설치함으로써, 군중은 자신이 싫어하는 대상들에 벌을 가하는 자신을 정당화하는 한편, 군중들 자신은 본래 정의롭다는 이유로 잔인함에 대한 충동을 풀어놓는 바로 그 순간에 스스로의 자존심을 고양시킨다. 이것은 린치의 심리, 기타 범죄자를 처벌하는 여러 방식에 깔린 심리이다. 따라서 정의 관념의 본질은 잔인함에 정의의 옷을 입혀 사디즘(Sadism)의 출구를 허용해주는 것이다.

그러나 정의에 대한 이러한 설명을, 이 관념의 창안자라 할 수 있는 히브리 예언자들에게까지 전적으로 적용하긴 어렵지 않겠느냐고 말할 사람도 있을 것이다. 이 말에는 일리가 있다. 히브리 예언자들이 말하는 정의는 그들과 야훼에 의해 승인된 것을 의미하기 때문이다. 사도들이 다음과 같은 말로 시작하는 선언문이 담긴 사도행전에서도 같은 태도를 발견할 수 있다. '성령과 우리는 이렇게 함이 가(可)한 줄 알았노니'(사도행전, 15장 28절). 그러나 하나님의 기호와 견해에 대한 이런 류의 개인적 확신이 어떤 단체의 기초가 되긴 어렵다. 이런 어려움은 신교가 늘 겪어야 했던 난관이었다. 신교에서는 새로운 예언자가 나와 자기가 받은 계시가 선배 예언자들의 계시보다 더 믿을 만하다고 주장할 수 있었고, 신교의 일반적인 관점에는 이런 주장이 부당하다는 것을 입증할 만한 것이 전혀 없었기 때문이다. 그 결과 신교는 무수한 종파로 갈라지면서 서로를 약화시키는 결과를 초래했던 것이다. 이런 상황이고 보니 앞으

2 종교는 문명에 공헌하였는가

로도 백 년은 구교가 기독교 신앙의 유일하고도 실질적인 대표 자리를 지킨다고 가정해볼 만도 하다. 가톨릭 교회에서도 예언자가 받는 이러한 영감을 인정하기는 하지만 정말로 신적 영감처럼 보이는 현상도 어쩌면 마귀에게서 받은 것일 수도 있다고 시인한다. 따라서 레오나르도 다 빈치의 진품과 위작을 가려내는 것이 미술 감정가의 직무이듯, 이러한 영감들을 제대로 판별하는 것이 교회의 임무로 되어 있다. 이런 식으로, 계시는 받는 동시에 제도화되어진다. 교회가 승인하는 것이 정의이며 승인받지 못하면 불의이다. 결국 정의 관념의 실질적인 내용은 대중의 반감을 정당화하는 것이 된다.

그러므로 종교에서 구현되는 인간의 세 가지 충동은 공포와 자존심과 증오라고 볼 수 있다. 이러한 격정들이 제대로 된 통로로 흐르는 한 종교의 목적은 그런 것들에 존경의 분위기를 부여하는 것이라고 말할지도 모르겠다. 그러나 종교를 악의 세력이라고 하는 까닭은 이러한 격정들이 대체로 인간을 불행하게 만드는 쪽으로 나아가기 때문이다. 종교가 승인해주지만 않아도 인간들이 최소한 어느 정도는 자제할 수 있을 텐데 이러한 격정에 실컷 빠지도록 허용해준 것이다.

이 시점에서 반대 의견이 하나쯤 나올 거라고 생각한다. 정통 신자들이 제기할 것 같진 않지만 어쨌거나 검토해볼 가치는 있다. 반대자는 말할 것이다. 증오나 두려움은 인간의 본질적인 특징으로서 인류는 언제나 그런 것들을 느껴왔고 앞으로도 영원히 그럴 것이다. 따라서 여기에 대처하는 최선책은 그런 것들이 엉뚱한 길로 나아가 큰 해를 주지 않도록, 다시 말해 그것들의 해를 줄일 수 있는 어떤 방향으로 안내하는 것이라고 아마도 말할 것이다. 교회가 이런 열정들을 다루는 방식은 성 충동을 다루는 방식과 비슷할 수 있다고 기독교 신학자는 말할 것이다. 물론 교회는 성 충동을 개탄하는 입장이다. 이 충동을 결혼이라는 테두리 안에 가둠으로써 육욕을 무독성으로 바꾸려고 애쓴다. 그러므로 인간이 미움을 느끼는 것이 불가피한 일이라면 그 증오를 정말로 해를 끼치는 사람들 쪽으로 돌려버리는 게 더 낫다고 하는 것이 바로 교회가 그 정의 관념을 도구삼아 하고 있는 일이다.

이러한 항변에 대해선 두 가지 답변이 있는데 하나는 비교적 피상적이고 다른 하나는 문제의 근본에 닿아 있는 답변이다. 피상적인 답변이란, 정의에 대한 교회의 관념은 가능한 최상의 것이 못 된다는 것이다. 근본적인 답변이란, 오늘날 우리의 심리학적 지식과 산업 기술을 이용하면 인간의 생활에서 증오와 두려움들을 모조리 몰아낼 수 있다는 것이다.

첫 번째 답변을 먼저 살펴보자. 교회의 정의 관념은 사회적으로 여러 가지 면에서 바람직하지 못한데 특히 문제가 되는 것은 지성과 과학을 경시하는 태도이다. 교회의 이 같은 결함은 복음서들에서 물려받은 것이다. 예수는 우리에게 어린 아이들처럼 되라고 말하지만, 아이들은 미분이니 통화 원칙이니 현대적 질병 퇴치법이니 하는 것을 이해할 수가 없다. 교회에 따르면 우리의 임무는 이런 지식을 얻는 것이 아니다. 요즘은 교회도 지식 자체를 죄악시하진 않지만 과거 전성 시대에는 그러했다. 그러나 지식의 획득을 죄악시하진 않아도 위험스러운 것으로 보는 건 여전하다. 지식을 갖게 되면 지성의 교만으로 이어지고 따라서 기독교 교리에 의문을 품을

2 종교는 문명에 공헌하였는가

수 있다고 보기 때문이다. 예를 들어 두 사람이 있다고 해보자. 한 사람은 열대 지방을 두루 다니면서 열병 퇴치에 애쓰는 사람인데 그렇게 고생하는 동안에 어쩌다가 몇 명의 여자들과 관계를 맺었으나 결혼은 하지 않았다. 또 한 사람은 게으르고 무능한데도 아내가 지쳐 죽을 때까지 해마다 애를 낳았으며 아이들을 통 돌보지 않아 그 가운데 절반을, 예방만 했으면 무사했을 사고로 죽게 만들긴 했지만 부정한 관계를 맺은 적은 한 번도 없었다. 착한 기독교인이라면 마땅히 이들 가운데 두 번째 사람이 첫 번째 사람보다 더 도덕적이라고 할 것이다. 이러한 태도는 말할 것도 없이 미신적이고 전적으로 이성에 반하는 태도이다. 그러나 죄를 피하는 것이 명백한 장점보다 중요시되고, 유익한 생활이 되도록 도와주는 지식의 중요성이 인정받지 못 하는 한, 이러한 태도는 불가피한 것이다.

교회가 나름대로의 방식으로 두려움과 증오를 이용하는 데 반대하는 두 번째 답변은 보다 근본적인 태도를 취한다. 즉, 이러한 정서는 교육, 경제, 정치 분야의 개혁을 통해 인간의 본성에서 거의 대부분 제거될 수 있다고 본다. 특히 교육 개혁이 그 기초가 되어야 한다. 증오와 두려움을 느끼는 사람들은 그러한 감정을 찬양하면서 영속화하고자 하는 경향도 함께 지니기 때문이다. 물론 평범한 기독교인에게서 볼 수 있듯 자신도 모르는 새 무의식중에 그러는 것이겠지만 말이다. 두려움을 제거하는 교육을 창출하는 것은 결코 어려운 일이 아니다. 아이를 다정하게 대하고, 아이가 불행한 결과가 나오지 않을까 걱정할 필요 없이 창의력을 발휘할 수 있는 환경을 제공해주고, 어둠이나 쥐나 사회 혁명 등등에 대해 공연히 비합리적인 공포를 심어주는 성인들과 교류하지 않도록 막아주기만 하면 된다. 또한 어린이는 가혹한 처벌이나 위협, 과중한 견책의 대상이 되어서도 안 된다. 어린이를 증오심에서 구해내는 데는 좀더 세심한 작업이 요구된다. 다른 아이들과의 관계 속에 시기심이 일어나는 상황이 발생하지 않도록 세심하고도 정확한 정의관을 보여주려 노력해야 한다. 어린이로 하여금 자신과 관계 맺은 어른들 중에 적어도 몇몇은 자신을 따뜻한 애정의 대상으로 본다는 느낌이 들게 할 것이며, 생명이나 건강에 위험이 없는 한 아이의 자연스런 행동이나 호기심을 막아서는 안 된다. 특히, 성에 대한 지식이나, 보수적인 사람들이 부당하게 여기는 문제들에 대해, 아이들이 얘기하는 것을 금기시해선 절대 안 된다. 이런 간단한 원칙들을 처음부터 잘 지켜나간다면 아이는 두려움 없고 다정스런 성품으로 자랄 것이다.

그러나 이렇게 교육받은 젊은이들도 성인의 문턱에 들어서게 되면 자신이 불의와 잔인함과, 막을 수도 있었던 불행으로 온통 가득 찬 세상에 넘겨셨다고 느끼기 쉽다. 현대 사회에 존재하는 불의와 잔인함과 불행함은 과거로부터 물려받은 것으로서 그 궁극적 근원은 경제에 있다. 예전에는 생계 수단을 사이에 두고 생사를 건 싸움을 벌이는 것이 불가피했기 때문이다. 우리 시대에서는 이런 싸움이 불가피하지 않다. 오늘날의 산업 기술이 있는 한 우리는 마음만 먹으면 만인에게 넉넉한 물질을 제공할 수 있다. 세계의 인구문제 역시도, 피임을 택하느니 전쟁과 굶주림 쪽을 택하는 교회의 정치적 영향력만 막을 수 있다면 인구를 안정시킬 수 있을 것이다. 지식은 그것이 어떠한 보편적 행복을 보장해주느냐에 따라 존재한다. 종교적 가르침은 그러한 목적으로 지식을 활용하는 데 걸림돌이 되는 주요 방해물이다. 종교는 우리의 아이들이 합리적인 교육을 받

2 종교는 문명에 공헌하였는가

는 것을 방해한다. 우리가 전쟁의 근본 원인을 제거하려는 것을 방해한다. 죄와 벌이라는 낡고 험악한 교리 대신에 과학이 뒷받침된 윤리를 가르치는 것을 방해한다. 인류는 이제 황금 시대의 문턱에 서 있다고 할 수 있다. 그렇다고 한다면 먼저 이 문을 막고 있는 괴물부터 처치해야 하는데 그 괴물이 바로 종교인 것이다.

(1930년에 처음 발행됨)

3

나는 이렇게 믿는다
What I Believe

이 글은 1925년에 소책자로 발간되었다. 초판 서문에서 러셀은 '나는 우주에서의 인간의 위치와 선한 삶을 이루고자 하는 인간의 가능성들에 대한 생각을 말하고자 했다.……인간사를 보면 행복을 향해 나아가는 세력들이 있고 불행을 향해 가는 세력이 있다. 어느 편이 세력을 펼칠지는 우리로선 알지 못하지만 어쨌거나 현명하게 행동하기 위해서는 양쪽 모두를 알고 있어야 한다'고 썼다. 1948년에 뉴욕에서 이루어진 재판에서 러셀이 시립 대학 강단에 서기에 부적합함을 보여주는 증거물로 채택된 서적들 가운데 『나는 이렇게 믿는다』도 포함되어 있었다. 이 글에서 말해진 것들도 년논에서 널리 인봉뇌었는데, 주로 러셀의 관점에 대해 매우 거짓된 인상을 심어주는 데 이용되었다.

자연과 인간

인간은 자연과 대비되는 어떤 것이 아니라 자연의 일부이다. 인간의 사고와 신체적 움직임은 별과 원자들의 움직임을 묘사한 바로 그 법칙들에 따른다. 인간에 비하면 물질 세계는 거대하다. 물론 단테 시대에 상상했던 것보다는 훨씬 크지만 백 년 전의 생각보단 그다지 크지 않다. 위로든 아래로든, 거대 세계에서든 미세 세계에서든 과학은 이제 한계에 도달한 것처럼 보인다. 우주는 유한 공간에 펼쳐져 있어, 빛이 몇 억만 년을 달려야 한 바퀴 돌아올 수 있다고 한다. 물질은 지구상에 유한수로만 존재하는 유한한 크기의 전자와 양성자로 되어 있다고 한다. 이것들의 변화는 아마도 과거에 상상했듯 그렇게 부단히 계속되는 게 아니라 경련에 의해, 어떤 최소한의 경련보다 결코 크지 않은 경련들에 의해 진행되는 것인지도 모른다. 이 변화의 법칙들은 아주 일반적인 소수의 원리들 속에 요약되어 담겨지고, 세계 역사의 어느 작은 부분이 알려질 때면 이 원리들이 세계의 과거와 미래를 결정하는 것처럼 보인다.

물질 과학은 이런 식으로, 완결 단계를 향해 다가가고 있다. 물론 그땐 물질 과학에 대한 흥미도 사라지겠지만 말이다. 전자와 양성자의 운동을 지배하는 법칙들을 생각하면 나머지는 지리학에 불과하다. 다시 말해 세계 역사의 어떤 일부를 뒤져 그 분포 상태를 설명하는 특정 사실들의 집합체에 불과한 것이다. 세계 역사를 결정하는 데 필요한 사실들의 총수는 아마도 유한할 것이므로 이론적으로는 거대한 책 한 권에 모두 기록할 수도 있다. 그 책을 계산기와 함께 섬머셋 하우스에 비치해두고 거기 기록된 것 외에 다른 시대에 대한 사실들을 알고자 하는 사람은 계산기 손잡이를 돌리게끔 할 수도 있을 것이다. 그것만큼 재미없는 것도 상상하기 어렵지만, 그것처럼 미완의 발견의 기쁨과 동떨어진 것도 상상하기 어렵다. 그것은 마치 힘들여 높은 산꼭대기에 올라가보니, 안개 자욱한 속에도 라디오는 갖추고 진저 비어(생강향이 강한 청량 음료)를 팔고 있는 식당만 달랑 있는 풍경을 보게 되는 것과도 같다. 아마도 아흐메스(Ahmes) 시대였다면 구구단 표가 흥미를 불러일으켰을 것이다.

그 자체로는 흥미로울 것도 없는 이 물질 세계 속에 인간은 한 부분을 차지하고 있다. 다른 물질과 마찬가지로 그의 몸은 전자와 양성자로 구성되어 있으며, 그것들은, 우리가 아는 바로는, 동물이나 식물의 일부가 아닌 그것들과 더불어 똑같은 법칙에 따른다. 생리학은 결코 물리학이 될 수 없다고 말하는 사람들도 있지만 그들의 주장은 그다지 신빙성이 없으므로 그들이 착각하고 있다고 보는 게 신중한 자세일 것 같다. 육로 여행이 도로와 철도를 따라 이루어지는 것과 마찬가지로, 우리가 '사고'라고 부르는 것은 우리 뇌 속의 제도를 따라 이루어지는 것으로 보인다. 사고하는 데 쓰이는 에

3 나는 이렇게 믿는다

너지는 화학적 기원을 가진 듯하다. 예를 들어 옥소가 결핍되면 영리한 사람도 바보로 될 수 있는 것이다. 정신적 현상은 물질 구조와 밀접하게 엮여 있는 것 같다. 만일 이것이 사실이라면 일개 전자나 양성자가 '사고한다' 고는 결코 볼 수 없다. 차라리 선수 하나로 축구 시합하는 것을 기대하는 편이 나을 것이다. 또한, 육체가 죽은 뒤에도 사람의 사고가 진행된다고 보기도 어렵다. 사람이 죽으면 뇌의 기관도 파괴되고 두뇌 흔적을 이용했던 에너지도 흩어져버릴 것이기 때문이다.

하나님과 영생이라는 기독교의 중심적 교리들은 과학에서는 아무 근거도 발견할 수 없다. 이들 교리 중 어느 하나를 들어 종교의 본질이라고 보기도 어렵다. 불교의 경우에선 그 어느 것도 발견되지 않기 때문이다(영생에 대해 무조건 이런 식으로 말하다간 자칫 엉뚱한 길로 접어들기 쉽지만 최종 분석에 있어서는 옳다). 그러나 서구에 살고 있는 우리는 그것들을 가장 최소한의 신학으로 여기게 되었다. 말할 것도 없이 사람들은 이 믿음들을 앞으로도 계속 환대할 것이다. 단지 즐겁기 때문에, 우리들 자신은 착하고 우리의 적들은 악하다고 생각하는 것이 즐겁기 때문이다. 그러나 나로서는 둘 중 어느 것도 근거를 발견할 수 없다. 내가 하나님이 존재하지 않는다는 것을 입증할 수 있단 얘기는 아니다. 사탄은 허구라는 점 역시도 입증할 수 없다. 기독교의 하나님은 어쩌면 존재하는지도 모른다. 올림푸스의 신들도, 고대 이집트나 바빌론의 신들도 존재할지 모른다. 그러나 이 가정들 가운데 그 어느 것도 다른 가정들보다 개연성이 높지 못하다. 아니, 아예 개연적 지식의 영역 바깥에 놓여 있기 때문에 고려해볼 만한 여지도 존재하지 않는다. 이 문제는 이미 다른 데서 다룬 바 있으므로(본인의 저서 『라이프니츠의 철학』 15장을 참조) 여기선 더 이상 다루지 않겠다.

개인의 영생 문제는 다소 다른 기반에 서 있다. 이 문제에서는 어느 쪽으로든 증거가 있을 수 있다. 사람들은 과학의 관심사가 되고 있는 일상 세계의 일부이며 그들의 존재를 결정하는 조건은 발견될 수 있는 성격의 것이다. 물방울은 영생하지 못한다. 산소와 수소로 분해될 수 있기 때문이다. 그러므로 만일 물방울이 분해된 후에도 수질 같은 것이 남는다고 주장한다면 우리로선 의심스러워지지 않을 수 없다. 이와 마찬가지로 두뇌도 영생하지 못하며, 죽음과 함께 생물체의 유기 에너지가 해체되어버리므로 협력 작용을 할 수 없게 된다는 것을 우리는 안다. 어떤 증거를 대더라도, 우리의 정신적 삶이란 것은 뇌의 구조 및 유기적 신체 에너지와 밀접하게 관련되어 있다는 것을 보여줄 뿐이다. 따라서 정신적 삶은 육체의 삶이 멈추는 것과 함께 정지된다고 보는 것이 합리적이다. 이 주장도 물론 개연성의 하나에 불과하지만 대부분의 과학적 결론들이 여기에 근거해 있을 정도로 개연성이 높다.

이 결론을 공격할 근거는 여러 가지가 있다. 심령 연구 분야에서는 사후 생존에 대한 실질적이고 과학적인 증거가 있으며, 물론 그 연구 과정이나 원칙까지도 과학적으로 전혀 하자가 없다고 공언한다. 이런 류의 증거는 과학적 성향을 가진 사람도 아무도 부인하지 못 할 만큼 위력적이다. 그러나 이러한 증거의 무게를 가늠할 때는 반드시 사후 생존 가설의 선례적 개연성에 기초해야 한다. 어떤 현상을 설명하는 데는 언제나 다양한 방법이 있기 마련이어서 우리는 그 가운데서 선례에 비춰볼 때 가장 개연성이 높은 방법을 택해야만 한다. 사람은 사후에도 생존할 가능성이 있다고 미리 생각하고 들어가는 사람들은 사후 생존설을 최선의 설명으로 볼 준비가 되어 있는 것이나 마찬가지이다. 반대로, 이 설은 받아들이기 어려운 가정이라고 생각하는 사람들은 다른 설명을 찾으려할 것이다. 내 경우는 어떠냐 하면, 지금까지 심령 연구 분야에서 사후 생존의 증거라며 제시해온 것들은 그 설에 반대하는 생리학적 증거들에 비하면 대단히 취약하다고 본다. 그러나 그쪽 증거도 어느 순간에든 더 강해질 수 있다는 건 충분히 인정하며 만일 그렇게 될 경우에는 사후 생존설을 믿지 않는 것이 오히려 비과학적인 태도일 것이다.

그러나 사후 생존은 영생과는 또 다른 문제이다. 그것은 물리적 죽음의 유예를 의미할 따름이기 때문이다. 사람들이 믿고 싶어 하는 것은 바로 영생이다. 영생을 믿는 사람들은 영혼과 육체는 본질에 있어 전적으로 다르며, 영혼은 우리의 육체 기관들을 통해 경험적으로 현시되지 않는 전혀 별개의 어떤 것이라는 근거하에, 지금까지 내가 해온 생리학적 주장들에 반대할 것이다. 나는 이런 태도를 형이상학적 미신이라고 본다. 정신이나 물질이란 말은 모두 용어상의 어떤 편의를 위해 있는 것이지 궁극적인 실체들이 아니다. 영혼과 마찬가지로 전자나 양성자도 논리적 허구들이다. 실제로는 제각기 사건들의 역사, 혹은 연속일 뿐 지속적인 단일 실체가 아니다. 이 점은 영혼의 경우, 그것이 성장한다는 사실에서 명백해진다. 수태, 임신, 유아기를 생각해보면, 영혼은 어떤 분할 불가능한 것 속에 들어 있어서 이 과정들을 거치는 동안에도 완벽하고 완결적인 상태라는 주장을 심각하게 받아들이긴 어렵다. 영혼도 육체처럼 성장하는 게 분명하며, 정자와 난자 양쪽에서 나오기 때문에 분할될 수 없다고 보는 것이 옳다. 이것은 유물론과는 다르다. 흥미 있는 것은 유기체에 관한 문제이지 근원적 물질의 문제가 아니라는 점을 인정하는 것일 뿐이다.

영혼은 영생한다는 것을 증명하기 위해 형이상학자들은 수많은 이론들을 발전시켜왔다. 이 모든 이론들을 일거에 붕괴시켜버릴 수 있는 간단한 테스트가 하나 있다. 그들은 한결같이, 영혼은 모든 공간에 편재한다는 것을 증명한다. 그러나 우리가 '살찌는 것'을 '오래 사는 것'만큼 갈망하지 않는 데서도 보듯, 문제의 형이상학자들 중에서 자신의 사유를 이렇게 적용할 수도 있다는 것을 깨달은 사람은 아무도 없었다. 이것은 욕구의 놀라운 힘을 보여주는 한 예이다. 제아무리 능력 있는 사람도, 다른 경우였다면 대번에 눈에 들어왔을 오류 앞에 장님이 되게 만들어버리니 말이다. 만일 우리가 죽음을 두려워하지 않았다면 영생의 관념 따위는 생겨나지도 않았을 것이라고 나는 믿는다.

두려움은 종교적 독단의 기반이다. 그 밖에 많은 인간생활의 기초인 것과 마찬가지로 개인적인 것이든 집단적인 것이든 사람들의 두려움은 우리의 사회생활의 많은 부분을 지배한다. 그러나 종교를 생겨나게 하는 것은 무엇보다도 자연에 대한 두려움이다. 앞서 살펴보았듯, 정신과 물질의 대립은 다소 가공적인 것이다. 그러나 보다 중요한 또 다른 대립이 있으니 그것은 즉, 우리의 욕구에 의해 영향을 받는 것과 영향을 받지 않는 것들 간의 대립이다. 그 둘의 경계선은 뚜렷하지도 불변적이지도 않다. 과학이 진보함에 따라 점점 더 많은 것들이 인간의 통제하에 들어오기 때문이다. 그럼에도 불구하고 확실하게 경계 저편에 존재하는 것들이 남아 있다.

우리 세계의 모든 '거대한' 사실들도 그런 것들에 속한다. 천문학에서 다뤄지는 류의 사실들 말이다. 우리가 어느 정도나마 우리의 욕구에 맞춰 빚어낼 수 있는 것은 지표면 혹은 지표 가까운데 존재하는 사실들에 불과하다. 그러나 지표면에서조차도 우리의 능력은 많은 제약을 받는다. 무엇보다도 우리는 죽음을—간혹 연기시킬 순 있으되—막을 길이 없다.

    종교는 이러한 대립을 극복하고자 나온 시도이다. 신이 세상을 조종하는 거라면, 그리고 우리의 기도가 신을 감동시킬 수 있다면, 우리에게도 전지전능과 통하는 데가 있다는 얘기가 된다. 예전에는 기도에 대한 응답으로 기적이 일어나곤 했다. 가톨릭 교회에서는 지금도 그런 사람들이 있지만 신교도들은 그러한 힘을 상실했다. 그러나 기적들이 없어도 문제는 없다. 자연 법칙의 작용이 가장 최선의 결과를 낳게 하리라고 신이 선언했으니까. 신에 대한 믿음은 이런 식으로 자연 세계를 인간화하여 인간으로 하여금 물질 세력들은 진정 인간의 동맹자라고 느끼게 만드는 데 기여하고 있다. 영생 사상이 죽음에서 공포를 몰아내는 것도 이와 유사하다. 죽으면 영원한 축복을 받을 거라고 믿는 사람들은 아무 두려움 없이 죽음을 맞을 것 같지만 의료 종사자들에겐 다행스럽게도 늘 그런 것만도 아니다. 그러나 그런 믿음이 인간의 두려움을 완전히 잠재우진 못한다 해도 다소 완화시켜주는 건 사실이다.

    종교는 공포에 그 근원을 두고 있기 때문에 일정한 류의 공포들에 고귀함을 부여하여 사람들로 하여금 함부로 여기지 못하게 만들어왔다. 이러한 과정에서 종교는 인류에게 커다란 해악을 저질렀으니, '모든' 두려움은 나쁘다고 생각하게 만든 것이다. 나는 내가 죽으면 썩어 없어질 뿐 나의 에고 따위가 남을 거라곤 생각하지 않는다. 내 나이 젊지는 않지만 삶을 사랑한다. 그러나 내가 허무로 돌아간다는 생각에 공포로 몸을 떠는 모습에 대해선 경멸한다. 행복이 진정한 행복일 수 있는 건 그것에 끝이 있기 때문이며, 사고나 사랑이 영원히 지속되지 않는다고 해서 그것들이 제 가치를 잃는 것도 아니다. 수많은 사람들이 교수대에 올라가서도 당당하게 처신했다. 세상에서 인간의 위치가 어디인지에 대해 진실하게 사고하도록 우리를 가르칠 수 있는 것은 바로 이러한 당당함이다. 우리가 아늑한 실내에서 인간화된 전통적 신화들이 주는 온기에 묻혀 있다가 과학이 열어준 창을 내다봤을 때 처음엔 몸이 떨리지만 결국에는 신선한 공기를 마시고 힘을 얻게 되며 거대한 우주도 제 나름의 장엄함을 가지게 되는 것이다.

    자연의 철학과 가치의 철학은 전혀 별개이다. 그 둘을 혼동해서는 해로움 밖에 돌아오는 게 없다. 우리가 선하다고 여기는 것, 우리가 좋아하는 것은 그것 자체가 무엇이냐와 아무 관계가 없지만 자연 철학에서 문제 삼는 것은 바로 그러한 관계들이다. 다른 한편, 비인간적 세계는 가치를 평가하지 못 한다는 가정하에 우리가 이것 혹은 저것을 평가하지 못하도록 금지당할 수도 없으며, 어떤 것이 '자연 법칙' 이라는 이유로 찬양하도록 강요당해도 안 된다. 우리가 자연의 일부라는 것은 의심의 여지가 없다. 바로 그 자연이 지금 물리학자들이 막 발견하기 시작한 그 법칙들에 따라 우리의 욕구와 희망과 두려움을 낳는다. 이런 의미에서 우리는 자연의 일부이며, 자연 법칙의 산물인 자연에 종속되어 있으며, 길게 볼 때는 그 법칙의 희생양들인 것이다.

3 나는 이렇게 믿는다

자연 철학을 지나치게 지구로만 국한해선 안 된다. 자연 철학에서 보자면 지구는 은하계의 작은 별무리들 중 하나, 그중에서도 작은 행성들 가운데 하나에 불과하다. 이 미미한 행성의 자그마한 기생자들을 기쁘게 해주는 결과를 이끌어내기 위해 자연 철학을 왜곡시키는 짓은 어리석기 짝이 없다. 이런 측면에서, 생기론 철학과 진화론은 균형감과 논리적 적절성의 결여를 드러낸다. 그들은 우리의 개인적 관심사인 삶의 사실들을 지구 표면에서나 의미가 있는 것으로 보지 않고 우주적 의미를 지닌 것으로 본다. 우주 철학으로서의 낙관주의나 비관주의도 마찬가지로 순진한 인간주의를 드러낸다. 우리가 자연 철학에서 알아낸 바로는, 이 거대한 세상은 선하지도 악하지도 않으며 우리를 행복하게 혹은 불행하게 만드는 데 전혀 관여하지 않는다. 그러한 모든 철학들은 애초에 자만심에서 생겨나와 약간의 천문학에 의해 멋지게 교정된 것들에 불과하다.

그러나 가치의 철학에서는 상황이 뒤바뀐다. 자연은 우리가 상상할 수 있는 것의 일부에 불과하다. 실제든 상상의 것이든 우리는 모든 것에 대해 평가할 수 있으며 우리의 평가가 잘못됐음을 보여주는 외면적 기준은 전혀 존재하지 않는다. 우리들 자신이야말로 궁극적이고도 반박할 수 없는 한 가치 조정자이며, 가치의 세계에서는 자연도 일부분에 불과하다. 따라서 이 세계에서는 우리가 자연보다 위대하다. 가치의 세계에서 자연 그 자체는 선하지도 악하지도 않은 중립적인 것으로서 찬사도 비난도 받을 이유가 없다. 가치를 창조하고, 가치를 부여하는 우리의 욕구를 창조하는 것은 바로 우리들이다. 이 영역에선 우리가 왕이므로, 여기에서 자연 앞에 고개를 숙인다면 왕으로서의 체통을 스스로 깎아내리는 짓이다. 홀

룡한 삶을 결정하는 것은 우리들 자신일 뿐 자연이 아니다. 신격화된 자연조차도 대신할 수 없는 일이다.

훌륭한 삶

훌륭한 삶에 대해선 여러 시대, 여러 민족들 사이에서 여러 다양한 생각들이 존재해왔다. 논쟁을 피하지 못할 정도로 생각의 차이가 컸는데 특히, 주어진 목적을 달성하는 수단에 대한 견해가 갈라질 땐 어김없이 싸움이 붙는다. 범죄를 예방하는 문제만 해도 어떤 이들은 감옥으로 보내는 게 최고라 하고, 어떤 이들은 교육이 보다 나은 방법이라고 주장한다. 이런 류의 견해차는 충분한 증거만 있으면 판단이 가능하다. 그러나 이런 방식으로 검증할 수 없는 차이들도 있다. 톨스토이는 일체의 전쟁을 비난했지만 숭고한 권리를 지키기 위해 전쟁에 나가 싸우는 군인의 삶을 역설한 이들도 있다. 아마도 여기에는 목적에 대한 현실적인 차이가 개입되었을 것이다. 군인을 칭송하는 사람들은 흔히 죄인에 대한 처벌 그 자체를 좋은 것으로 여긴다. 그러나 톨스토이는 그렇게 보지 않았다. 이런 문제에 있어선 논쟁이란 불가능하다. 그러므로 나는 좋은 삶에 대한 내 견해가 옳다는 것을 증명할 순 없다. 다만 내 견해를 밝히면서 가능한 한 많은 이들이 공감해주길 바랄 수 있을 뿐이다. 내 생각을 한마디로 요약하면 이렇다.

'훌륭한 삶이란 사랑에 의해 고무되고 지식에 의해 인도되는 삶이다.'

지식과 사랑은 둘 다 무한히 확대되는 성질을 지녔다. 그러므로 어떤 삶이 얼마나 훌륭하든 간에, 그보다 좀더 나은 삶을 얼마든지 상상할 수 있다. 지식 없는 사랑도 사랑 없는 지식도 훌륭한 삶을 낳을 수 없다. 중세 시대에는 어떤 지방에 페스트가 돌면 성직자들은 그 곳 주민에게 교회에 모여 악령을 쫓아내달라고 간청하는 기도를 올리게 했다. 그러나 그 결과, 간청하기 위해 모인 군중들 사이에 전염병이 엄청난 속도로 퍼졌다. 이것은 지식 없는 사랑의 일례이다. 지난 세계 대전의 경우는 사랑 없는 지식의 표본이 되었다. 어느 경우든 결과는 대규모의 죽음이었다.

사랑과 지식 두 가지 모두 필수적이긴 하지만 어떤 의미에선 사랑이 좀더 근본적이다. 사랑은 지성인들로 하여금 사랑하는 사람들에게 혜택을 줄 방법을 찾아낼 목적으로 지식을 추구하도록 이끌어주기 때문이다. 그러나 사람들이 지적이지 못하면 들은 대로 믿어버리는 태도에 머물게 되어 진실한 자비를 가지고 있음에도 불구하고 해를 끼치기 쉽다. 이런 경우에 해당되는 가장 좋은 예는 아마도 의학일 것이다. 유능한 의사는 환자에게 있어 가장 헌신적인 친구보다도 유용한 존재이며, 의학 지식의 발전은 사회 보건을 위해 무지한 박애 행위보다 훨씬 많은 일을 한다. 그럼에도 불구하고, 과학적 발견들로 부자들만 혜택을 받게 할 생각이 아니라면 여기에도 자비란 요소가 필수적이다.

사랑은 다양한 감정들을 망라하는 단어이지만 나는 그 모든 것들을 다 포함시키고 싶어 일부러 이 단어를 쓰고 있다. 감정으로서의 사랑—내가 얘기하고자 하는 것은 바로 이런 사랑이다. '원칙에 입각한' 사랑이란 것은 내게는 진실하지 않아 보이기 때문이다—은 두 개의 극단 사이에서 움직인다. 즉, 관조(contemplation)에서 오는 순수한 기쁨이 그 하나이고 순수한 자비심이 나머지 하나이다. 무생물이 관심의 대상인 경우에는 기쁨만이 일어난다. 경치나 소나타 곡에 대해선 자비심을 느끼지 않기 때문이다. 아마도 이런 유형의 즐거움이 예술의 원천일 것이다. 이런 즐거움은 일반적으로 성인들보다 어린 아이들에게서 더 강하다. 어른들은 사물을 실용적인 태도로 보기 때문이다. 이 기쁨은 우리가, 단순히 미적 관조의 대상으로 보자면 매력이 있는 사람일 수도 있고 그 반대일 수도 있는 사람들에 대해 느끼는 감정들에서 큰 역할을 한다.

사랑의 이러한 극단과 정반대쪽에 있는 것이 순수한 자비이다. 자기 생명을 희생해가며 나병 환자를 도운 사람들도 있다. 이런 경우, 그들이 느꼈던 사랑에는 미적 기쁨이란 요소가 들어갈 수 없다. 어버이의 애정에는 일반적으로 아이의 모습에서 느끼는 기쁨이 동반되지만 그러나 이 요소가 전혀 없어도 여전히 강하게 지속된다. 아픈 아이에 대한 어머니의 관심을 '자비'라고 부르면 이상하게 들릴 것이다. 우리는 십중팔구 맥 빠진 징징을 칭할 때 이 단어를 쓰는 것이 습관화되어 있기 때문이다. 그러나 '다른 사람의 행복을 바라는 것'을 나타낼 다른 단어를 찾아내기도 어렵다. 어버이 감정의 경우에는 이런 류의 바람도 일정 정도의 힘에 도달하는 것이 사실이다. 그러나 다른 경우들에서는 강도가 훨씬 떨어진다. 실제로 모든 애타적 감정은 어버이 감정의 폭발 혹은 때때로 어버이 감정의 승화의 일종으로 보이기 쉽다. 더 적절한 단어가 없는 관계로 나는 이런 감정을 '자비'라고 부르기로 한다. 그러나 나는 지금 원칙이 아니라 감정에 대해 말하려는 것이므로 때때로 이 단어와 연결짓곤 하는 어떤 우월감 같은 것은 일절 포함시키지 않는다는 점을 분명하게 밝히고 싶다. '동정'이란 단어도 내 견해의 일부를 표현해주긴 하지만 그러나 이 단어에는 내가 꼭 넣고 싶은 행위적 요소가 빠져 있다.

기쁨과 타인의 행복을 비는 마음, 이 두 가지 요소의 불가분한 결합이 바로 최고조의 사랑이다. 아름답고 성공적인 아이에게서 느끼는 부모의 기쁨은 이 두 가지 요소를 겸비하고 있으며 최고조에 달한 성적(性的) 사랑도 마찬가지다. 그러나 성적 사랑에서는 확실한 소유가 가능한 경우에만 자비가 존재한다. 그렇지 못할 경우에는 시기심이 사랑을 파괴해버린다. 한편으로 관조에서 오는 기쁨을 키워갈 수도 있겠지만 말이다. 남의 행복을 비는 마음이 수반되지 않은 기쁨은 잔인해지기 쉬우며 기쁨이 없이 남의 행복을 비는 태도는 쉽게 식어버리거나 우월감으로 변하기 쉽다. 어린 아이나 중환자들처럼 극단적으로 허약한 경우를 제외하고 볼 때, 사랑받고자 하는 사람은 두 가지 요소가 모두 담긴 사랑의 대상이 되고 싶어 한다. 어린 아이나 중환자의 경우 자비밖에 바라는 게 없다. 반대로 극단적으로 강한 사람들의 경우엔 자비보다도 찬양을 더 바란다. 세력가나 유명한 미녀들의 정신 상태가 바로 이런 것이다. 우리는 타인의 도움이 필요하다거나 타인에 의해 피해를 받을 위험이 있다고 느끼는 정도에 비례하여 타인들의 행복을 빌어줄 뿐이다. 이것은 최소한 생물학적 상황 논리로 봐줄 수 있을진 모르지만 삶에는 전혀 적용될 수 없다. 우리는 외로움에서 벗어나기 위해, 말하자면 '타인으로부터 이해받기' 위해 애정을 원한다. 이것은 단순한 자비의 문제가 아니라 동정의 문제이다. 그의 애정이 있어야만 우리가 만족할 수 있는 그런 사람이 있다고 할 때 그 사람은 단순히 우리의 행복을 빌어주는 것으로 그쳐서는 안 되며 우리의 행복이 무엇으로 이루어지는가를 이해해야만 한다. 그러나 이것은 훌륭한 삶의 또 다른 요소, 즉 지식에 속하는 문제이다.

완벽한 세상이라면, 모든 지각 있는 존재는 다른 모든 타인에게 기쁨과 자비 그리고 긴밀하게 뒤섞인 이해가 어우러진 최고의 사랑을 받는 대상이 될 것이다. 또한 그 사랑에는 분리되지 않게 잘 뒤섞인 이해도 포함되어 있을 것이다. 그러나 우리의 실제 세계에서는 그렇지가 못해서 우리는 마주치는 모든 존재들에 대해 그러한 감정을 가지도록 노력해야만 한다. 혐오감을 주기 때문에 그 사람에게선 기쁨을 느끼기 힘든 사람들도 많이 있다. 만일 우리가 그런 사람들에게서 아름다운 면을 보려고 노력함으로써 우리 자신의 본성을 왜곡해야 한다면 자연스럽게 아름답게 느껴지는 것들에 대한 우리의 감성을 무디게 만들기만 하면 된다. 인간은 말할 것도 없고 벼룩이나 빈대 같은 것도 있다. 이런 생명체들을 관조하면서 기쁨을 느낄 수 있으려면 저 고대 뱃사람만큼이나 강하게 스스로를 다그쳐야만 한다. 그런 것들을 가리켜 '하나님의 진주'라고 한 성인들도 있다고 하지만 그 사람들을 기쁘게 만든 것은 사실 그 생명체들이 아니라 자기네들의 고결함을 과시할 기회를 붙잡았다는 사실이었다.

자비를 널리 확대시키는 것은 좀더 수월한 일이지만 자비에도 나름대로의 한계가 있다. 어떤 남자가 어떤 숙녀와 결혼하고 싶어 하는데 다른 사람도 그녀와 결혼하고 싶어 한다는 것을 알았을 때 우리는 그 남자가 물러나는 편이 낫다고 보진 않는다. 우리는 이런 경우를 공정한 경쟁의 장으로 간주한다. 그러나 경쟁자에 대한 그 남자의 감정이 전적으로 자비로울 수만은 없다. 나는 우리가 여기 지구상의 훌륭한 삶에 대해 어떤 애기를 하든 동물적 활기와 동물적 본능이라는 어떤 기초를 가정하지 않을 수 없다고 본다. 그러한

3 나는 이렇게 믿는다

기초가 없는 삶은 무기력하고 재미없는 것이기 때문이다. 문명은 그것의 대체물이 아니라 그것에 덧붙여진 어떤 것이다. 이런 측면에서 보면 금욕하는 성자나 초연한 철인(哲人)은 완성된 인간이 되는 데 실패한 사람들이다. 그들 가운데 소수는 사회를 풍요롭게 만들기도 하지만 세상이 그들로만 이루어져 있다면 아마도 지겨워서 죽을 것이다.

이런 생각들을 하다 보면 최고 사랑의 구성 인자로 기쁨이란 요소를 일정 부분 강조하지 않을 수 없게 된다. 이 현실 세계에서 기쁨은 불가피하게 선택적이어서 우리가 인류 모두에 대해 똑같은 감정을 가질 수 없게 한다. 기쁨과 자비 사이에 충돌이 발생할 경우 둘 중 어느 하나의 완패로 끝나기보다는 절충에 의해 결론이 나는 게 일반적이다. 본능도 나름대로의 권리를 지니고 있어 우리가 어느 수준 이상으로 폭력을 가하면 본능은 미묘한 방식으로 복수해온다. 그러므로 훌륭한 삶을 목표로 할 때는 인간 가능성의 한계를 반드시 명심해야 한다. 그러나 이 부분에서 다시 우리는 지식의 필요성으로 되돌아가지 않을 수 없다.

훌륭한 삶의 구성 요소로서의 지식을 언급할 때 나는 윤리적 지식이 아니라 과학적 지식 및 특수한 사실들로 된 지식을 염두에 두고 있음을 밝히고 싶다. 솔직히 말해서 나는 윤리적 지식 따위가 존재한다고는 생각하지 않는다. 우리가 어떤 목적을 달성하고자 할 때 지식은 우리에게 그 수단을 가르쳐주는데, 이러한 지식이 대충 윤리적 지식으로 통한다. 그러나 어떤 종류의 품행이 있다고 할 때 나는 우리가 그 행실의 개연적 결과를 참고하지 않고는 그 옳고 그름을 판단할 수 없다고 믿는다. 달성해야 할 목적이 주어지고 나면 어떻게 달성할 것인가 하는 방법을 찾아내는 것은 과학이 할 일인 것이다. 모든 도덕률을 놓고, 그것이 우리가 욕구하는 목적을 실현하는 데 도움이 되는가를 따져가며 검증해보아야 한다. 여기서 내가 말하는 목적은 우리가 욕구하는 목적이지 우리가 욕구 '해야' 하는 목적이 아니다. 우리가 욕구 '해야' 하는 것은 다른 누군가가 우리가 욕구하도록 바라고 있는 것에 불과하다. 흔히 그것은 권위자들— 부모, 학교 선생, 경찰, 재판관—이 우리가 욕구하도록 바라는 것이다. 만일 당신이 내게 '당신은 이러 저러하게 해야 한다'고 말한다면 당신의 진술이 갖는 추동력은 당신의 승인을 바라는 내 바람에 달려 있다. 그와 동시에, 당신의 승인 혹은 거부에 수반되는 보상 혹은 처벌에 달려 있을 수도 있지만 말이다. 모든 행동은 욕구로부터 나오므로, 윤리 관념은 그것이 욕구에 영향을 주는 경우를 제외하고는 아무런 중요성도 가질 수 없음이 분명하다. 윤리 관념은 승인에 대한 소망과 기부에 대한 두려움을 통해 그리한 영향력을 발휘한다. 이런 관념들은 사회적으로 강력한 세력을 형성하므로 어떤 사회적 목적을 실현하고자 할 때 우리는 자연히 그것들을 우리 편으로 만들고자 애쓰게 된다. 어떤 행동의 도덕성은 그 행동의 개연적 결과들로써 판단되어야 한다는 얘기는 우리가 욕구하는 사회적 목적들을 실현할 수 있을 것 같은 행동에는 승인을 부여하고, 그렇지 못할 것 같은 행동에는 거부를 부여하자는 것이다. 그러나 현재로선 전혀 그렇지가 못하다. 일정한 전통적 규율들이 존재하고 있어 결과는 전혀 고려하지 않은 채 그러한 규율에 따라 승인과 거부가 배분되어지고 있다. 어쨌거나 이 문제는 다음 항에서 다뤄지게 될 것이다.

이론 윤리학의 불필요성은 간단한 경우들만 봐도 자명하다. 예

3 나는 이렇게 믿는다

를 들어 당신의 아이가 병이 났다고 해보자. 아이를 사랑하는 탓에 당신은 아이의 병을 고치고 싶어 하며 과학은 당신에게 그 방법을 가르쳐준다. 당신의 아이를 치유시키는 편이 낫겠다는 점이 입증된 마당에 윤리적 이론이 개입될 여지는 전혀 없다. 당신의 행동은 수단에 대한 지식과 더불어, 목적에 대한 욕구로부터 곧장 튀어나온다. 선하든 악하든 모든 행동들이 다 이와 같다. 목적은 저마다 다르고 지식도 경우에 따라 더 적합하거나 부적합할 수 있겠지만 말이다. 그러나 사람들이 하고 싶어 하지 않는 일을 하게 만드는 방법은 상상할 수가 없다. 가능한 방법은 단 하나, 사회적 승인과 거부가 적잖은 효력을 발휘하는 상벌 체계를 만들어 사람들의 욕구를 바꿔놓는 것이다. 그러므로 입법 도덕가의 관심사는 다음과 같다. 이 상벌 체계를 어떻게 정렬시켜야만 입법 당국이 바라는 바를 최대한으로 확보할 수 있을까? 내가 입법 당국이 나쁜 욕구들을 가지고 있다고 말할 땐 단지, 입법 당국의 욕구들이 내가 속한 사회의 어떤 계층의 욕구들과 상충하는 경우를 의미할 뿐이다. 도덕적 기준이란 것은 인간의 욕구 영역 밖에서는 존재하지 않는다.

따라서 윤리학을 과학과 구분시켜주는 것은 어떤 특정한 종류의 지식이 아니라 욕구에 불과하다. 윤리학에 요구되는 지식은 다른 분야의 지식과 전혀 다르지 않다. 다만 한 가지 특이한 게 있다면, 일정한 목적들을 바란다는 것과 목적들에 공헌하는 것을 옳은 행동이라 한다는 점이다. 옳은 행동의 정의가 폭넓은 지지를 받을 수 있으려면 그 목적이 인류의 욕구의 커다란 부분을 차지하는 목적이어야 함은 물론이다. 만일 내가 나 자신의 수입을 증대시키는 것이 옳은 행동이라고 정의한다면 독자들은 아마 공감하지 않을 것이다. 어떤 윤리적 주장의 전체적인 효과는 그것의 과학적 부분에 달려 있다. 다시 말해 다른 행동들보다 어떤 종류의 행동이, 폭넓게 욕구되는 목적의 수단으로 적절하다고 하는 입증 능력에 달려 있는 것이다. 그러나 나는 윤리적 주장과 윤리 교육은 구분되어야 한다고 본다. 후자는 특정 욕구들을 강화시키고 나머지 욕구들을 약화시키는 작업으로 이루어져 있다. 나중에 가서 따로 논하게 되겠지만 이것은 성격이 전혀 다른 과정이다.

이제 우리는 이 장 서두에서 언급된 훌륭한 삶의 정의의 취지에 대해 좀더 정확하게 설명할 수 있게 되었다. 훌륭한 사람은 지식에 의해 인도되는 사랑으로 이루어진다고 했을 때 나를 자극한 것은, 나 자신이 최선을 다해 그러한 삶을 살면서 역시 나처럼 살아가고 있는 타인들을 바라보고픈 욕구였다. 그리고 그 말의 내용을 논리적으로 정리하자면 사람들이 그런 식으로 살고 있는 사회에서는, 사랑이나 지식이 부족한 사회에서보다 더 많은 욕구들이 충족되어질 것이란 얘기이다.

그러한 삶이 '도덕적'이라거나 그렇지 못한 삶은 '죄악'이라는 식의 얘기가 결코 아니다. 그런 말들은 내가 볼 땐 아무런 과학적 정당성도 지니지 못한 개념들이기 때문이다.

도덕 규율

사람들 간에 발생하는 욕구 충돌이든, 어느 한 개인 내부에서 시간별로 혹은 어느 한 시점에 발생하는 것이든, 도덕의 실질적 필요성은 욕구들 간의 충돌에서 나온다. 어떤 사람이 술을 마시고픈 욕구와 내일 아침 직장에 지각하고 싶지 않은 욕구를 동시에 느낀다고 하자.

3 나는 이렇게 믿는다

만일 그가 욕구 만족의 총량을 감소시키는 쪽을 택한다면 우리는 그를 비도덕적이라고 생각한다. 사람들이 사치하거나 무모하게 행동하면 스스로에게 피해가 갈 뿐 다른 누구에게도 해가 되지 않는다 해도 우리는 그들을 나쁘다고 생각한다. 벤담(Jeremy Bentham)은, 도덕성의 총체는 '계몽된 이기주의'에서 나올 수 있으며 따라서, 언제나 자기 자신의 최대의 만족을 위해 행동하는 사람이 길게 볼 때는 바르게 행동하는 셈이라고 보았다. 나는 이런 견해를 받아들일 수 없다. 고문하는 것을 구경하면서 강한 쾌감을 느꼈던 압제자들이 있었다. 그때 그들이 신중함을 발휘하여, 다음 번에 좀더 심한 고통을 주기 위해 희생자들의 목숨을 아껴두기로 했다고 해도 나는 그런 인간들을 칭찬할 수가 없다. 그럼에도 불구하고 신중함은 다른 것들과 마찬가지로 훌륭한 삶의 일부이다. 심지어 로빈슨 크루소조차도 도덕적 자질로 평가받아 마땅할 근면과 자제력과 통찰력을 실천할 필요를 느꼈다. 타인에게 주는 손해를 보충하지 않아도 되는 상황이므로 그런 것들이 그의 전체 만족량을 증대시켰기 때문이다. 도덕의 이러한 측면은 장래를 생각하기 싫어하는 어린 자녀들을 교육하는 데 큰 역할을 한다. 성인이 되어 그것을 보다 많이 실천하게 되면 세계는 금방 파라다이스로 바뀔 것이다. 그렇게만 되더라도 이성이 아닌 격정의 행위인 전쟁들을 방지하는 데 충분하기 때문이다. 그러나 매우 중요함에도 불구하고 신중함이 도덕의 가장 흥미로운 일면은 아니다. 뿐만 아니라 그것은 지적 문제들을 제기하는 부분도 아니다. 신중함은 이기주의 이외의 그 어떤 것에도 호소할 필요를 느끼지 않기 때문이다.

신중함 속에 포함되지 않는 도덕의 일면은 본질적으로 법률 혹은 클럽 규율과 유사하다. 이것은 사람으로 하여금 서로의 욕구가 충돌할 가능성이 있음에도 불구하고 한 사회 속에서 함께 살 수 있도록 해주는 방법이다. 그러나 여기에는 두 가지, 매우 다른 방법이 있다. 그 하나는 형법에 의한 방법, 즉 일정한 방식으로 타인들의 욕구를 방해하는 행위들에 대해 불쾌한 결과들을 첨부함으로써 단순히 외면적인 조화를 얻어내고자 하는 방법이다. 사회적 견책에 의한 방법도 여기에 속한다. 자기가 속한 사회에 의해 나쁜 사람으로 간주되어지는 것은 처벌의 일종이다. 대부분의 사람들은 자기네 집단의 규약을 위반한 사람으로 소문나는 것을 피하려 하기 때문이다. 그러나 성공하기만 하면 훨씬 더 만족스러울 수 있는 보다 근본적인 방법이 또 하나 있다. 한 사람의 욕구 만족을 다른 사람의 그것과 최대한 일치시켜 갈등의 기회를 최소화시키는 방식으로 사람들의 성격과 욕구를 변화시키는 것이 바로 그것이다. 증오보다 사랑이 더 좋은 이유가 바로 여기에 있다. 사랑은 관련 당사자의 욕구들에 갈등 대신 조화를 가져다주기 때문이다. 서로 간에 사랑이 있는 두 사람은 성공이나 실패도 함께 하지만, 서로 미워하는 경우에는 한 사람의 성공은 곧 다른 한 사람의 실패를 의미한다.

    사랑으로 고무되고 지식으로 인도되는 것이 훌륭한 삶이란 얘기가 옳다고 한다면 어떤 사회의 도덕 규약은 절대적이고 자기 충족일 것이 아니라, 과연 그것이 지혜와 자비에 입각한 것인가 검토되어져야 마땅하다. 도덕 규약이라고 해서 항상 오류가 없었던 것은 아니다. 인육을 먹지 않으면 햇빛이 희미해진다고 여겼던 아즈텍 부족은 그것을 괴로운 의무로 받아들였다. 그들의 과학에 오류가 있었던 것이다. 그러나 그들이 제물이 된 희생자들에 대해 약

3 나는 이렇게 믿는다

간의 사랑만 가졌어도 과학의 오류를 간파할 수 있었을지 모른다. 어떤 부족들은 태양 광선이 소녀들을 임신시킨다고 생각하여 10세부터 17세까지의 소녀들을 깜깜한 곳에 감금시키기도 한다. 그러나 우리의 현대적인 도덕 규약에는 과연 이러한 야만적인 관습과 유사한 것이 전혀 담겨져 있지 않은가? 우리는 과연 진정으로 해로운 것들만, 혹은 품위 있는 사람이라면 그 누구도 옹호하지 않을 만큼 혐오스러운 것들만 금지하고 있는가? 나로선 자신 있게 그렇다고 말할 수가 없다.

현대의 도덕은 공리주의와 미신의 기묘한 혼합물이지만 미신적인 부분이 좀더 강력한 지주가 되고 있다. 이것은 당연한 현상이다. 도덕 규율의 기원이 바로 미신에 있기 때문이다. 애초에 어떤 행위들은 신을 불쾌하게 만든다고 간주되면서 법률로 금지되었다. 신의 분노는 죄를 지은 개인들에게만 내리는 게 아니라 공동체 전체에 내려진다고 생각했기 때문이다. 신을 불쾌하게 만드는 것은 죄악이라는 죄의 개념은 바로 여기에서 발생했다. 왜 특정 행위들이 그렇게 불쾌한가에 대해선 아무 이유도 주어질 수 없다. 이를 테면 염소 새끼 가죽을 어미의 젖에 넣어 삶는 것이 왜 불쾌한 것으로 여겨졌던가를 설명하기란 매우 어려운 일이다. 그러나 당시에는 신의 계시가 그러했다고 알려졌었다. 때때로 신의 명령이 이상하게 해석된 경우도 있었다. 예를 들면 우리는 토요일에는 일하지 말라는 것으로 알고 있는데 신교도들은 이것을 일요일에는 놀지 말라는 뜻으로 받아들인다. 그러나 똑같이 숭고한 권위가 생긴 것은 과거의 것에 대해 새로운 금지가 생겨난 탓으로 돌려진다.

삶에 대해 과학적인 시각을 지닌 사람이라면 성서 구절이나 교회의 가르침에 협박당하고 있을 순 없다고 생각하는 것이 마땅하다. '이러저러한 행위는 죄악이며 그 결말은 이저러러하다'는 얘기에 만족할 수 없을 것이다. 그것이 과연 해로운 행위인지 혹은 거꾸로, 그것이 죄악이라고 하는 믿음이 해로운 것인지 여부를 따져보고자 할 것이다. 그 결과 그는 현재 우리의 성도덕에는, 특히 성문제와 관련해서, 순전히 미신적인 기원을 가진 것들이 대단히 많다는 것을 발견하게 될 것이다. 또한 그는, 이 미신이 아즈텍인들의 그것과 마찬가지로 불필요한 잔인함을 내포하고 있다는 것과, 사람들이 이웃에 대해 따뜻한 감정을 가지도록 만들 수만 있다면 이 미신은 일소될 수 있다는 걸 깨닫게 될 것이다. 그러나 교회의 고관들이 보여준 군사주의에 대한 사랑에서 알 수 있듯이, 전통 도덕의 수호자들은 따뜻한 마음을 가진 사람이 드물다. 그들은 도덕을, 고통을 가하고픈 자신들의 욕구의 합법적 출구로 보는 것이 아닌가 하는 의심마저 들게 한다; 죄인은 정당한 사냥감이다. 그러니 관용 따윈 필요 없다!

이제 수태에서 무덤까지 평범한 인간의 일생을 따라가면서, 미신적 도덕들이 고통을 가하는 부분들, 그 가운데 우리가 예방할 수 있는 부분들을 점검해보자. 나는 먼저, 미신의 영향이 특히 두드러지는 시기인 수태기에서 시작하려 한다. 만일 부모가 결혼하지 않았으면 그 사이에 난 아이에겐 불명예가 씌워지는데 이것은 다른 어떤 것보다도 부당한 처사임에 틀림없다. 만일 부모 중 한 사람이 성병을 앓고 있으면 아이도 그 병에 감염되었을 가능성이 높다. 이미 낳아놓은 자식이 너무 많아 그 가정의 수입으로 감당할 수 없을 경우, 그 가정에는 빈곤과 영양 부족과 비좁은 거처의 문제가 생겨날 것이

3 나는 이렇게 믿는다

며 근친상간이 벌어질 가능성도 매우 높다. 그럼에도 불구하고 도덕론자들의 태반은 임신을 미리 방지하면 이러한 불행을 예방할 수 있다는 사실을 그 부모에게 알려주지 않는 편이 낫다는 입장이다. 자손을 보려는 욕구가 없는 성관계는 사악하지만 그러한 욕구가 있을 때의 성관계는 비록 그 자손들이 인간적으로 불행한 상황에 처할 것이 뻔하더라도 사악하지 않다는 사고 방식으로 인해, 그런 입장의 도덕가들에겐 즐거운 일이겠지만, 세상에 나오지 말았어야 할 수백만의 사람들에겐 고문과도 같은 삶이 가해지고 있다.

어느 날 갑자기 죽임을 당하고 남에게 먹혀지는 것이 아즈텍 희생자들의 운명이었지만, 성병에 감염된 채 불행한 환경에서 태어나는 아이에게 가해지는 고통에 비하면 그것은 오히려 작은 고통이다. 주교나 정치인들이 도덕의 이름으로 고의적으로 가하는 고통이야말로 더 큰 고통이다. 그런 아이들에 대해 한 점의 사랑이나 연민이라도 가진다면, 그처럼 악마적인 잔인성을 내포한 도덕적 규약에 그렇게까지 집착할 순 없을 것이다.

출생하여 유아기를 보내는 보통 아이들은 미신보다도 경제적 원인에서 오는 고통이 더 크다. 부잣집에서 태어난 아이들은 최고의 의사와 최고의 보모의 보살핌 속에 최상의 영양을 섭취하면서 휴식과 운동도 마음껏 즐긴다. 노동 계급의 여자들은 이러한 혜택들을 누리지 못하므로 그 자녀들도 그런 것의 결핍으로 사망하는 경우가 빈번하다. 정부 당국에서는 이런 어머니들을 보살피는 데 큰 노력을 기울이지 않으며 그것도 아주 인색하다. 비용 절감을 내세워 수유하는 어머니들에게 공급되는 우유의 양을 줄여버리고는, 막대한 돈을 들여 통행량도 얼마 안 되는 부자 동네의 도로를 포장해주기 일쑤이다. 그런 일을 결정하는 순간 그들은 가난이라는 죄목으로 막대한 수의 노동 계급 아이들에게 사형을 선고하고 있는 중이라는 것을 반드시 알고 넘어가야 한다. 그러나 지배 계층은, 사회의 불의를 지원하겠노라고 세계 도처의 방대한 미신 세력들에게 서약해놓은 교황을 우두머리로 하는 대다수 종교계 관리들의 지원을 받는다.

교육의 모든 단계에 있어 미신이 발휘하는 영향력은 가히 재앙이라 할 만하다. 아이들 가운데 사고하는 습관을 익히는 아이는 몇 퍼센트 되지 않는다. 아이들에게서 이 습관을 없애는 것이 교육의 목표 가운데 하나이기 때문이다. 대답하기 거북한 질문이 들어오면 으레 '쉿, 조용!' 이라고 하거나 벌을 내린다. 집단 정서를 이용하여 특정한 류의 믿음, 좀더 구체적으로 말하자면 국가주의적인 믿음들을 주입시킨다. 자본가, 군국주의자, 성직자들이 교육에서 하나가 된다. 이들 세력은 모두 주정주의(emotionalism)가 팽배하고 비판적 판단이 줄어들어야 권력이 보장되는 집단들이기 때문이다. 인간 본성의 도움을 받아 교육은 보통 사람들 속에 이러한 성향들을 확대시키고 강화시키는 데 성공한다.

미신이 교육을 훼손시키는 또 다른 방법은 교사의 선정 과정에 영향력을 발휘하는 것이다. 경제적 이유로 인해 여교사는 미혼이어야 한다. 도덕적인 이유로 인해 여교사는 혼외 성관계를 가져서는 안 된다. 그러나 병리 심리학을 공부하면서 애로를 겪어본 사람은 누구나 알겠지만, 일반적으로 지나치게 오래 처녀로 지내는 것은 여성들에게 아주 해롭다. 합리적인 사회였다면 교사들에게 그러지 말라고 심각하게 말렸을 정도로 해로운 것이다. 활력 있고 야심 있는 여성들의 입장에서 볼 때 교사직에 입문하려면 제약이 너무도 많다. 이 모든 것이 좀체 사라지지 않는 미신적 금욕주의의 영향 때문이다.

중등 및 고등 학교들에서는 문제가 좀더 심각하다. 예배 시간이 들어 있으며, 도덕 교육은 성직자들 손에 맡겨진다. 불가피한 현상이겠지만 성직자들은 두 가지 면에서 도덕 교사로서의 자격이 없다. 그들은 해가 되지 않는 행위는 비난하고 커다란 해가 되는 행위들은 눈감아준다. 현재 서로 좋아하긴 하지만 일생을 함께 살아야 하는지에 대해선 아직 확신을 못 하는, 결혼하지 않은 두 사람 간의 성관계에 대해 그들은 한결같이 비난한다. 산아 제한에 대해서는 그들 대부분이 반대한다. 아내가 죽을 지경이 되도록 자주 임신시키는 남편의 야만성에 대해선 아무도 비난하지 않는다. 나는 9년 사이에 자기 아내로 하여금 9명의 아이를 낳게 만든 고리타분한 목사가 있다고 들었다. 아이를 또 가지면 아내가 죽게 될 거라고 의사들이 그에게 일러주었다. 그러나 이듬해 그녀는 또 아이를 임신했고 결국 사망했다. 아무도 비난하지 않았고, 그는 여전히 교회의 녹을 먹으면서 재혼했다. 이런 식으로, 잔인함에 대해선 눈감아주고 순수한 쾌락에 대해선 비난을 계속하는 한 젊은 세대의 도덕 수호자를 자처하는 성직자들은 해만 될 뿐이다.

미신이 교육에 미치는 또 하나 나쁜 영향은 성적 사실들에 관한 교육의 부재 현상을 초래한다는 것이다. 사춘기로 접어들기 전, 아이들이 아직 흥미를 느끼지 못하는 어느 한 시기를 잡아 주요 생리학적 사실들을 알기 쉽고 자연스럽게 교육시켜야 한다. 사춘기가 되면 미신적이지 않은 성도덕을 가르쳐야 한다. 서로 원하지 않고 이루어지는 성관계는 어떤 것으로도 정당화될 수 없다는 것을 소년

소녀들에게 가르쳐주어야 한다. 이것은, 결혼한 남녀 사이에서는 남자가 아이를 하나 더 원할 경우 그 아내가 거부해도 성관계를 가져도 된다고 보는 교회의 가르침과는 정반대의 교육이다. 남녀 청소년들은 서로의 자유를 존중하도록 교육받아야 한다. 인간이 다른 인간을 무시할 권리는 어디에도 없으며 질투와 소유욕이 사랑을 죽인다는 것을 깨닫도록 해야 한다. 또 하나의 인간을 세상에 나오게 하는 것은 대단히 중대한 문제로서, 아이가 좋은 환경에서 부모의 보살핌 속에 건강하게 자랄 수 있는 충분한 전망이 있을 때 그렇게 하는 것이 바람직하다고 가르쳐야 한다. 그러나 아이는 부모가 원할 때에만 세상에 나오게 된다는 것을 확실하게 하기 위해, 산아 제한 방법에 대한 교육도 병행되어야 한다. 마지막으로 청소년들은 성병의 위험성 및 그 방지법과 치료법에 대해 배워야 한다. 이러한 방침하에 성교육이 이루어졌을 때 예상되는 인류 행복의 증대는 측정할 수 없을 정도로 막대하다.

    아이들은 빼고 우리끼리 확인하고 넘어가야 할 점이 있다. 성관계는 전적으로 사적인 문제로서 국가나 이웃의 관심사가 될 수 없다는 점이다. 현재 아이의 출산으로 이어지지 않는 특정 형태의 성관계는 형법에 의해 처벌받게 되어 있는데 이것은 순전히 미신에서 기인한 것이다. 왜냐하면 이 문제는 관련 당사자들 외엔 아무에게도 영향을 주지 않는 문제이기 때문이다. 아이들이 있을 경우 그 아이들이 피해를 보지 않도록 하기 위해 이혼을 아주 어려운 일로 만들 필요가 있다는 생각은 잘못된 것이다. 습관적 음주나 잔인한 행동, 정신 이상의 문제가 있는 가정의 경우, 이혼은 아이들뿐 아니라 그 아내나 남편을 위해서라도 꼭 필요하다. 간통을 이상하리만치 큰 문제로 여기는 요즘의 경향은 대단히 비합리적인 현상이다. 결혼한 사람들의 행복에 더 치명적인 것은 이따금의 부정 행위라기보다 여러 형태의 비행들이다. 남자가 해마다 아이를 낳도록 요구하는 것에 대해 인습에서는 나쁜 짓이라거나 잔인한 짓으로 보지 않지만 그것이야말로 가장 치명적인 행동이다.

본능이 행복을 느낄 수 없게 하는 식의 도덕 규율이 되어선 안 된다. 그러나 남녀 양성의 수가 대단히 차이가 많은 사회에서는 엄격한 일부일처제가 필요할 수 있다. 물론 그러한 상황에서는 도덕 규율을 어기는 수가 많다. 그러나 그 사회의 행복을 심각하게 감소시켜야만 준수가 가능한 규율인 경우, 그리고 준수하기보다 위반하는 것이 더 나은 규율인 경우, 그러한 규율들은 바꿔야 할 때가 됐다고 보는 것이 정확하다. 이 작업이 이뤄지지 않을 경우, 대중의 이익에 반하지 않게 행동하고 있는 많은 사람들은 부당한 위선이나 불명예를 대안으로 택하지 않을 수 없게 된다. 교회는 자신의 권력에 아첨어린 경의를 표하는 위선에 대해선 아무 상관하지 않는다. 그러나 그 밖의 위선들은 함부로 범해서는 안 될 죄악으로 간주되어져 왔다.

신학적 미신보다 훨씬 더 해로운 것이 바로 국가주의의 미신, 즉 자기 나라에 대한 의무만 있을 뿐 다른 나라들에 대한 의무는 없다는 미신이다. 그러나 이 문제는, 내 나라 동포들로만 선을 긋는 것은 우리가 훌륭한 삶의 구성 요소로 파악해온 사랑의 원칙에 어긋난다는 점을 지적하는 선에서 덮어두기로 한다. 그러한 제한은 물론 계몽된 이기주의에도 어긋난다. 배타적 국가주의는 승전국들에게도 이로울 것이 없기 때문이다.

신학적 '죄악' 개념으로 인해 우리 사회가 고통 받고 있는 또 한 가지 측면은 범죄자들에 대한 처우이다. 범죄자들은 '사악하며' 따라서 벌을 받아 '마땅하다' 고 보는 시각은 합리적 도덕이 지지할 수 있는 시각이 아니다. 사회가 예방하고자 하는 짓들을 하는 사람들이 일부 있다는 것은 의심의 여지가 없는 사실이며 사회로선 최선을 다해 예방하는 것이 당연하다. 가장 쉬운 예로 살인을 들어보자. 단합하려 노력하는 사회이고 우리가 그 단합에서 오는 즐거움과 혜택을 누릴 수 있는 사회라면 사람들이 충동을 느낄 때마다 함부로 서로를 죽이도록 방치할 수는 결코 없을 것이다. 그러나 이 문제는 전적으로 과학적인 분위기에서 다루어져야 한다. 우선, 살인을 예방하는 최선의 방법은 무엇인가? 이 같은 질문을 해볼 필요가 있다. 살인 방지에 똑같이 효과적인 두 가지 방법 가운데서, 살인자에게 최소한의 해를 가하는 방법이 우선시되어야 한다. 살인자에게 해를 주는 것은 외과 수술이 고통과도 같이 유감스러울 따름이다. 고통스러워도 수술이 필요하듯 이 방법도 필요할 수는 있지만 그러나 환호할 만한 것은 못 된다. '도덕적 분개' 라고 일컬어지는 보복적인 감정은 잔인성의 한 형태와 다름없다. 범죄자에게 고통을 가하는 것은 보복적 처벌의 개념으로 결코 정당화될 수 없는 것이다. 자상한 교육으로도 같은 효과가 있다면 그 방법이 우선되어야 한다. 그러한 교육의 효과가 더 크다면 더더욱 우선되어야 한다. 물론, 범죄의 예방과 범죄의 처벌은 별개의 문제들이다. 범죄자에게 고통을 불러일으키는 목적은 아마도 단념시키려는 데 있을 것이다. 만일 교도소가 죄수에게 무료로 좋은 교육을 제공할 정도로 인간적인 곳이라면 아마도 사람들은 거기 들어가려고 일부러 범죄를 저지를지도 모른다. 감옥이 자유보다 즐거워선 안 된다는 것은 두말할 여지도 없다. 그러나 이 같은 결과를 확보하는 최선의 방법은 자유를 지금보다 좀더 즐거운 것으로 만드는 것이다. 어쨌거나 지금 나는 형법 개혁을 주제로 삼을 생각은 없다. 다만, 우리가 범죄자를 다룰 때는 전염병으로 고생하는 사람 다루듯 해야 한다고 제안하고 싶을 뿐이다. 범죄자나 전염병에 걸린 사람이나 모두 공공의 안녕을 위협하는 요소들로서, 위험성이 사라질 때까지 자유를 박탈당해야 한다는 점도 비슷하다. 그러나 전염병 환자는 동정과 연민의 대상이 되는 반면 범죄자는 저주의 대상이다. 이것은 대단히 불합리하다. 병원의 질병 치료 성공률이 높은 데 비해 범죄 성향을 교정하는 교도소의 성공률이 그처럼 낮은 것은 바로 이러한 태도 차이 때문인 것이다.

구원의 문제: 개인적 구원과 사회적 구원

전통 종교의 결함 가운데 하나는 개인주의인데, 이 결함은 곧 그와 연관된 도덕의 결함이기도 하다. 전통적으로 볼 때 종교 생활이란 것은, 말하자면 영혼과 하나님 간의 대화였다. 하나님의 뜻에 따르는 것이 미덕이었으며 개인에게는 그 사회의 상황과는 무관하게 그것이 가능했다. '구원의 발견'이란 개념을 발전시킨 것은 신교 분파들이지만 사실 이 개념은 기독교의 가르침 속에 항시 존재해 있었다. 독립된 영혼이라는 개인주의는 역사의 어떤 단계들에서는 나름대로 가치가 있었지만 현대 세계의 우리에게는 개인적 복지 개념보다 사회적 복지 개념이 더 필요하다. 이 항에서는 이런 문제가 훌륭한 삶에 대한 우리의 생각에 어떤 영향을 미치는지에 대해 고찰해보고자 한다.

　기독교 신앙은 로마 제국 시대의 민중들, 즉 자기네 민족 국가들이 멸망하면서 모든 정치 권력을 박탈당한 채 광대한 비개성적 집합체 속에 흡수되었던 인구 사이에서 생겨났다. 기독교 시대가 열리고 처음 삼백 년 동안, 기독교를 택한 사람들은 자신들이 처한 사회적 혹은 정치적 제도의 단점을 깊이 확신하고 있었음에도 불구하고 그것을 변화시킬 힘이 없었다. 상황이 그러했으므로 그들이 불완전한 세계에서도 개인은 완전해질 수 있으며 훌륭한 삶은 이 세상과 아무 관계도 없다는 믿음을 채택한 것은 당연한 일이었다. 이것을 플라톤의 공화국과 비교해보면 내 말뜻이 좀더 명백해질 것이다. 플라톤이 훌륭한 삶에 대해 설명하고자 했을 때는 개인이 아니라 사회 전체에 대한 얘기였다. 이때 그의 목적은 정의(正義)를 정의(定意)하는 것이었는데 이 정의(正義)야말로 본질적으로 사회적인 개념이다. 그는 공화국의 시민권 개념에 익숙했으므로 정치적 책임이란 것은 그에겐 당연한 것이었다. 그리스적 자유가 힘을 잃고 나자 스토아 학파가 발흥하는데 이것은 개인주의적 입장에서 훌륭한 삶의 개념을 추구한다는 점에서 플라톤과는 다르고 기독교와는 비슷하다.

　위대한 민주주의하에 살고 있는 우리는 전제적인 로마 제국이 아닌 자유로운 아테네에서 보다 적절한 도덕을 발견하게 된다. 예수 시대의 유대 지역 상황과 대단히 비슷한 정치적 상황에 처한 인도를 보면, 예수의 도덕과 매우 유사한 도덕을 설파하던 간디가 바로 그 이유 때문에 폰티우스 필라테(Pontinus Pilate, 편집자주: 예수를 재판하고 십자가형을 내린 유대 총독 빌라도)의 계승자들인 기독교인들에 의해 응징되었다. 그러나 좀더 극단적인 인도 국가주의자

3 나는 이렇게 믿는다

들은 개인적 구원에 만족하지 않고 국가적 구원을 원한다. 이 점에 있어 그들은 서구의 자유 민주주의적 견해를 이어받았다고 볼 수 있다. 나는 여기서, 기독교의 영향으로 인해 이러한 견해가 과감하고 자신 있게 발전하지 못 한 채 개인주의적 구원이란 믿음에 의해 여전히 방해받고 있는 몇 가지 측면들에 대해 살펴보고자 한다.

우리가 구상하는 훌륭한 삶은 다수의 사회적 조건들을 요구하므로 그러한 조건들 없이는 실현될 수가 없다. 앞서 얘기했듯 훌륭한 삶이란 것은 사랑으로 고무되고 지식으로 인도되는 삶이다. 여기에 요구되는 지식은 정부나 갑부들이 그것의 발견과 확산에 헌신할 때만 존재할 수 있다. 예를 들어, 암이 무서운 속도로 확산되고 있다고 하자. 이때 우리는 어떻게 해야 되나? 지식이 없으면 아무도 대답할 수 없다. 그리고 그 지식은 능력 있는 사람들의 연구 작업을 통하지 않고는 등장하기 어렵다. 또한, 과학, 역사, 문학, 예술에 관한 지식은 그것을 원하는 모든 사람들이 획득할 수 있어야 한다. 여기에는 정부 당국의 정교한 조정 작업이 요구되며 이것이 종교적 개조라는 수단을 통해 달성될 수 있게 해서는 안 된다. 다음으로, 외국과의 무역 문제가 있다. 이것이 없다면 영국의 인구 절반은 굶주리게 될 것인데 굶주리면서도 훌륭한 삶을 살 사람은 우리 중에 별로 없을 것이다. 사례만 길게 늘어놓을 필요가 없다. 중요한 것은 훌륭한 삶과 그렇지 못한 삶을 구별짓는 모든 것들에 있어 세계는 하나의 단위라는 것, 따라서 혼자 사는 척 하는 사람은 자신이 의식하든 못 하든 기생충이라는 사실이다.

정치적으로 예속된 초기 기독교인들의 자위 수단으로 이용되었던 개인적 구원이라는 관념은 우리가 극히 협소한 훌륭한 삶 개념에서 벗어나는 순간 불가능해진다. 정통 기독교적 개념의 훌륭한 삶은 덕 있는 생활인데 이때 덕은 하나님의 뜻에 복종하느냐에 달려 있으며 하나님의 뜻은 양심의 목소리를 통해 각 개인에게 드러난다. 이러한 모든 관념은 인간을 외계적 압제에 종속시키는 것에 다름 아니다. 훌륭한 삶에는 덕 외에도 이를테면 지성 같은 여러 가지가 포함된다. 또한 양심이란 것은 가장 오류를 범하기 쉬운 인도자라고 할 수 있다. 이것은 흔히 어릴 때 들은 훈계의 어렴풋한 기억들로 이루어지므로 훈계를 맡았던 보모나 어머니 이상 현명할 수는 결코 없다. 완벽한 의미에서 훌륭한 삶을 살기 위해서는 좋은 교육, 친구, 사랑, 자녀(본인이 자녀를 원할 경우), 궁핍과 큰 근심을 막아줄 충분한 수입, 건강, 재미있게 할 수 있는 직업이 갖추어져야 한다. 이 모든 것들은 여러 다양한 수준으로 그 사회에 의존하며 정치적 사건들에 의해 도움을 받거나 방해받기도 한다. 따라서 훌륭한 삶은 훌륭한 사회에서 가능하며 그렇지 못한 사회에서는 완벽하게 훌륭한 삶이 되기 어렵다.

이러한 생각은 귀족주의적 이상의 근본적 결함이다. 예술, 과학, 우정과 같은 몇 가지 좋은 것들은 귀족주의적 사회에서 찬란하게 꽃피워질 수 있다. 노예제를 기반으로 한 그리스 사회에서 그러했고 현대에 와서는 착취를 기반으로 한 우리들 사회에서 그러하다. 그러나 사랑이란 것은, 동정의 형태이든 자비의 형태이든, 귀족주의적 사회에서는 자유롭게 존재할 수 없다. 노예나 프롤레타리아나 유색인은 열등한 진흙으로 빚어진 인간들이며 따라서 고통을 받든 말든 문제 삼을 것 없다고 귀족은 스스로를 설득시켜야만 한다. 지금 이 순간에도 말쑥한 영국 신사들은 아프리카인들을 이루

말할 수 없는 고통에 못 이겨 죽어갈 정도로 가혹하게 채찍질하고 있다. 이 신사들이 제아무리 잘 배우고, 예술적 수준이 높고, 감탄할 만한 화술을 갖고 있다 하더라도 나로선 그들이 훌륭한 삶을 살고 있다고 인정할 수가 없다. 인간의 본성상 동정심에 한계가 있다고는 하지만 그 정도까지는 아닌 것이다. 민주주의를 지향하는 사회에서 이런 식으로 행동할 수 있는 것은 미치광이밖에 없다. 귀족주의적 이상에 내포되어진 동정심의 한계야말로 비난받아 마땅하다. 구원은 귀족주의적 이상이다. 왜냐하면 개인주의적이기 때문이다. 이런 근거에서 볼 때, 어떻게 해석하고 확대하더라도 개인의 구원 역시 훌륭한 삶의 정의에 도움이 될 수 없다.

구원의 또 다른 성격은 그것이 성 바울의 개종과 같은 격변의 결과로서 생겨난다는 것이다. 셸리(Percy Bysshe Shelley)의 시에는 이러한 관념을 사회에 적용했을 때의 모습이 잘 그려져 있다.

모든 이들이 개종했을 때 그 순간이 온다. '무정부주의자들'이 훨훨 날고 '세계의 위대한 시대가 새로이 시작된다.'

시인은 중요한 사람이 못 되므로 그들의 생각은 전혀 중요하지 않다고 할 이들도 있을 것이다. 그러나 나는 혁명 지도자들 중 많은 수가 정확히 셸리와 같은 생각을 가졌으리라 느꼈다. 그들은 불행함과 잔인함은 전제 정치나 성직자나 자본가나 독일인들 때문이며 그러한 악의 근원들이 전복되어질 때 총체적인 심정의 변화가 일어날 것이며 그 후로는 우리 모두가 행복하게 살게 된다고 생각해왔다. 이러한 믿음을 펴기 위해 그들은 '전쟁을 종식시키기 위한 전쟁'을 기꺼이 치러오고 있다. 패배나 죽음을 당한 자들은 비교적 운이 좋았다. 운이 나빠 승리자로 등장한 자들은 자신들의 찬란했던 희망이 모두 실패로 돌아간 탓에 냉소주의와 좌절감에 빠졌다. 이러한 희망들의 궁극적인 근원은 구원으로 가는 길로서의 대단원적 개종이라는 기독교 교리였다.

혁명은 결코 필요하지 않다는 얘기가 아니다. 내가 말하고 싶은 것은 혁명은 천년 왕국으로 가는 지름길이 아니라는 것이다. 개인적으로든 사회적으로든 훌륭한 삶으로 가는 지름길 따위는 없다. 그러한 삶을 구축하려면 지성과 자제력과 연민이 형성되어야 한다. 이것은 양적인 문제로서, 점진적 지성과 자제력과 연민이 형성되어야 한다. 이것은 양적인 문제로서, 점진적 개선, 초기 훈육, 교육적 실험의 문제이다. 급격한 개선의 가능성에 대한 믿음을 자극하는 것은 초조감일 뿐이다. 가능한 점진적 개선과 그것을 달성하기 위한 방법은 미래의 과학의 문제이다. 그러나 지금 논의될 수 있는 것들도 있다. 그중 몇 가지에 대해 마지막 항에서 살펴보려고 한다.

과학과 행복

도덕가의 목적은 인간의 행동을 개선시키는 것이다. 인간의 행동이 대부분 개탄스러운 것임을 감안할 때 이것은 칭찬받을 만한 야심이다. 그러나 도덕가가 바라는 특정한 개선이나 그것의 달성을 위해 채택하는 방법들에 대해선 나는 그 어느 쪽도 칭찬할 수 없다. 표면적으로 볼 때 그의 방법은 도덕적 훈계이다. 그러나 실제 방법은(그가 정통파라고 할 경우), 경제적 보상 및 응징 체계이다. 전자의 방법은 영구적이거나 중요한 효과를 내지 못한다. 사보나롤라(1451~1498년, 이탈리아 피렌체의 종교 개혁가)에서부터 쭉 내려오는 복고주의자들의 영향력은 언제나 아주 잠깐이었다. 후자의 방법—보상과 응징—은 아주 대단한 효과가 있다 예를 들어 그것은 남자로 하여금 반영구적인 정부보다 일시적인 창녀 쪽을 택하게 만든다. 가장 은폐하기 쉬운 방법을 택할 필요가 있기 때문이다. 결국 이런 식으로, 위험하기 짝이 없는 직업인의 수를 키우고 성병의 만연을 보장한다. 이것은 도덕가가 바랐던 목적이 아니다. 그러나 그는 너무도 비과학적이어서 자신이 실제로 달성하고자 하는 목적이 그런 것이라는 사실조차 깨닫지 못한다.

설교와 뇌물로 뒤범벅이 된 이러한 비과학적 방법 대신에 좀더 나은 것은 없는 것일까? 나는 분명히 있다고 본다.

인간의 행동이 해로워지는 것은 무지나 나쁜 욕구에서 기인한다. '나쁜' 욕구란 것은, 사회적 관점에서 보자면, 타인들의 욕구를 위협하기 쉬운 욕구, 좀더 정확히 말하자면 그것이 도와주는 욕구의 수보다 위협하는 욕구의 수가 더 많은 욕구라고 정의할 수 있다. 무지로 인한 해로움에 대해선 오래 생각할 필요도 없다. 여기에 필요한 것은 더 많은 지식일 뿐이므로 개선으로 가는 길은 보다 많은 연구와 교육에 달려 있다. 그러나 나쁜 욕구에서 오는 해로움은 좀더 난해한 문제이다.

평범한 사람들에겐 특정 적을 향한 특별한 악의와, 타인의 불행에서 느끼는 일반적이고 비개인적인 쾌감이 모두 깃든 적극적인 악의가 일정량 존재한다. 이것을 미사여구로써 가리려 하는 것이 관례인데 인습적 도덕의 절반 가량이 그러한 가식에 해당한다. 그러나 우리의 행동을 개선시키고자 하는 도덕가들의 목표가 달성되려면 오히려 그것을 직시해야 한다. 인간의 본능적 악의는 크고 작은 수천 가지 방식으로 드러난다. 추문을 반복해서 얘기하고 믿으면서 즐거워하는 것, 범죄자들을 잘 대우하는 것이 교정 효과가 더 크다는 명백한 증거가 있음에도 불구하고 범죄자들을 무자비하게 다루는 것, 백인종이 흑인들을 대하는 믿을 수 없을 정도의 야만성, 그리고 전쟁이 나면 젊은이들은 군대에 가는 것이 의무라고 지적할 때 늙은 여자들과 성직자들이 느끼는 은근한 즐거움. 심지어 아이들조차도 무자비한 잔혹함의 대상이 되는 것을 보면 데이비드 카퍼필드나 올리버 트위스트가 결코 소설 속 인물이 아니다. 이러한 적극적인 악의는 인간 본성의 최악의 특징으로서, 세상이 좀더 행복해지기 위해선 반드시 바꾸어야 할 성질이다. 이것은 어쩌면 전쟁의 원인들 가운데 경제적·정치적 원인들을 모두 합친 것보다도 더 큰 원인일 수 있다.

악의를 예방한다고 할 때 우리는 어떤 일을 할 수 있을까? 우선 악의의 원인들을 이해하려고 노력해보자. 여기에는 사회적 원인과 생리학적 원인들이 있다고 본다. 세계는 지금 과거 어느 시대 못지않게 사활이 걸린 경쟁에 기초해 있다. 지난번 대전이 한창일 때 문제가 되었던 이슈는 독일 아이들과 연합국 측 아이들 중에 어느 쪽을 궁핍과 굶주림으로 죽어가게 둘 것인가 하는 것이었다(양측의 악의는 차치하고라도, 양측 아이들이 살아남지 말아야 할 이유는 털끝만치도 없었다). 대부분의 사람들은 마음에서 멸망에 대한 두려움에 쫓기고 있다. 자녀를 가진 사람들은 특히 그러하다. 부자들은 자신들이 투자해놓은 것을 볼셰비키 파가 몰수하지나 않을까 두려워한다. 가난한 사람들은 직장이나 건강을 잃을까봐 두려워한다. 모든 사람들이 광적으로 '안전'을 추구하는 데 몰두하면서 자신의 잠재적 적을 정복하고 있어야만 안전이 확보된다고 생각한다. 잔인함이 가장 널리 확산되는 동시에 가장 흉악해지는 때가 바로 이런 공포에 사로잡힌 순간들이다. 어느 곳에서든 반동주의자들은 두려움에 호소한다. 영국에서는 볼셰비즘에 대한 두려움에 호소하고 프랑스에서는 독일에 대한 두려움에, 독일에서는 프랑스에 대한 두려움에 호소한다. 그리고 이러한 호소들의 유일한 효과는 사람들이 피하고 싶어하는 바로 그 위험을 증대시키는 것이다.

그러므로 두려움과 싸우는 것이야말로 과학적 도덕가의 주요 관심사가 되어야 한다. 여기에는 두 가지 방법이 있을 수 있다. 하나는 안전을 증대시키는 것이고 다른 하나는 용기를 키워주는 것이다. 나는 지금, 일어날 수 있는 불행을 합리적으로 예측하는 것에 대해서가 아니라 비합리적 열정으로서의 두려움에 대해서 말하고 있다. 극장에 불이 났을 때, 참사가 벌어질 것을 똑똑히 예견하는 것까지는 합리적인 사람이나 겁에 질린 사람이나 똑같다. 그러나 합리적인 사람은 재난을 줄일 수 있는 방법을 택하는 데 반해 겁에 질린 사람은 재난을 부채질한다. 1914년 이후의 유럽이 바로 불난 극장 안의 겁에 질린 관중 꼴과 똑같다. 필요한 것은, 그 과정에서 어떻게 하면 서로를 짓밟지 않고 완벽하게 도피하느냐에 대한 침착하고도 든든한 방향 제시뿐이다. 빅토리아 시대는 비록 허풍스런 데가 있긴 했어도 급격한 발전을 이룬 시기였다. 당시 사람들이 두려움에 짓눌리기보다는 희망에 들떠 있었기 때문이다.

어떤 것이든 사회 일반의 안전을 증대시키는 것은 잔인성을 감소시키는 경향이 있다. 이것은, 국가 동맹이란 방편을 통해서든 기타 다른 방법을 쓰든, 전쟁의 방지에도 적용된다. 또한 빈곤의 방지, 의료·보건·위생 설비의 개선을 통한 건강 증진, 기타 사람들의 마음속 깊은 곳에 잠복해 있다가 잠들면 악몽처럼 등장하는 공포심을 줄여주는 모든 방법들에 적용된다. 그러나 어떤 집단의 안전을 확보하기 위해 다른 집단의 안전을 희생시키는 방법으로는 아무것도 달성될 수 없다. 이를테면, 프랑스인은 독일인을 희생시키고, 자본가들은 임금 노동자들을, 백인은 황인종을 희생시키는 따위 말이다. 이런 방법들은 억압 계층으로 하여금 피억압 계층의 정당한 분노가 반란으로 이어지지 않을까 두려워지게 만들기 때문에 결국 지배 집단 내의 공포심만 더 높인다. 오직 정의만이 안전을 줄 수 있다. 그리고 이때 '정의'란 것은 모든 인간의 동등한 권리에 대한 인정을 의미한다.

그러나 안전을 도모하기 위해 계획되는 사회적 변화들 외에 또 하나, 두려움을 줄이는 보다 직접적인 수단이 있다. 그것은 즉 용기를 키워주기 위해 계획되는 양생법이다. 남자들의 경우, 전투에 나가려면 용기가 꼭 필요했던 관계로 교육과 식사 요법을 통해 용기를 키우는 방법들을 일찍감치 찾아냈고 이를테면 인육을 먹는 것이 효과가 있다고 여겨졌다. 그러나 군대식 용기는 지배 계급의 특권이어야 했다. 스파르타인은 헬로트(스파르타의 노예)보다, 영국인 장교는 인도인 졸병보다, 남자는 여자보다 용감해야 했다. 지배계급의 용기가 커질 때마다 피억압 계급의 짐은 더 늘어나곤 했으므로 압제자들로서는 두려워해야 할 것이 더욱 많아지고 따라서 잔인함의 원인들을 줄일 수 없게 만들었다. 용기가 사람을 사람답게 만들 수 있으려면 먼저 용기의 민주화가 선행되어야 한다.

최근의 사건들을 겪으면서 용기는 이미 상당 수준 민주화되었다. 여성 참정권론자들은 여성도 용감한 남성 못지않은 용기를 지

3 나는 이렇게 믿는다

녔음을 보여주었다. 그들이 선거에서 승리한 데에는 이러한 입증이 필수적이었다. 지난 번 전쟁에서는 사병에게도 장교나 부관 못지않은 용기가 필요했고, 장군에 비하자면 훨씬 더 큰 용기가 있어야 했는데 이것은, 제대 후 그들의 노예 근성이 없어진 것과 많은 관련이 있다. 프롤레타리아 계급의 투사임을 자처하는 볼셰비키 파들은 뭐니뭐니 해도 용기에서 만큼은 부족함이 없었다.―이것은 그들의 혁명 전 기록이 말해준다. 과거 사무라이가 호전적인 기상을 독점했던 일본의 경우 강제 징집이 실시됨에 따라 전 남성 인구에게 용기가 필요해졌다. 이런 식으로 지난 반세기 사이 모든 강대국들에서, 귀족층의 전유물이었던 용기를 풀어놓는 작업이 대거 이루어졌다. 만일 이렇게 되지 않았다면 민주주의는 지금보다 훨씬 더 큰 위험에 처했을 것이다.

그러나 전투적 용기가 용기의 유일한 형태는 결코 아닐뿐더러 그렇다고 가장 중요한 것도 아니다. 가난을 직시하는 용기, 조롱에 맞서는 용기, 자신이 속한 집단의 적개심에 맞서는 용기도 있다. 이런 상황들에 처하면 가장 용감한 병사들이 오히려 한심할 정도로 부족한 모습을 보이는 경우가 많다. 그리고 가장 중요한 것으로, 위험에 처해서도 냉정하고 합리적으로 사고하면서 터무니없는 두려움이나 분노의 충동을 통제하는 용기가 있다. 이러한 용기들은 교육의 도움을 받아야만 키워질 수 있는 것들이다. 어떤 형태의 것이든 용기를 가르치려고 할 때는 일단 양호한 건강, 좋은 체격, 적절한 영양 상태, 그리고 삶의 기본적 충동을 키워주는 자유로운 활동이 갖추어져 있어야 수월해진다. 용기의 생리학적 근원을 알고 싶으면 고양이의 피와 토끼의 피를 비교해보면 되지 않을까 싶다. 용기를 키워주는 데 있어 과학이 할 수 있는 일은 그야말로 무한정하다. 이를테면 위험 상황의 체험, 운동 생활, 적절한 식사 조절 등……. 우리의 상류 계층 소년들은 이러한 과학적 방법들을 마음껏 즐기고 있지만 아직까지는 부자들의 전유물에 속한다. 보다 빈곤한 사회 계층에서 지금까지 권장되어온 용기는 명령에 따르는 용기로서, 창의력이나 지도력이 내포된 용기와는 전혀 다른 것이다. 지도력을 키워주는 자질들이 보편화되어질 때 그때는 앞서가는 자도 뒤따라가는 자도 없어질 것이며 마침내 민주주의가 실현될 것이다.

그러나 두려움이 악의의 유일한 근원은 아니다. 시기심과 실망감도 악의에 한 몫을 한다. 속담에서는 흔히 절름발이나 꼽추의 시기심이 악행의 근원으로 등장하지만 그런 형태 이외의 불행들도 비슷한 결과를 낳는다. 성적 장애가 있는 남녀는 시기심에 사로잡히기 쉬운데 일반적으로 보다 운 좋은 사람에 대한 도덕적 비난의 형태를 띤다. 혁명 운동의 추신력도 따지고 보면 부자들에 대한 시기심에서 나온 것이 많다. 질투란 것도 물론 특별한 형태의 시기심, 다시 말해 사랑에 대한 시기심이다. 노인들도 흔히 젊은이들을 시기하는데 그런 마음이 들면 젊은이들을 잔인하게 다루기 쉽다.

시기심을 해결하는 방법은 내가 알기로는 하나밖에 없다. 시기하는 사람들의 삶을 좀더 행복하고 충만하게 만들어주는 동시에 젊은이들에게 경쟁심이 아닌 협력하는 정신을 고취시키는 것이다. 시기심의 최악의 형태는 결혼이나 자녀, 직업의 측면에서 제대로 된 삶을 살지 못한 사람들 속에 들어 있다. 사회 제도가 보다 나은 형태로 바뀌면 이러한 불행들은 대부분 피할 수 있다. 그러나 시기심의 잔재가 남겨질 가능성이 높다는 것은 인정하지 않을 수 없다. 역

3 나는 이렇게 믿는다

사를 보더라도, 서로 시기한 나머지, 상대의 평판을 높이느니 패배하는 쪽을 택했던 장군들의 경우가 여러 건 있다. 같은 당의 두 정치인이나 같은 파에 속한 두 화가의 경우, 서로 질투하는 사이라고 보면 거의 틀림없다. 이런 경우, 두 경쟁자가 상대에게 해코지를 할 수 없게 하고, 상대보다 나은 장점에 의해서만 이길 수 있도록 최대한 조처해주는 것 외에 달리 할 수 있는 일이 없어 보인다. 화가가 경쟁자를 질투할 때는 일반적으로 서로 해코지를 하는 경우가 드물다. 경쟁자의 그림을 파괴할 수도 없는 노릇이므로 결국 경쟁자보다 더 나은 그림을 그리는 것만이 그러한 감정을 만족시키는 효과적인 방법이기 때문이다. 일어나는 시기심을 피할 수 없을 때는 경쟁자가 노력하는 것을 훼방 놓을 것이 아니라 그 감정을 자극제 삼아 자신이 더 분발해야 한다.

인간의 행복을 증대시키는 데 있어 과학의 가능성은, 인간의 본성 가운데나 자신과 상대방의 공멸로 치닫게 만드는, 따라서 우리가 '나쁘다'고 칭하는 측면들을 줄여나가는 작업에 국한되지 않는다. 긍정적인 우수성을 증대시키는 데 있어 과학이 할 수 있는 것에는 한계가 없다고 할 수 있다. 보건 분야는 이미 엄청난 진보가 이루어졌다. 과거를 이상화하는 사람들에겐 슬픈 일일지 몰라도 우리는 지금 18세기의 어느 계층, 어느 나라와 비교해도 더 긴 수명을 누리며 병에 시달리는 일도 적어졌다. 우리가 이미 확보한 지식을 조금만 더 활용하면 또 지금보다도 훨씬 더 건강하게 살 수 있다. 미래의 과학은 이러한 추이를 더욱 가속화시킬 것이다.

지금까지는 자연 과학이 우리의 삶에 가장 큰 영향력을 발휘해 왔지만 앞으로는 생리학과 심리학이 훨씬 영향력이 커질 가능성이 높다. 생리학적 조건들이 성격을 좌우하는 방식을 밝혀낸다면 우리는 마음만 먹으면, 존경할 만한 유형의 인간들을 더 많이 생산할 수도 있다. 지성, 예술적 능력, 자비―이런 모든 것들을 과학의 힘으로 증대시킬 수 있을 것이다. 좋은 세상을 만드는 것이 우리의 목표라고 할 때 인류가 과학을 현명하게 사용하기만 한다면 할 수 있는 일은 거의 무한정으로 널려 있다. 나는 앞의 글에서, 인류가 과학에서 이끌어낸 힘을 현명하게 사용하지 않을까봐 두렵다고 말한 적이 있다. 지금 현재 내 관심사는 인류가 과학을 해로운 일에 쓰기로 결정하느냐 아니냐의 문제가 아니라, 현명하게 쓰기로 했다고 가정했을 때 인류는 어떤 좋은 일들을 할 수 있을까 하는 것이다.

 과학을 인간 생활에 활용하는 데 있어 나로서는 다소 공감이 되기도 하지만 결국에는 동의할 수 없는 태도가 하나 있다. '자연적이지 않은 것'을 끔찍하게도 싫어하는 사람들의 태도가 바로 그것이다. 이 시각의 위대한 수창자는 유럽에서는 물론 루소이다. 아시아에서는 노자가 그보다 2400년이나 앞서 게다가 훨씬 더 설득력 있게 제창했다. '자연'을 찬미하는 태도에는 내가 볼 때 진실과 거짓이 반쯤씩 뒤얽혀 있는데 이것을 풀어내는 것이 중요하다. 우선, 무엇이 '자연적'인가? 거칠게 말하자면, 본인이 유년기에 친숙했던 것이다. 노자는 도로며 마차며 배까지도 반대하는데 아마도 그가 태어난 지방에선 이런 것들이 알려지지 않았던 모양이다. 루소는 이런 것들에 익숙해져 있었으므로 자연에 반하는 것으로 간주하지 않는다. 그러나 만일 그가 철도가 등장할 때까지 살았더라면 벼락같이 비난했을 게 뻔하다. 의복과 음식은 워낙 오래된 것들이다 보니 자연 주창자들도 대부분 대놓고 규탄하진 않지만 양쪽 어디서

3 나는 이렇게 믿는다

든 새로운 유행이 나왔다 하면 이구동성으로 반대한다. 독신에 대해선 너그러운 사람들이 산아 제한에 대해선 사악하다고 생각한다. 둘 다 자연 위반이긴 마찬가지지만 전자는 오래된 것이고 후자는 새로운 것이기 때문이다. '자연'을 설교하는 사람들은 이렇듯 모든 면에서 일관성이 없기 때문에 그저 보수주의자들쯤으로 보고 싶어질 때가 많다.

그럼에도 불구하고 그들 편에 서서 말할 수밖에 없는 문제가 있다. 비타민의 경우를 보자. 이것이 발견되자 사람들은 갑자기 '자연' 식품으로 우르르 몰려갔다. 그러나 결코 인류의 '자연' 식이라고는 볼 수 없는 대구 간기름이나 전기광선도 비타민을 공급할 수 있는 것으로 알려졌다. 이 경우는, 아무 지식 없이 느닷없이 자연을 배척하면 예상 밖의 해를 입을 수도 있다는 것을 보여준다. 그러나 그러한 피해를 잘 이해하게 되면 통상 새로운 인위적 방법으로 교정할 수가 있다. 우리의 물질적 환경, 그리고 우리의 욕구를 만족시켜주는 물질적 수단의 측면에서 볼 때 '자연'론은, 새로운 수단의 선정에 던지는 실험적 경고 이상의 의미를 지니는 것으로는 보이지 않는다. 예를 들어 의복 착용의 경우, 이것은 자연에 역행하는 것이므로 더러운 의복 때문에 병에 걸리는 것을 막으려면 또 다른 비자연적 관습—즉, 세척—으로 보완할 필요가 있다 그러나 의복 착용과 세척이라는 이 두 가지 관습이 합해지면 이런 것을 기피하는 야만인에 비해 인간을 한결 더 건강하게 만들어준다.

인간의 욕구라는 측면에서 보자면 '자연' 편에 서서 할 말이 더 많아진다. 남자든 여자든 아이에게든, 자신의 가장 강한 충동에 반대되는 생활을 하게끔 만드는 것은 잔인한 동시에 위험스러운 것이다. 이런 의미에서, '자연'에 따르는 삶은 칭송받을 만하지만 몇 가지 조건이 뒤따라야 한다. 지하철은 그야말로 인공적인 것이지만 아이가 그것을 타고 간다고 해서 그 아이의 본성에 폭력이 가해지는 것은 결코 아니다. 반대로, 지하철 타는 것을 즐겁게 생각하는 아이들이 거의 대부분이다. 평범한 인간들의 욕구를 만족시키는 인공물은 좋은 것이며, 다른 것들도 마찬가지이다. 그러나 권위나 경제적 필요에 의해 강요당하는 것도 인위적이라고 볼 때, 그러한 인위적 생활방식을 위해 할 수 있는 말은 아무것도 없다. 증기선에 화부가 없으면 바다여행을 하기 힘들 듯, 현대 사회에서는 그러한 생활 방식이 어느 정도 필수라는 것은 인정한다. 그러나 이런 류의 필요들은 유감스런 것들로서, 우리는 그것들을 피해갈 수 있는 방법들을 찾아야 한다. 일정한 양의 노동은 불평할 것이 못 된다. 사실, 완전히 놀기만 하는 것보다는 적당히 일하는 것이 인간을 더 행복하게 해준다. 그러나 현재 대부분의 사람들이 해야 하는 노동의 양과 종류를 보자면 이것은 중대한 해악이다. 특히 나쁜 것은 평생을 판에 박힌 노동에 묶여 살아야 한다는 점이다. 삶이란 것은 지나치게 규제되거나 조직화되어서는 안 된다. 우리의 충동은, 명백하게 파괴적이거나 타인에게 해를 주지 않는 한, 가능하면 자유롭게 활동할 수 있어야 한다. 그리고 모험을 할 수 있는 여지도 있어야 한다. 인간의 본성이란 것을 우리는 존중해야 한다. 우리의 충동과 욕구들은 바로 우리의 행복을 만들 재료들이기 때문이다. 추상적으로 '좋다'고 여겨지는 것을 사람들에게 주어봤자 아무 소용이 없다. 그들의 행복을 증진시키려면 그들이 바라고 필요로 하는 것을 주어야 한다. 과학은 이제 조만간 욕구를 빚어내는 법을 깨칠 것이고 내 욕구

3 나는 이렇게 믿는다

와 타인들의 욕구가 지금처럼 심하게 충돌하지 않도록 할 수 있을 것이다. 그렇게 되면 우리는 지금보다 훨씬 많은 욕구를 충족시킬 수 있을 것이다. 이런 의미에서—그러나 오직 이 의미에서만이다— 우리의 욕구들은 좀더 '좋아질' 수 있을 것이다. 욕구 하나만 따로 떼어놓고 보면 다른 것보다 더 좋거나 더 나쁜 것이 될 수 없다. 그러나 욕구들이 모였다고 할 때, 어느 집단의 욕구들이 동시에 모두 만족시켜진다면 그 욕구 집단은 다른 욕구 집단보다 좋다고 할 수 있다. 반면에 그렇지 못한 욕구 집단에서는 일부 욕구들끼리 불화가 일 수 있다. 사랑이 증오보다 좋은 이유가 바로 여기에 있다.

　육체의 본성을 존중하는 것은 어리석은 짓이다. 육체적 본성은 그것이 인간의 목적들에 최대한 봉사하는가 하는 기준으로 검증되어져야 한다. 그러나 이것은 윤리적으로 선하지도 악하지도 않은 것이다. 인구 문제처럼, 육체적 본성과 인간적 본성이 상호작용하는 부분들이 있다. 이런 경우 은근히 동조하며 팔짱 끼고 물러나 앉아, 전쟁과 역병과 기근만이 과잉 출산을 해결하는 방법이라고 생각할 필요는 없다. 성직자들은 말한다.: "이 경우, 이 문제의 육체적 측면에 과학을 적용하는 것은 사악하다. 우리는(성직자들의 애기이다) 인간적 측면에 도덕을 적용하여 금욕을 실천해야 한다." 충고가 받아들여지지 않을 거란 건 성직자들 자신을 포함해 모든 사람들이 다 아는 사실이지만 그 부분은 차치하고라도, 임신을 예방할 수 있는 물리적 수단을 써서 인구 문제를 해결해보자는 것이 왜 사악하다는 것인가? 케케묵은 교리를 내세우는 것 외엔 달리 할 대답이 없을 것이다. 성직자들은 자연에 대한 폭력이라고 주장하지만 그 폭력은 적어도 산아 제한에 관련된 것일 뿐이다. 성직자들은 인간 본성에 대한 폭력을 선호한다. 이것은 성공할 경우 불행과 시기심, 박해 성향, 종종 광기까지 낳는다. 나는 육체적 본성에 대한 '폭력' 쪽을 택하겠다. 이 폭력은 증기 기관이나, 더 나아가 우산을 사용할 때 나타나는 것과 똑같은 류의 것이다. '자연'에 따라야 한다는 원칙을 적용하는 것이 그 얼마나 양면적이고 애매한 것인가는 이 경우만 봐도 알 수 있다.

자연은, 심지어 인간 본성 까지도, 이제 더 이상 움직일 수 없는 사실이 아니다. 앞으로 점점 더 과학적 조작이 만들어준 모습으로 변해갈 것이다. 과학은 마음만 먹으면 우리의 자손들에게 지식과, 자제력과, 충돌이 아닌 조화를 낳는 성격을 제공함으로써 그들이 훌륭한 삶을 살 수 있도록 만들 수 있다. 현재의 과학은 우리의 아이들에게 서로 죽이는 법을 가르치고 있다. 과학하는 사람들 가운데 많은 수가 자신의 일시적 영화를 위해 인류의 미래를 희생시키는 네 주서하시 않는 사람들이기 때문이다. 그러나 인류가 외부 세계의 물리력을 제압했듯이 자기 내부의 격정들을 제압하게 되는 날 이러한 상황은 사라질 것이다. 그때가 되면 우리도 마침내 자유를 얻을 것이다.

4

인간은 죽은 뒤에도 존재하는가

Do We Survive Death?

이 글은 1936년 『삶과 죽음의 미스터리』라는 제목의 책에 처음 발표되었다. 러셀이 언급하는 반스 주교의 글도 책에 실렸다.

'우리가 죽은 뒤에도 계속 존재하는가?'에 대해 실속 있게 논의하려면 먼저 '어떤 사람이 어제의 바로 그 사람이다'라는 말의 뜻부터 명백히 하고 넘어가는 것이 좋다. 예전의 철학자들은 영혼과 육체라는 뚜렷한 실체들이 있어 제각기 나날이 계속해서 존속한다고 생각했다. 다시 말해 영혼은 한 번 생겨나면 영원히 존재하고, 반면에 육체는 일시적으로 죽었다가 다시 소생한다고 보았다.

분명히 말하지만 이 이론 중에서 현세(現世)에 관한 부분은 거짓이다. 육체의 구성 물질은 신진 대사 과정에 의해 끊임없이 변화하고 있다. 설령 이것이 사실이 아니라 하더라도, 이제 물리학에서는 원자들이 계속적으로 존재한다고 보지 않는다. '이 원자는 몇 분 전에 존재했던 바로 그 원자다'라고 말하는 것은 아무 의미도 없다는 얘기이다. 인간 육체의 연속성은 외관과 행동상의 문제이지 실체가 있어서 그런 것은 아니다.

정신도 마찬가지이다. 우리는 생각하고 느끼고 활동한다. 그러나 사고와 감정과 행동 이외에 달리 드러난 실체—즉, 이런 것들을 하거나 겪는 주체로서의 정신 혹은 영혼―는 없다. 사람의 정신의 연속성은 습관과 기억의 연속성이다. 즉, 어제 한 사람이 존재했고 나는 그의 감정을 기억하고 있는데 바로 그 사람을 나는 어제의 나라고 생각하는 것이다. 그러나 실상 어제의 나란 것은, 지금 기억에 남겨져 있기 때문에 지금 그것들을 회상하는 그 사람 역할로 간주되어지는 어떤 정신적 사건들에 불과하다. 한 사람을 구성하는 것은 기억과, 이른바 습관이라 불리는 류와 비슷한 어떤 것들로 연결된 일련의 경험들이 전부이다.

따라서 어떤 사람이 죽은 후에도 존재한다는 것을 믿을 수 있으려면 먼저, 그 사람을 구성하는 기억과 습관들이 새로운 사건 환경에서도 계속해서 나타난다고 믿을 수 있어야 한다.

이런 일이 일어나지 않는다는 것을 증명할 수 있는 사람은 아무도 없다. 그러나 그럴 가능성이 거의 없다는 것은 쉽게 알 수 있다. 우리의 기억과 습관은 뇌의 구조와 밀접한 관계가 있으며 이것은 강물과 강바닥이 관계 맺는 방식과 흡사하다. 강 속의 물은 항시 바뀌지만 늘 같은 길로 흐른다. 과거에 내린 비가 길을 터놓았기 때문이다. 이와 마찬가지로 과거의 사건들이 뇌 속에 길을 터놓으면 그 길을 따라 우리의 생각들이 흐른다. 기억과 정신적 습관은 여기에서 기인한다. 그러나 구조로서의 뇌는 사람의 죽음과 함께 해체되어버리며 따라서 기억 역시도 해체된다고 예상할 수 있다. 지진이 일어나서 계곡이 있던 곳에 산이 생기면 강물이 옛 길을 고집할 수 없듯이, 우리로선 그 밖에 달리 생각할 수 있는 근거가 없다.

모든 기억―따라서 모든 정신력이라고 할 수도 있겠지만―은, 어떤 종류의 물질 구조에서는 아주 뚜렷하지만 다른 종류들에서는 있다 해도 거의 미미한 어떤 속성에 의해 좌우된다. 이것은 즉, 유사한 사건들이 자주 일어난 결과 습관이 형성되는 속성이다. 예를 들어 밝은 빛은 눈의 동공을 수축하게 만든다. 그래서 한 사람의 눈에 반복해서 불빛을 비추면서 종을 쳐대면 나중에는 종만 쳐도 동공이 수축된다. 이것이 뇌와 신경 체계라는 특정 물질 구조의 실상이다. 우리가 언어에 대해 반응하고 언어를 사용하는 것이나, 우리의 기억과 그것이 일으키는 감정이나, 우리의 도덕적·비도덕적 행동 습관이나, 아무튼 유전으로 결정된 부분만 빼고 우리의 정신적 개성을 구성하는 모든 것들을 설명해주는 것이 바로 이것이다. 우리의 후손에게 전해지는 것은 유전으로 결정되는 부분이지만 그러나 각 개인의 측면에서 볼 때 이것은 개인의 육체가 해체된 후에는 계속될 수가 없다. 따라서 한 개성의 유전적인 부분과 후천적인 부분은, 우리의 경험에서 보는 한, 특정한 육체 구조 특성과 밀접하게 결부되어 있다. 뇌에 상처가 생기면 기억이 지워지고, 수면성 뇌염을 앓으면 착한 사람도 악하게 될 수 있고, 요오드가 부족하면 총명했던 아이도 백치로 변할 수 있다는 것을 우리는 누구나 알고 있다. 이런 익숙한 사실들에 비춰볼 때 죽음으로 뇌 구조가 완전히 파괴된 다음에도 정신이 계속될 가능성은 거의 희박한 것으로 보인다.

내세에 대한 믿음을 야기하는 것은 이성적 논거가 아니라 감정이다.

이러한 감정 중에서도 가장 현저하게 기여하는 것이 죽음에 대한 공포감인데 이것은 생물학적으로는 유용한 본능이다. 우리가 진심으로 내세를 믿는다면 죽음에 대한 공포에서 완전히 벗어날 것이다. 그렇게 된다면 아마도 우리들 대부분이 개탄할 만한 희한한 일들이 벌어질 것이다. 그러나 우리의 인간 선조는 물론 그 전단계 조상까지도 여러 지질학적 시대를 이어오며 적과 싸워 전멸시켰는데, 용기의 덕을 봐왔다. 그러므로 죽음에 대한 타고난 공포심을 때때로 극복할 수 있다는 것은 생사를 건 투쟁에 있어 승자들의 강점이다. 짐승이나 야만인들의 경우는 본능적인 호전성만으로도 이 목적이 충족된다. 그러나 회교도들이 최초로 입증한 바와 같이 어떤 발전 단계에 이르면, 타고난 호전성을 증강시키는 데 있어 천국에 대한 믿음이 상당한 군사적 가치를 지닌다. 그러므로 영생을 믿는다고 해서 세속사에 무관심해지지는 않는다는 것을 늘 염두에 두고 이 믿음을 조장하는 군국주의자들은 참 똑똑한 인간들이라고 인정하지 않을 수 없다.

영생에 대한 믿음을 조장하는 또 다른 감정은 인간의 탁월함에 대한 감탄이다.

"사람의 지력은 앞서 등장한 모든 것을 능가하는 정교한 도구이다. 왜냐하면 그는 옳고 그름을 알기 때문이다. 그는 웨스트민스터 사원을 지을 수도 있고 비행기를 만들고 태양까지의 거리를 계산할 수도 있다…… 그러니 그가 죽는다고 해서 완전히 사멸할 수 있겠는가? 이 비길 데 없는 도구인 그의 지력이 생명이 멈춘다고 해서 사라질 수 있겠는가?"

버밍엄 주교가 한 얘기이다.

주교는 계속해서, '우주는 지적 목적에 의해 빚어졌고 다스려지고 있다'고 주장하면서 인간을 만들어놓고 나서 사멸시킨다면 지적(知的)이라고 할 수 없을 것이라고 덧붙인다.

이 주장에 대해선 여러 가지 대답이 나올 수 있다. 무엇보다도,

4 인간은 죽은 뒤에도 존재하는가

자연을 과학적으로 연구하는 데 도덕적 가치나 미적 가치를 강요할 경우, 이것은 언제나 발견에 장애가 되어온 것으로 드러났다. 과거의 생각들은 어떠했던가. 가장 완전한 곡선은 원이니까 천체들도 원 운동을 할 것이다, 하나님은 완전한 것만, 즉 더 나아질 필요가 없는 것만 창조했을 것이므로 종(species)은 불변일 것이다, 역병은 죄에 대한 벌로 보내진 것이므로 회개나 해야지 병과 맞서 싸우려 해봤자 아무 소용없다, 등등…… 그러나 우리가 발견한 바로는 자연은 인간의 가치와 무관하며 따라서 우리의 선악 관념을 무시할 때만 이해될 수 있는 것이다. 우주에도 목적이 있을지 모른다. 그러나 그것이 사실이라 하더라도 그 목적이 인간의 목적과 어떤 유사성이 있다고 볼 근거는 우리가 아는 바로는 전혀 없다.

뿐만 아니라 이론에는 새로운 것도 전혀 없다. '인간은 옳고 그름을 안다'고 반스 박사는 말한다. 그러나 인류학이 보여주듯, 인류의 옳고 그름에 대한 관점은 변하지 않은 조항이 단 한 가지도 없을 정도로 끝없이 변화해왔다. 그러므로 인간이 옳고 그름을 안다고 할 수는 없으며 일부 인간들이나 안다고 하는 것이 옳다. 그렇다면 어떤 사람들이? 니체는 예수의 윤리와는 아주 다른 윤리를 옹호했는데 그의 가르침을 받아들인 강력한 정부도 몇몇 있었다. 옳고 그름을 안다는 것이 영생론의 논거가 될 수 있다면 우리로선 먼저, 예수를 믿을 것인가 니체를 믿을 것인가부터 결정해야 하며, 기독교인들은 영생하지만 히틀러나 무솔리니는 그렇지 않다 혹은 그 반대다 따위 얘기는 그 다음에 하는 것이 순서일 것이다. 이 결정은 분명, 서재가 아니라 싸움터에서 내려질 것이다. 결국 최고 성능의 독가스를 보유한 자들이 미래의 윤리를 장악하게 될 것이며 따라서 그들이 영생하는 자들일 것이다.

인간에 관한 다른 모든 것들이나 자연계의 사실들과 마찬가지로, 선과 악이라는 주제에 대한 우리의 감정이나 신념은 생존 경쟁 속에서 발전해왔지, 신적이거나 초자연적인 기원을 가진 게 아니다. 이솝 우화 중에, 사냥꾼이 사자를 잡는 그림을 한 사자에게 보여주자 사자가 말하기를, 만일 자기가 그렸다면 사자가 사냥꾼을 잡는 그림이 되었을 것이라고 말하는 대목이 있다. 반스 박사는, 인간은 비행기를 만들 수 있으니까 훌륭하다고 말한다. 천장을 거꾸로 걸어 다니는 파리들의 영리함을 노래한 유행가가 얼마 전에 나왔었는데 그 합창 부분이 다음과 같았다. '로이드 조지가 할 수 있을까? 볼드윈 씨가 할 수 있을까? 램제이 맥(역주: 러셀의 친구로서 두 번이나 영국 수상직을 맡았다)이 할 수 있을까? 아니 아니 천만에.' 만일 신학에 열중한 파리가 있었다면 아마도 이 노래를 근거로 대단히 근사한 이론을 구축해냈을 것이고 나머지 파리들은 그것을 더할 수 없이 설득력 있다고 생각했을 것이다.

또 하나 지적하고 싶은 것은, 우리가 인간을 그처럼 높이 평가하는 것은 추상적으로 사고할 때뿐이라는 점이다. 구체적인 사람들을 놓고 볼 때, 우리들 대부분은 대다수를 아주 악하다고 생각한다. 문명 국가들은 국고 수입의 절반 이상을 상대국 시민들을 살육하는 데 쓰고 있다. 도덕적 열정에 고무된 행위들의 그 긴 역사를 생각해 보라. 산 사람을 제물로 삼고, 이단자를 박해하고, 마녀 사냥을 감행하고, 유대인을 학살하고 하더니, 마침내 독가스에 의한 대량 박멸에까지 이르렀다. 반스 박사의 동료 감독(역주: 영국 국교회 계열 감독파의 성직명)들 중 적어도 한 사람은 이런 것들에 찬성하고 있

4 인간은 죽은 뒤에도 존재하는가

으리라고 보지 않을 수 없다. 그 사람은 평화주의를 반기독교적이라고 생각하니까. 이 같은 혐오스러운 행위들과 그들을 자극하는 윤리론들이 과연 지적인 창조주의 증거일 수 있을까? 또한 우리는, 이런 짓을 한 사람들이 영원히 살기를 진심으로 바랄 수 있을까? 우리가 살고 있는 세상은 혼돈과 우연의 결과라고 볼 수 있다. 그러나 만일 인간 세상이 세심한 목적에서 나온 산물이라고 한다면 그 목적은 아마도 악마의 목적이었을 것이다. 나로서는 우연이라고 보는 것이 좀 덜 고통스러우며 보다 그럴듯한 가정이라고 생각된다.

5

마담, 그럴까요? 아니, 그렇지 않아요
Seems, Madam? Nay, it is

이 에세이는 1899년에 씌어졌으나 한 번도 발표되지 않았다. 여기서 이 글을 다시 싣게 된 것은 그 역사적 의미 때문이다. 러셀 자신이 초창기 케임브리지 시절에 고수했던 헤겔 철학에 대해 최초로 반기를 든 글이기 때문이다. 이 당시 그의 종교반대론이 1차 세계대전 이후만큼 공공연하진 않지만 일부 비판적 대목들은 동일한 근거에 입각해 있었다.

철학이 한창 번영하던 시절, 철학은 숭배자들을 위해 가장 의미 있는 각종 서비스를 해준다고 자처했다. 역경에 처한 그들을 위안하고, 지적 난관들에는 설명을 제공하고, 도덕적 혼란에는 지침이 되어주었다. 급진파 청년에게 철학의 효용에 관한 예를 하나 들어보자, 그가 청년다운 열정으로 다음과 같이 외쳤던 것도 놀라운 일은 아니다.

신성한 철학이여, 신통하기도 하여라!
우둔한 바보들이 생각하듯 가혹하거나 까다롭지도 않고
아폴로의 류트 소리 같은 음악이로세.

그러나 이러한 행복의 시절은 지나갔다. 철학은 그 자신의 후손들이 서서히 이룩해온 승리로 말미암아, 그 드높았던 자부심을 하나씩 하나씩 포기하지 않을 수 없게 되었다. 지적 난관들은 대부분 과학 쪽으로 인계되었다. 그래도 아직 해답이 주어지지 못한 몇 가지 예외적인 문제만은 철학의 것이라고 고뇌스럽게 자처하지만 그러한 주장은 중세 암흑기의 잔재 정도로나 여겨질 뿐, 이제 그 문제들은 F. W. H. 마이어즈 씨의 엄격한 학문 쪽으로 급속도로 이전되고 있다. 도덕적 난제들도—최근까지만 해도 철학자들은 이 문제만큼은 자기네 영역임을 주저하지 않고 주장했지만—맥타가트나 브래들리 씨에 의해 포기되면서 기괴한 통계치나 상식들 쪽으로 넘겨지고 말았다. 그러나 위안과 위로를 제공하는 힘—힘을 상실한 자들의 마지막 남은 힘이다—만큼은 여전히 철학에 속한다고 맥타가트는 믿고 있다. 오늘밤 내가 우리의 현대판 신들의 노쇠한 부모(역주: 철학을 가리킴)에게서 빼앗아오고자 하는 것도 바로 이 마지막 소유물이다.

얼핏 보면 이 문제는 간단히 해결될 것처럼 보인다. 맥타가트는 '나는 철학이 위안을 줄 수 있다는 것을 안다. 그것이 나를 위로해주는 것은 확실하니까'라고 할지도 모르겠다. 그러나 내가 보여주고자 하는 것은, 그에게 위안을 주는 그 결론들은 전반적인 그의 입장과 상통하는 결론들이 아니란 점이다.—아니, 그의 입장을 따르지 않는 것은 물론이고 그에게 위안을 준다는 '이유만으로' 그대로 보유되고 있는 것처럼 보인다.

내가 논하고 싶은 것은 철학의 진실성이 아니라 철학의 정서적 가치일 뿐이므로 현상과 실체 사이의 차이를 근거로 후자를 무시간적이고 완전한 것으로 보는 형이상학이 있다고 가정하고 들어갈 것이다. 어떤 종류든 이러한 형이상학의 원리는 한 가지로 요약될 수 있다. '하나님은 그의 천국에 계시니, 세상 일은 모두 잘못이로다.' 이것이 이 원리의 최후 결론이다. 그러나 이 결론은 하나님은 자신

5 마담, 그럴까요? 아니, 그렇지 않아요

의 천국에 있고 또 언제나 거기에 있어 왔으니—산자와 죽은 자의 심판까지 하진 않더라도 최소한 철학가들의 이 신념에 보답이라도 하기 위해—언젠가는 이 땅에 강림할 것이란 뜻으로 들린다. 그러나 그가 그토록 오랜 세월 하늘에만 머물기로 한 것을 보면 이 땅의 일에 대해선 냉정하기로 작정한 듯하니 우리가 여기에 희망을 건다는 것은 경솔한 일일 것이다.

아무튼, 진지하게 얘기해보기로 하자. 역경에 처했을 때 위안을 준다는 이론의 정서적 가치는 그것이 미래를 예측하느냐 못 하느냐에 달려 있는 듯하다. 감정적으로 말하자면 미래는 과거보다 아니 현재보다도 중요한 것이다.

'결말이 좋아야 한다'는 격언은 누구나 얘기하는 상식이다. '아침엔 흐려도 맑은 날이 되는 수가 많다'는 얘기는 낙관적이다. 반면에 비관적인 얘기들도 있다.

> 나는 너무도 많이 보았다, 그 찬란한 아침이
> 그분의 눈으로 산꼭대기를 빛내주고
> 황금빛 얼굴로 푸른 들에 입맞추며
> 천상의 연금술로 시내를 옅게 도금하는가 싶을 때,
> 어느 새 천하기 그지없는 구름들이 밀려와
> 그 거룩한 얼굴을 흉하게 망쳐놓으면,
> 그분의 모습은 이 버려진 세상을 떠나
> 치욕과 더불어 슬그머니 서녘으로 숨어드는 것을.

그러므로 감정적으로 말하자면 우리가 우주를 좋게 보느냐 나쁘게 보느냐는 미래에 달려 있다. 즉, 그것이 앞으로 어떻게 될 것이냐에 달려 있다. 우리의 관심은 언제나 앞으로의 현상에 있으므로 미래가 현재보다 나으리란 확신이 없으면 어디서 위안을 찾아야 할지 모른다.

　미래는 낙관주의와 너무도 밀접한 관련을 가진다. 자신의 모든 낙관주의가 시간의 부인에 의존해 있음에도 불구하고 맥타가트마저도 '절대자' 란 '언젠가는 명백해질 조화' 라는 식으로 사물의 미래 상태로 표현할 수밖에 없을 정도이다. 이러한 모순을 부각시키는 것은 야박한 짓인지도 모르겠다. 왜냐하면 나로 하여금 그 모순을 깨닫게 해준 것은 주로 맥타가트 그 자신이었으니까. 그러나 내가 지적하고 싶은 것은, '실체는 시간을 초월하며 영원히 선하다' 는 이론에서 나올 수 있는 위안이란 것은 이와 같은 모순에 의해서만 얻어질 수 있다는 점이다. 시간을 초월한 실체란 것은 과거와도 긴밀한 관계가 없지만 미래와도 아무 관계를 가질 수 없다. 또한, 그것의 완전성이 지금까지 드러나지 않았다면 장차 언젠가는 드러나리라고 볼 수 있을 만한 근거도 없다. 다시 말해 하나님은 앞으로도 자신의 천국에 그대로 남아 있을 가능성이 거의 백퍼센트이다. 마찬가지로, 과거에 딱 한 번 '드러났음' 에 분명한 조화에 대해서도 이렇게 말할 수 있다. 그것은 결국 '슬픔은 앞에 있고 기쁨은 뒤에 있다' 는 식이 될 것이며 따라서 이런 것이 우리에게 위로가 될 가능성은 거의 없다.

　우리의 모든 경험은 시간과 결부되어 있으며 시간을 초월한 경험이란 것은 상상조차 불가능하다. 그러나 그러한 경험을 언젠가는 하게 될 것이라고 상상하는 것이 가능하다 할지라도 모순에 빠지지 않고는 그렇게 할 수가 없다. 그러므로 철학이 보여줄 수 있는 것이 무엇이든 간에, 모든 경험은 우리가 아는 경험과 비슷할 가능성이 높은데 만일 이것이 나쁘게 보인다면 현상과 구별되는 실체에 관한 그 어떤 이론도 우리에게 더 나은 희망을 줄 수가 없다. 결국 우리는 절망적인 이원론에 빠져버린다. 한편에는 우리가 아는 세계, 즉 기쁘거나 불쾌한 온갖 사건들과 죽음과 실패와 재앙으로 가득한 세계가 있으며, 한편으로는 상상의 세계가 있는 것이다. 이 상상의 세계는 그것이 실제로 존재한다는 증거가 달리 없는 관계로 우리가 실체를 확대시킴으로써 실체의 세계라고 명명한 세계이다. 그러나 이 실체의 세계에 대해 우리가 가진 유일한 근거는, 우리가 실체란 것을 이해할 수 있으려면 그것은 이러이러해야 한다는 것뿐이다. 그러나 우리가 순수하게 관념으로 구축한 결과물이 우리가 아는 세계—사실은 이것이 실제 세계이지만—와 전혀 딴판인 것으로 드러난다면, 게다가 우리는 소위 실체의 세계란 것을—우리가 이미 다른 아무것도 경험하지 못한다는 의미에서라면 모를까 그 밖의 의미에서는—결코 경험하지 못할 것이란 결론이 나온다면, 그땐 나로서는,—적어도 현재의 우환에 대한 위로라는 측면에서는—우리의 형이상학적 작업에 의해 얻어진 것이 있다고 볼 수가 없다. 예를 들어 영생의 문제를 봐도 그렇다. 사람들은 영생을 이 세상의 불의에 대한 보상책으로, 혹은 좀더 존경할 만한 동기로, 죽은 후에도 사랑했던 사람들을 만날 여지를 주는 것으로서 희구해왔다. 후자의 욕구는 우리들 누구나가 느끼는 욕구이므로 만일 철학이 이 부분을 만족시켜줄 수 있다면 우리는 한없이 감사해 할 것이다. 그러나 철학은 기껏해야, 영혼은 시간을 초월한 실체란 것밖에 확신시켜주지 못한다.

그러므로 만일 영혼이 나타날 수 있다고 해도 어느 시점에 나타날 것인가 하는 것은 영혼과는 전혀 상관이 없는 문제이며 따라서 이러한 교설로부터 사후 생존론을 적법하게 추론한다는 것은 불가능하다. 다음과 같이 읊은 키츠도 아마 못내 유감스러웠던 모양이다.

내 그대를 다시는 바라보지 못하리니,
지각없는 사랑의 마력을
내 결코 맛보지 못하리라!

'시간의 아름다운 창조물'이란 표현이 형이상학적으로 정확한 어구가 아니라고 일러준들 그에겐 크게 위로가 되지 못할 것이다. '시간이 찾아와서 내 사랑을 앗아간다' 든가 '이 생각은 마치 죽음과도 같아, 그것이 잃을까 두려워하는 것을 안고 울 수밖에 없구나'라는 표현은 변함없이 옳은 말이다. 시간을 초월한 완전한 실체라는 이론의 모든 부분이 다 이와 같다. 현재 악으로 보이는 것이 무엇이든—'그렇게 보이면 실제로 그렇다'는 것은 악의 통탄할 만한 특권이다—, 현재 어떤 악이 등장해 있든, 그것들은 우리가 아는 한 모든 시간을 통틀어 존속하다가 우리의 최후에 후손들까지 괴롭힐 것이다. 따라서 내가 볼 때 그와 같은 이론 속에는 위안이나 위로의 흔적조차도 없다.

기독교와 그 이전의 모든 낙관주의가, 세상은 자선적인 섭리에 의해 영구히 지배되므로 형이상학적으로 좋은 것이라고 주장해온 것이 사실이다. 그러나 이것은 미래 세상의 우수함을 증명하기 위

5 마담, 그럴까요? 아니, 그렇지 않아요

한, 예컨대 착한 사람은 죽어서 행복해진다는 것을 증명하기 위한 장치에 불과했다. 위안을 주었던 것은 언제나 이 같은 연역추리였다. 물론 타당성 없는 것이다. '그는 착한 사람이다. 그러니 모든 것이 잘 되리라.'

물론 '실체는 선하다'는 단순한 추상적 교설에 위안이 있다고 말할 수 있을지도 모르지만 나로서는 결코 이 교설의 증거를 인정할 수 없다. 설령 그것이 사실이라 할지라도 그것이 어떻게 해서 위안이 된다는 것인지 이해가 되지 않는다. 실체는 형이상학에 의해 구축되었으므로 경험 세계와는 어떤 류의 관계도 맺지 못한다는 것이 내 생각의 핵심이기 때문이다. 그것은 공허한 추상이다. 그것으로부터는 현상 세계에 대한 어떤 추론도 타당하게 이뤄질 수 없다. 그럼에도 불구하고 현상 세계는 우리의 모든 관심이 놓인 곳이다. 심지어 형이상학의 근원인 순수한 지적 관심조차도 현상 세계를 설명하기 위한 관심이다. 그러나 형이상학은 만져볼 수 있고 느낄 수 있는 이 실제의 세계를 제대로 설명하려 하지는 않고, 근본적으로 다른 세계를 또 하나 구축하려 한다. 그 세상은 너무도 다르고 실제 경험과 단절되어 있기 때문에 일상 생활의 세계는 전혀 그 세계로부터 영향을 받지 않으며, 실체 세계란 것이 어디 있느냐는 듯 제 갈 길로 계속 나아간다. 만약 실체 세계를 하늘 어딘가에 있는 천국의 도시 같은 '다른 세계'로 생각해도 좋다고 한다면, 우리가 갖지 못한 완전한 경험을 다른 사람들은 갖고 있다고 생각하는 데서 위안을 느낄 수는 있을 것이다. 그러나 우리의 경험이 바로 그 완전한 경험이라고 말한다 해도, 우리의 경험이 현재의 그것보다 낫다는 것을 입증하지 못 하는 한 우리는 분명 냉소적으로 대할 것이다. 반대로, 우리의 실제 경험은 철학에 의해 구축된 완전한 경험이 아니라고 말한다면, 철학의 현실에서 가질 수 있는 유일한 형태의 존재를 죽여버리는 것과 같다. 왜냐하면 자신의 천국에 있는 신을 별개의 사람이라고 주장할 순 없기 때문이다. 그렇다고 한다면 실존하는 우리의 경험이 완전하든가—이것은 공허한 소리이다. 우리의 경험은 전과 마찬가지니까—, 완전한 경험 따위는 존재하지 않든가 둘 중에 하나일 것이며, 실체 세계는—아무도 경험할 수 없으므로—형이상학서들에서나 존재할 수 있을 뿐이다. 어느 입장을 취하든 철학에서는 종교적인 위안을 발견하기 힘들 것 같다.

물론 몇 가지 의미에서 철학이 우리에게 위안을 준다는 점까지 부인한다면 우스운 일일 것이다. 예를 들어 아침을 즐겁게 보내는 방법을 이론화해볼 수 있을 것이다. 이런 의미에서 얻어지는 위안으로 극단적인 경우 우리가 저녁 시간을 보내는 한 방법으로 술을 마시며 느끼는 위안에 비교될 수 있을지도 모른다. 또한 철학을 미학적으로 받아들일 수도 있으며—우리들 대부분이 스피노자를 대할 때처럼—, 형이상학을 시나 음악처럼 분위기를 자아내는 수단으로, 즉 일정한 우주관이나 삶에 대한 태도를 주는 수단으로 이용할 수도 있을 것이다(여기서 발생하는 정신적 상태는 우리 속에 솟아나는 시적 정서의 정도에 비례하여 평가되는 것이지 우리가 품은 신념의 진실성에 비례해 평가되는 것이 아니다). 과연, 우리의 만족은 이러한 분위기들 속에 있는 것처럼 보이며 그렇다면, 형이상학자가 공언하는 것과는 정반대란 얘기가 된다. 그들이 말하는 만족은 현실 세계와 그 속의 악을 잊어버리고 우리 자신들이 창조해온 세계의 실존을 잠시 믿게 만드는 만족이다. 브래들리가 형이상학을 정당화하는 데 이용한 근거들 가운데 하나가 바로 이것인 듯하다. 그는 이렇게 말한다. '시와 예술과 종교가 아무 흥미를 주지 못 할 때, 혹은 궁극적인 문제들과 씨름하여 이해에 도달하고자 하는 경향을 더 이상 보여주지 않을 때, 혹은 목적 없이 방황하며 뭔지도 모르면서 사랑하고픈 마음을 신비감이나 황홀감이 더 이상 이끌어내지 못 할 때, 간단히 말해 황혼이 아무 매력이 없게 될 때―그땐 형이상학이 아무 가치도 없을 것이다.' 이런 식의 형이상학에서 우리가 얻을 수 있는 것은 본질적으로 보자면 『템페스트』(셰익스피어 작)에서 얻을 수 있는 것과 다를 바 없다. 그러나 이 관점에서 본 형이상학의 가치와 형이상학의 진실성과는 전혀 별개다. 프로스페로의 마력 덕분에 요정의 세계를 알게 되었다고 해서 우리가 템페스트를 높이 평가하는 것은 아니다. 이와 마찬가지로, 미학적으로 정신 세계에 대해 알게 해주었다는 이유로 우리가 형이상학을 높이 평가하는 것은 아니다. 바로 여기에서 미학적 만족―이것은 내가 철학에게 허용한다―과 종교적 위안―이것은 허용하지 않는다―의 본질적인 차이가 생겨난다. 미학적 만족을 위해서는 지적 확신이 불필요하며 따라서 필요한 경우 우리는 그러한 만족을 가장 많이 주는 형이상학을 택할 수도 있다. 그러나 종교적 위안을 얻기 위해서는 믿음이 필수적이다. 이런 이유로, 우리가 믿는 형이상학에서는 종교적 위안을 얻을 수 없다고 주장하는 것이다.

그러나 미학적 정서의 신비 이론을 약간 가미하면 이 이론을 정교하게 가다듬을 수도 있다. 실체란 것을 있는 그대로 완전히 경험할 수는 없다 하더라도 어떤 경험들은 다른 것들보다 좀더 실체에 접근해 있다고는 주장할 수 있으며, 바로 예술이나 철학이 이따금씩 우리에게 주는 경험들의 영향하에서는 쉽게 이 관점을 채택하는 것 같다. 아마도 형이상학적 열정을 가진 사람들에겐, 천국의 환상에 의해 변형된 어떤 세계에 대한 신비감—철학이 이따금씩 우리에게 주는 것이다—과 같은 풍부하고 아름답고 전적으로 소망스러운 감정이 없는 모양이다. 브래들리도 이렇게 말한다. '어떤 이는 이 방법으로 어떤 이는 저런 방법으로, 우리는 볼 수 없는 세계에 존재하는 것과 접촉하고 교섭하는 것으로 보인다. 우리는 다양한 방법들 속에서, 우리에게 기운을 주기도 하고 기운을 앗아가기도 하는, 즉 징벌하면서 격려하는 좀더 높은 어떤 것을 발견한다. 그래서 어떤 사람들에게 있어선 우주를 이해하려는 지적 노력이 바로 이러한 신성(神性)을 경험하는 주요한 방법이 되며…… 그리고 이것이야말로 일부 사람들이 궁극적 진리를 탐구하려고 하는 또 하나의 이유인 것 같다.'

그러나 그 이유는, 그들이 궁극적 진리를 발견하지 못하리라고 볼 수 있는 이유도 되는 것이 아닐까? 만일 궁극적 진리가 '현상과 실체'에서 주장하는 것들과 정말로 비슷한 데가 있다고 한다면, 나는 그 정서의 가치는 부정하지 않겠으나 이상스런 의미에서 그것이 천국의 환상이라거나 신성의 경험이라는 얘기는 확실하게 말하지만 거부한다. 물론 어떤 의미에서 보면 모든 경험이 다 신성의 경험이지만 또 다른 의미에서 보자면, 경험은 하나같이 다 시간 속에 있고 신은 무시간에 있으므로 어떤 경험도 신성의 경험이 될 수 없으며 기타 이런 현학적인 얘기라면 나는 더 보탤 수도 있다. 현상과 실체 사이의 간극은 너무도 깊기 때문에 내가 이해할 수 있는 한, 어떤 경험이 다른 경험보다 완전한 실체에 더 가깝다고 생각할 하

5 마담, 그럴까요? 아니, 그렇지 않아요

등의 근거도 없다. 그러므로 문제시되는 경험들의 가치는 전적으로 그 정서적 질에 달려 있는 것이지, 브래들리의 입장처럼, 이 경험들이 지니고 있을 것 같은 진실의 정도에 달려 있는 것이 아니다. 그러나 그의 입장이 옳다 하더라도, 이 경험들은 고작해야 이론화하는 데서 오는 위안일 뿐 철학에서 오는 위안은 되지 못한다. 궁극의 진리를 추구하는 이유들 속에 이러한 경험도 꼽히는 것은 그것이 길을 가다 얻을 수 있는 꽃과 같기 때문이다. 그러나 그것이 궁극의 진리를 얻은 데 대한 포상 축에 끼지 못하는 것을 보면, 아마도 이 꽃들이 도정의 첫머리에서만 자라다가 우리가 그 길의 종착점에 도달하기 오래 전에 자취를 감추기 때문이 아닐까 싶다.

내가 지금까지 주장해온 견해는 고무적인 견해도 아닐뿐더러, 설사 널리 인정받는다 해도 철학의 연구를 촉진할 만한 견해도 못된다고 본다. '모든 것이 썩은 곳에서는, 상한 고기를 사라고 외치는 것이 사람의 할 일이다'는 속담처럼, 나도 마음만 먹으면 내 논문을 정당화시킬 수도 있을 것이다. 그러나 나는 형이상학이 종교의 역할을 하려 한다면 제 기능을 단단히 잘못 알고 있는 것이란 점을 지적하는 쪽을 택하고 싶다. 형이상학도 그런 역할을 할 수 있다는 건 인정한다. 그러나 그러자면 나쁜 형이상학이 되어버리는 대가를 치러야 한다는 것이 내가 주장하고 싶은 바이다. 과학과 마찬가지로 형이상학도 지적 호기심에 의해 정당화되며 오직 호기심에 의해서만 인도되어져야 한다는 것을 인정하면 또 어떻단 말인가? 형이상학에서 위안을 발견하려는 욕망이 엄청난 오류를 지닌 추론과 지적 부정직성을 생산해왔다는 점을 우리 모두는 인정하지 않으면 안 된다. 어쨌거나 형이상학에서 종교를 떼어내는 것이 우리를 구하는 길이다. 그러면 지적 호기심을 가진 사람들을 지금까지의 고집스런 오류들로부터 해방시켜줄 수 있을 것이다. 브래들리의 말을 다시 한 번 인용해보자.

'한 가지 길을 가야만 주된 욕망을 달성할 수 있는 그런 성격의 소유자는 그 욕망이 어떠한 것이든, 세상이 그것을 어떻게 생각하든, 그 길에서 해답을 찾으려 할 것이다. 만일 그가 그렇게 하지 않는다면 경멸받을 만하다.'

6

가톨릭과 신교의 회의론자들에 대하여
On Catholic and Protestant Sceptics

여러 나라에 가서 각기 다양한 역사적 뿌리를 가진 자유 사상가들과 깊이 접촉해본 사람이면 누구나 가톨릭에 바탕을 둔 사람들과 신교에 바탕을 둔 사람들 간에 보이는 뚜렷한 차이에 놀랐을 것이다. 어릴 때 교육받은 종교이론 따윈 내던졌다고 스스로 생각하는 사람들조차도 그러하다. 신교와 가톨릭 간의 차이는 그들 신자들 사이에서도 뚜렷하거니와 자유 사상가들 사이에서도 마찬가지이다. 사실, 그 둘 간의 본질적 차이가 표면적인 교리상의 차이 뒤로 숨겨져 있지 않기 때문에 좀더 쉽게 발견되는 지도 모른다. 물론 어려움도 없지는 않다. 이를테면, 신교 계통의 무신론자의 태반이 영국인이나 독일인인 반면 가톨릭 계통의 무신론자는 대부분 프랑스인이라는 점이 그것이다. 또한 기본(Edward Gibbon)의 경우처럼 프랑스 사상과 밀접하게 접촉해온 영국인들은 근본이 신교임에도 불구하고 가톨릭적 자유 사상가의 특성을 갖게 되었다. 그럼에도 불구하고 상당한 차이는 그대로 남아 있으므로 그것이 어떤 것인지 밝혀보는 것도 재미있을 것이다.

신교 계통 자유 사상가의 완벽한 전형은, 아들의 자서전에 나타난 대로라면 제임스 밀이라고 할 수 있을 것이다. 그의 아들 존 스튜어트 밀은 이렇게 적고 있다. '원래 스코틀랜드 장로교 교리로 교육받은 아버지는 스스로의 연구와 반성으로, 계시의 믿음은 물론이고 흔히 자연 종교로 불리는 것의 뿌리조차도 일찍감치 배격하시게 되었다. 아버지가 종교적 신념이라는 것을 모조리 거부한 것은 많은 이들이 추측하는 것처럼 논리나 증거의 문제가 주요 원인은 아니었다. 그 근본은 지적이라기보다는 도덕적인 면이 훨씬 더 강했다 아버지는 이처럼 악으로 가득 찬 세상을 무한 능력에다 완벽한 선과 정의까지 겸비한 조물주의 작품이라고 보기란 불가능하다는 것을 깨달았다.…… 종교에 대한 그의 혐오감—이 용어에 흔히 따라 다니는 의미에서 하는 말이다—은 루크레티우스의 그것과 같은 류의 것이었다. 다시 말해 아버지는 단순한 정신적 망상이 아니라 커다란 도덕적 악을 보는 기분으로 종교를 바라보셨다. 만일 내가 종교에 대한 그의 신념과 감정에 반하는 인상을 받을 수 있었다고 한다면 그것 자체가 내 아버지의 의무 관념에 완전히 상반되는 것이었을 것이다. 그러나 아버지는 처음부터 나에게, 이 세상이 어떻게 존재하게 되었는가의 문제는 전적으로 미지의 문제라고 보는 인상을 남기셨다.' 그럼에도 불구하고 제임스 밀이 여전히 신교도로 남았다는 데는 의심의 여지가 없다. '아버지는 내게, 사상의 자유를 위해 성직자들의 압제에 저항하는 위대하고도 결정적인 투쟁이란 의미에서 종교 개혁에 깊은 관심을 가지라고 가르치셨다.'

　　이 모든 것으로 볼 때 제임스 밀은 존 녹스의 정신에 따른 것에 불과하다. 존 녹스는 극단파에 속하긴 했지만 비국교도 입장이었으

6 가톨릭과 신교의 회의론자들에 대하여

며, 도덕적 진지성과 함께 선배들의 이름을 널리 떨쳐준 종교 이론에 대한 관심을 동시에 가지고 있었다. 신교도들은 무엇을 믿지 않는가의 측면에서 처음부터 적대자들과 뚜렷이 달랐다. 따라서 교리를 하나 더 벗어던진다는 것은 그들의 운동을 한 단계 더 전진시킨다는 것에 불과했다. 이 문제의 핵심은 결국 도덕적 열성인 것이다.

이것은 신교 도덕과 가톨릭 도덕의 명백한 차이점의 하나에 지나지 않는다. 신교도에게 있어서는, '보름스 의회(Diet of Worms)'에 나선 루터처럼, 권위와 기성 교리에 반대하는 사람이 특출하게 선량한 사람이다. 신교의 선 개념은 개인적이고 고립적이다. 나 자신도 신교 교육을 받고 자랐는데 내 젊은 날의 정신에 가장 큰 인상을 남긴 구절의 하나는 '너희는 악을 행하는 무리를 따르지 말지어다'였다. 이 구절은 오늘까지도 내가 중요한 행동을 할 때마다 영향을 준다는 것을 나는 안다. 가톨릭 교도들의 미덕 관념은 아주 딴판이다. 모든 미덕에는 복종이란 요소가 들어간다고 본다. 여기에는 양심 속에 계시되는 하나님의 음성에 대한 복종뿐만 아니라 계시의 저장고라 할 수 있는 교회의 권위에 대한 복종도 포함된다. 이로 인해 가톨릭의 미덕 관념은 신교의 그것보다 훨씬 더 사회적인 성격을 띠게 되며 교회와 관계를 끊으려 할 때도 더 큰 고통이 야기되는 것이다. 신교도가 자신이 성장해온 신교 내의 특정 교파에서 이탈한다 해도 그것은 결국 그 교파 창시자들이 그리 오래지 않은 과거에 했던 짓을 반복하는 데 불과하며 그의 정신 상태는 새로운 교파를 창설하는 데 적응이 되어 있다. 반면에 가톨릭 교도는 교회의 도움이 없으면 어찌할 바를 모른다. 물론 그도 프리메이슨 같은 단체에 가입할 수도 있겠지만 심각한 반감을 느끼는 건 여전하다. 또한,

도덕적 삶은 교회 구성원들에게만 국한된다는 믿음이 여전히 무의식 속에 남아 있기 때문에 자유 사상가에게 최고의 덕행이란 것은 불가능하게 되어 버렸다. 이러한 신념은 당사자의 기질에 따라 다양한 방식으로 발전된다. 만일 그가 쾌활하고 대범한 성격이라면 윌리엄 제임스가 말한 소위 도덕적 휴일이란 것을 즐긴다. 이 유형의 가장 완벽한 예가 몽테뉴인데 그는 체제와 연역에 대한 적개심을 형성하면서 지적 휴일까지도 스스로에게 허용한 사람이다. 르네상스가 그 얼마나 반지성적인 운동이었던가를 현대인들은 제대로 모르고 있는 것 같다. 중세는 사물을 증명하는 것이 습관이었다. 르네상스는 사물을 관찰하는 습관을 만들어냈다. 몽테뉴가 친밀하게 느끼는 유일한 삼단 논법은 특칭 부정을 증명하는 류의 것들이다. 예를 들자면 '아리우스처럼 죽은 모든 사람이 다 이단자는 아니다'는 것을 증명하기 위해 자기의 박식을 발휘할 때다. 우선 그런 방식 혹은 그와 유사한 방식으로 죽은 다양한 악인들을 열거한 후에 이렇게 말하는 것이다. '그러나 어떤가! 이레니우스도 같은 운명임을 알 수 있다. 결국 하나님의 뜻은 이 세상의 선하거나 악한 운명 그 자체를 우리에게 가르쳐준다기보다, 선한 자에게는 달리 희망의 여지가 있고 악한 자에게는 달리 두려워할 게 있다는 점을 가르쳐주려는 데 있는 것이다.' 이처럼 체계를 증오하는 그 무엇이야말로 신교적 자유 사상가와 뚜렷이 대조되는 가톨릭 자유 사상가의 특징으로 남게 되는데 그 이유 역시도, 가톨릭적 신학이란 체계가 한 개인이(영웅적인 힘의 소유자가 아닌 한) 그 체계와 겨룰 만한 다른 새로운 것을 창설하는 것을 허용하지 않을 만치 위압적인 데 있는 것이다.

따라서 가톨릭적 자유 사상가는 도덕적 엄숙과 지적 엄숙 양자

6 가톨릭과 신교의 회의론자들에 대하여

모두를 꺼리는 반면 신교적 자유 사상가는 이 두 가지를 다 반기는 경향이 있다. '누가 나를 만들었느냐?는 물음에는 대답이 있을 수 없다. 우리에겐 거기에 대답할 만한 경험이나 권위 있는 지식이 없기 때문이다. 또한 어떤 대답이 나왔든 그것은 이 어려움을 한 걸음 더 뒤로 되돌려놓을 뿐이다. 왜냐하면 그 물음 자체가 누가 신을 만들었느냐?는 물음을 곧바로 낳기 때문이다'고 제임스 밀은 아들에게 가르쳤다. 이것을 볼테르가 신에 대해 자신의 『철학 사전』에서 말해야 했던 내용과 비교해보라. 이 책의 '신(Dieu)' 이란 항목은 다음과 같이 시작된다. '아르카디우스 집정 시절, 스키디아로 간 콘스탄티노플의 신학 강사 로고마코스는 콜키스의 변경이 비옥한 제피림 평야의 코카서스 산기슭에서 발길을 멈추었다. 그 귀하신 노인 돈딘다크는 양을 치는 큼직한 우리와 넓은 곡간 사이에 놓인 커다란 회당에 있었다. 그는 아내와 다섯 아들, 다섯 딸, 양친, 그리고 여러 종복과 함께 무릎을 꿇고 있었으며 그리고 가벼운 식사를 한 후에 모두 신을 찬송하는 노래를 부르고 있었다.'

이 항목은 이런 식으로 계속되다가 다음과 같이 결론내리고 있다. '그때 이후로 나는 절대 논쟁하지 않기로 결심했다.' 제임스 밀 같았으면, 더 이상 따지지 않으리라 결심하는 경우를 우리로선 도저히 상상할 수가 없을 뿐 아니라, 이보다 덜 고상한 주제라 한들 그것을 우화로 설명했으리라고도 상상할 수 없다. 또한 그는, 볼테르가 라이프니츠에 대해 '라이프니츠는 하나님이 단 하나의 세계를 만들 수 있다고 북부 독일에서 선언했다' 고 말할 때처럼 엉뚱한 말재주를 부리지도 못했을 것이다. 혹은, 제임스 밀이 악의 존재를 주장하면서 보여주는 도덕적 열정과, 똑같은 내용을 말하고 있는 볼

테르의 다음 대목을 비교해보라. '악의 존재를 부인하는 말은, 건강한 몸으로 아폴로의 전당에서 친구며 정부와 함께 훌륭한 만찬을 들고 있는 루쿨루스나 농담조로 할 수 있을 것이다. 그러나 그도 창밖을 내다본다면 불행한 인간들을 보게 될 것이고, 열병을 앓아보면 자신도 불행하다는 것을 알게 될 것이다.'

몽테뉴와 볼테르는 쾌활한 회의주의자의 더없이 좋은 본보기들이다. 그러나 많은 가톨릭 계통의 자유 사상가들은 쾌활함과는 거리가 멀었으며 언제나 엄격한 신앙과 명령적인 교회의 필요를 느껴왔다. 이런 자들은 때로 공산주의가 되기도 한다. 그 가장 좋은 예가 바로 레닌이다. 레닌은 신교적 자유 사상가로부터 신념을 물려받았으나(유대인과 신교도들의 정신 상태는 따로 떼어놓을 수 없기 때문이다), 그의 비잔틴적 과거는 신념의 가시적 표상으로서의 교회를 창조하도록 그를 압박했다. 똑같은 시도를 했으나 그만큼 성공하지는 못한 예로 오귀스트 콩트가 있다. 콩트와 같은 기질을 가진 사람들은 비상한 힘을 갖추지 못한 이상, 조만간 교회의 품으로 되돌아가기 마련이다. 철학의 영역에서 아주 흥미로운 예는 산타야나(George Santayana)이다. 그는 본래 정통주의를 늘 사랑해왔으면서도 가톨릭 교회가 지닌 것보다 지적으로 좀 덜 끔찍한 형식을 동경하였다. 가톨릭에서 그가 언제나 좋아한 것은 그 교회 제도와 그 정치적 영향력이었다. 넓게 말하자면 그는 교회가 그리스와 로마로부터 물려받은 것은 좋아했으나 유대인들로부터 받은 것은 좋아하지 않았는데, 물론 여기에는 교회가 자신의 창설자에게 빚지고 있는 모든 것들이 포함된다. 어쩌면 그는 루크레티우스가 데모크리토스의 신조에 바탕을 둔 교회를 창설했더라면 하고 바랐을지도 모

6 가톨릭과 신교의 회의론자들에 대하여

른다. 왜냐하면 그의 지성에 늘 호소력을 발휘한 것은 유물론이었고 어쨌거나 그의 초기 저작들은 이 차이를 다른 어떤 것에 부여하기보다 물질을 숭배하는 쪽으로 기울었기 때문이다. 그러나 결국 그는 본질의 영역에 국한된 교회보다는 실제로 현존하는 교회 쪽이 낫다고 느끼게 된 것 같다. 그럼에도 불구하고 산타야나의 경우는 예외적인 현상의 하나로서, 우리의 현대적 범주들에는 들어맞기 어렵다. 그는 진정으로 르네상스를 앞서 있으며, 에피쿠로스의 이론에 집착했으므로 지옥에서 고통 받고 있다고 단테가 묘사한 바 있는 저 기벨린들(중세 독일, 이탈리아에서 교황당에 반대하고 독일 황제를 옹호한 세력)과 같은 무리에 속한다. 이러한 견해는 그가 본의 아니게 장기간 미국과 접촉함으로써 스페인적 기질에 더해지게 된 과거에 대한 향수로 인해 더욱 강화되었음은 물론이다.

조지 엘리어트가 F. W. H. 마이어즈에게, 하나님은 없으나 그래도 우리는 선해야 한다고 가르쳤다는 것은 누구나 아는 얘기이다. 이 점에 있어 엘리어트는 신교적 자유 사상가의 전형에 속한다. 넓게 보자면, 신교도들은 선하고 싶어 하며 그래서 늘 그렇게 되도록 하기 위해 신학을 만들어놓았고, 가톨릭 교도들은 악하고 싶어 하며 그래서 자기 이웃들이 늘 선할 수 있도록 신학을 만들어놓았다고 말할 수 있다. 가톨릭의 사회적 성격과 신교의 개인주의적 성격이 바로 여기에서 나온다. 전형적인 신교 자유 사상가인 제레미 벤담은 모든 즐거움 중에서도 가장 큰 것은 자기 인정에서 오는 기쁨이라고 생각했다. 따라서 그는 과식, 과음, 혹은 절도 없는 생활, 이웃의 지갑을 노리는 짓 따위에 이끌리지 않았다. 왜냐하면 이러한 어떤 행위도 그가 잭 호너와 함께 맛보았던 저 멋진 스릴을 그에게 주지 못했을 것이기 때문이다. 그러나 그 스릴을 맛보려면 크리스마스 파이를 포기해야 했으니 그다지 호락호락한 조건이었다고는 할 수 없지만 말이다. 반면에 프랑스에서 먼저 무너진 것은 금욕적 도덕관이었다. 신학적 의심은 나중에 결과로 왔던 것이다. 이러한 차이는 교리라기보다는 국민성의 차이일 것이다.

종교와 도덕의 연관은 지리학적으로 공정하게 연구해볼 만한 것이다. 나는 일본에서 승직 세습제를 가진 한 불교 교파를 본 적이 있다. 일반적으로 불교 승려들은 독신자인데 이게 도대체 어찌된 일인가 하고 나는 물어보았다. 그러나 아무도 제대로 설명해준 이가 없었는데 마침내 어느 책에서 사실을 알게 되었다. 이 교파는 신앙심으로 정당화하는 교리에서 출발하여, 그 신앙심이 순수하기만 하면 죄는 문제가 되지 않는다는 결론을 이끌어낸 듯했다. 결국 이 교파의 모든 승직자들이 죄를 짓기로 합의를 본 셈인데 단 그들을 유혹한 유일한 죄는 결혼이었던 것이다. 이때부터 오늘날까지 이 교파의 승려들은 결혼 제도를 따르고 있지만 그것 외엔 아무 흠잡을 데 없이 생활해오고 있다. 만일 미국인들에게 결혼이 죄악이라고 믿게 할 수 있다면 그들은 더 이상 이혼의 필요를 느끼지 않을지도 모른다. 어쩌면, 무해한 수많은 행위에 '죄악'이란 낙인을 찍어 놓고 그것을 행하는 자들에게 관용을 베푸는 것이야말로 현명한 사회 제도의 진수인지도 모른다. 이렇게 하면 다른 누구에게 해를 끼치지 않고도 악행의 쾌감을 얻을 수 있으니 말이다. 이런 생각이 들자 나는 아이들 다루는 문제가 떠올랐다. 어린이는 누구나 이따금씩 짓궂은 짓을 하고 싶어 한다. 따라서 아이가 합리적인 교육을 받았을 경우, 실제로 해로운 짓을 행함으로써 나쁜 짓을 하고픈 충동

6 가톨릭과 신교의 회의론자들에 대하여

을 만족시킬 수 있을 것이다. 그러나 만약 주일에 카드놀이를 한다든가 금요일에 육식을 한다든가 하는 것이 나쁜 일이라고 배웠다면 아이는 아무에게 해를 입히지 않고도 죄에 대한 충동을 만족시킬 수 있을 것이다. 내가 이 원리를 실행하고 있다는 뜻은 아니다. 다만 좀전에 말한 그 불교 교파를 보면서, 그렇게 하는 것도 현명할 수 있겠구나 하는 생각이 들었단 얘기이다.

우리가 지금까지 알아본 신교 자유 사상가와 가톨릭 자유 사상가 간의 차이를 너무 엄격하게 주장할 필요는 없을 것이다. 예를 들어, 18세기 후반 프랑스의 '백과 전서파들'과 저명한 지식인들은 신교적 유형들이었으며 사뮤엘 버틀러의 경우는, 다소 망설여지는 점도 있긴 하지만, 나로선 가톨릭적 사상가들로 보아야 할 것 같다. 결국 눈에 띄는 주요한 차이는 신교형에서는 전통과의 결별이 주로 지적인 면에서 이뤄지는 반면, 가톨릭형에서는 주로 실제의 측면에서 이뤄진다는 점이다. 전형적인 신교 자유 사상가는, 이단적인 생각을 옹호하는 경우라면 모를까 이웃에게 욕먹을 짓은 한치도 하고 싶어 하지 않는다. 『두 사람이 쓴, 허버트 스펜스와의 가정 생활』이란 책(현존하는 책 중에서 가장 재미있는 책에 속한다)에서는 철학자에 대해 '그에 관해서는 훌륭한 도덕적 자질을 갖춘 사람이라고밖에 할 말이 없다'는 취지로 말하고 있고 두 필자의 공통된 의견이기도 하다. 허버트 스펜서나 벤담이나 밀 부자를 비롯, 그 밖에 자신의 저서들에서 쾌락이 인생의 목적이라는 입장을 견지했던 영국의 어느 자유 사상가도 스스로의 쾌락을 추구하기로 생각해본 사람은 아무도 없을 거라고 나는 단언한다. 반면에, 같은 결론에 도달한 가톨릭 교도라면 거기에 맞춰 살기 시작했을 것이다. 이 점에 있어서는 세상이 변해가고 있다고 말하지 않을 수 없다. 오늘날의 신교적 자유 사상가는 생각뿐 아니라 행동에서도 자유를 얻으려는 경향이 있는데 이것은 신교가 전반적으로 몰락해가고 있다는 징후에 불과하다. 옛날의 신교 자유 사상가라면 관념으로는 자유 연애를 찬성하면서도 평생을 엄격한 독신 생활로 보내기로 마음먹을 수 있었을 것이다. 나는 이러한 변화를 유감스럽게 생각한다. 엄격한 체제의 붕괴로부터 위대한 시대와 인물들이 탄생했다. 그 엄격한 체제는 필요한 훈련과 응집력을 만들어냈으며, 반면 그 체제의 붕괴는 필요한 에너지를 방출해냈다. 붕괴의 첫 단계에 얻어진 찬양할 만한 결과들이 무한정 계속 되리라고 생각하는 것은 잘못이다. 물론 이상적인 것은 행동의 엄격성에 사상의 유연성을 합친 것이다. 그러나 짧은 과도기를 제외하고 이것을 실제로 획득하기란 어렵다. 그리고 낡은 정통이 쇠퇴하고 나면 전투의 필연적인 부산물로 엄격한 신조가 새로이 자라나기 마련인 것 같다. 러시아에는 볼셰비키적 무신론자들이 출현해 레닌의 신성에 의문을 던지면서 자기 자녀를 사랑하는 것은 사악한 일이 아니라고 결론짓게 될 것이다. 중국의 국민당 무신론자들은 손문에 대한 입장을 유보하고 공자에게 말뿐인 경의를 표하게 될 것이다. 나로서는 자유주의가 쇠퇴하면 사람들이 투쟁적 신조에 집착하지 않도록 억제하기가 더욱 힘들어지지 않을까 우려된다. 아마 각종 무신론자들이 비밀 단체를 결성하고 베일이 자신의 사전에 창안해놓은 그 방법들로 되돌아가지 않을 수 없게 될 것이다. 어쨌거나 한 가지 위로가 되는 게 있다면, 견해에 대한 박해가 문체에는 탄복할 만한 영향을 준다는 것이다.

(이 글은 1928년에 쓰어짐)

7

중세의 생활

Life in the Middle Ages

우리의 중세 상(像)은 다른 시대에 비해 유난히 우리 자신의 편견에 맞춰 왜곡돼왔다. 그 영상은 때로 지나치게 어둡기도 했고 지나치게 장미빛이기도 했다. 자기 시대를 조금도 의심하지 않았던 18세기는 중세를 야만의 시대로만 보았다. 그러니 기본(Gibbon)의 눈에는 중세 사람들이 '교양 없는 조상'들로 보였을 법도 하다. 프랑스 혁명에 대한 반동은 불합리에 대한 낭만적인 찬사를 생산해냈는데 거기에는 이성이 단두대로 끌고간 경험이 바탕을 이루고 있었다. 여기에서 상상 속의 '기사의 시대'를 찬양하는 분위기가 생겨났고 월터 스콧 경에 의해 영어 사용 민중들 사이에 널리 퍼졌다. 아마 지금도 평범한 청소년들이라면 중세를 낭만적으로 보는 시각에 사로잡혀 있을 것이다. 갑옷 차림에 창을 든 기사들이 한결같이 예절 바르게 굴거나 혹은 노기에 차서 '어험' 혹은 '맹세코'라고 말하는 시대, 모든 여자들이 아름답고 고통을 겪지만 결국에는 기사에 의해 구원받기 마련인 시대를 상상할 것이다. 이와는 크게 다른 제3의 시각도 있긴 하지만 중세를 찬양한다는 점에서는 두 번째 시각과 비슷하다.

종교 개혁에 대한 증오에서 나온 교회의 견해가 바로 그것이다. 이 관점에서는 경건함(신심), 정통주의, 스콜라 철학, 교회에 의한 기독교 세계의 통일을 강조한다. 그것 또한 낭만적 시각과 유사하게, 이성에 대한 반동에서 나왔다. 그러나 이것은 좀 덜 순박한 반동으로서, 이성의 형식으로 위장한 채, 한때 세계를 지배했고 또다시 지배할지도 모를 거대한 사상 체계에 대고 호소하고 있다.

이러한 모든 관점들에는 나름대로 진실이 담겨 있다. 즉, 중세는 미개했고 기사도 정신이 존중되었으며 경건했다는 것이다. 그러나 우리가 한 시대를 올바로 알기 위해서는 유리하든 불리하든 우리의 시대와 비교해서는 안 된다. 그 시대를 산 사람들에게 비췄던 그대로 보도록 노력해야 하는 것이다. 무엇보다 우리가 명심해야 할 점은 어느 시대 사람이나 대다수가 보통 사람들이었다는 것, 그리고 그들은 역사가들이 들춰내는 거창한 테마들보다는 일용할 빵에 더 관심을 가졌다는 것이다. 샤를마뉴 시대부터 헨리 7세까지의 시대를 다룬 에일린 파워 양의 흥미로운 책『중세 사람들』에는 이러한 평범한 사람들이 묘사되어 있다. 여기에 등장하는 사람들 중에 저명한 인물은 딱 한 사람, 마르코 폴로뿐이다. 나머지 다섯 사람은 정도의 차이는 있으나 한결같이 이름 없는 사람들인데, 우연히 살아남게 된 자료에 근거해 그들의 삶을 재구성해놓았다. 귀족적 놀음인 기사도는 이러한 민주적 연보에 등장하지 않는다. 신심(信心)은 농부들이나 영국 상인들에게서 보이기는 하나 성직자 사회에서는 훨씬 적게 나타난다. 그리고 모든 인물이 18세기가 기대했던 것보다는 훨씬 덜 야만스럽다. 그러나 이 책에는 중세인들이 '야만스럽다'는 견해를 뒷받침하는 한 가지 뚜렷한 사실이 대조적인 예로 실려 있

7 중세의 생활

다. 르네상스 직전의 베네치아 미술과 14세기 중국 미술의 비교가 바로 그것이다. 두 개의 그림이 실려 있는데 하나는 마르코 폴로의 출항 장면을 담은 베네치아 그림이고 또 하나는 14세기에 조맹부가 그린 중국 풍경화이다. 파워 양은 이렇게 말한다. '하나(조맹부의 풍경도)는 고도로 발달된 문화의 작품이고, 다른 하나는 소박하고 유치한 문명의 소산이라는 것이 너무도 뚜렷이 나타난다.' 두 그림을 비교해본다면 어느 누구도 공감하지 않을 수 없는 얘기다.

또 하나 최근의 것으로, 라이든(네덜란드 서부의 도시)의 휘징가 교수가 쓴 『중세의 쇠퇴』란 책이 있다. 14, 15세기 프랑스와 플랑드르의 모습이 매우 흥미롭게 그려져 있는 이 책은 기사도에 대해 응분의 관심을 보이고 있긴 하지만 낭만적 관점이 아니라, 상류 계급이 생활이 견딜 수 없을 만치 지루해진 나머지 무료함을 잊기 위해 고안해낸 정교한 놀이로 다뤄져 있다. 기사도는, 사랑이란 만족시키지 않고 남겨두는 것이 즐겁다고 여길 정도로 기이하리만치 고상한 사랑 관념을 본질로 삼고 있었다. '12세기 프로방스의 서정시인들에 의해, 채울 수 없는 욕망이 시적 사랑 개념의 중심에 놓이게 되면서, 문명의 역사에 중대한 전환이 일어났다. 고상한 시는…… 욕망 자체를 핵심 모티프로 삼기 때문에 부정적 기조를 띤 사랑 관념을 만들어낸다.' 또한,

사랑의 기교(ars amandi)라는 사당에 모셔진 지적 도덕적 관념을 가진 상류 계급이 존재한다는 것은 다소 예외적인 역사적 사실로 남아 있다. 다른 어떤 시대에도 문명의 이상이 이 정도로까지 사랑의 이상과 철저하게 결합된 적은 없었다. 스콜라 철학이 모든 철학적 사고를

하나의 중심으로 통합하려는 중세 철학의 거창한 노력을 대변하듯,
고상한 사랑론은, 그보다 낮은 격조의 영역에서 귀족적 생활에 관계
된 모든 것을 포용하려는 경향이 있다.

중세기의 많은 부분은 로마적 전통과 게르만적 전통 간의 갈등
으로 해석될 수 있다. 한편에는 교회가, 다른 편에는 국가가 있다.
또 신학과 철학이, 그 반대편에는 기사도와 시가 있다. 한편에는 법
률이 있고 다른 한편에는 쾌락과 열정, 온갖 무질서, 고집불통들의
충동이 있는 것이다. 중세의 로마적 전통은 전성기 로마의 전통이
아니라, 콘스탄티누스 대제와 유스티니아누스 대제 시절의 전통이
었다. 그렇지만 거기에는 동요하는 국가들에 필요한 어떤 것이 담겨
있었다. 그것이 없었더라면 이 중세, 암흑의 시대에서 문화가 재등
장할 수 없었을 것이다. 사람들은 사나웠으므로 냉혹한 방법에 의해
서만 휘어잡을 수 있었고, 너무 잦아 오히려 효과가 없어질 정도로
공포 정치가 자주 이용되었다. 휘징가 박사는 중세 말기 예술의 인
기 주제였던 '죽음의 무도' (해골들이 산 사람들과 춤을 춘다는 내용)를
설명한 후 계속해서, 비용(Villon)의 동시대인들이 재미삼아 산책하
곤 했다는 파리의 '결백한 자들' 교회묘지에 대해 이야기하고 있다.

뜰을 삼면으로 에워싼 회랑을 따라 납골당마다 수북이 쌓여 있는 두
개골과 뼈들이 무수한 사람들의 눈에 그대로 노출되어 있어 마치 만
인에게 평등의 교훈을 설교하는 듯 했다.…… 회랑 밑에는 형상과 시
로 이루어진 죽음의 무도가 전시되고 있었다. 교황과 황제와 수도승
과 바보들을 끌고 가며 씩 웃고 있는 원숭이 같이 생긴 죽음의 괴물에

7 중세의 생활

겐 여기보다 더 적절한 곳은 없었다. 이곳에 묻히고 싶어 한 베리 공(公)은 세 명의 사자와 세 명의 산 자에 관한 역사를 이 교회당 입구에 새겨 넣게 했다. 1세기가 지난 후, 장의의 상징인 이 전시물은 거대한 '죽음'의 조각상으로 완결되어졌는데 현재 루브르 박물관으로 옮겨져 있는 이 조각상이 그 유일한 유물이다. 이처럼 15세기 파리 시민들이 자주 찾았던 곳은 그들이 1789년에 자주 찾던 왕궁과는 음산한 대조를 이루는 곳이었다. 매일같이 수많은 사람들이 이 회랑 밑을 거닐며 조각도 보고 짧은 시구도 읽으면서 자신들에게 다가올 종말을 그려보곤 했다. 매장과 발굴이 이어지는 중에도 이곳은 대중의 휴게소이자 만남의 장소 구실을 했다. 납골당 앞에는 가게들이 생기고 회랑 밑으로 창녀들이 배회했다. 교회당 한쪽 켠에는 한 여자 은둔자가 유폐되어 있었다. 수사들이 와서 설교할 때면 행렬이 거기까지 이어졌다.…… 심지어 거기에서 연회가 벌어지기도 했다. 이 공포스런 곳은 그 정도로 친숙한 장소가 되어버렸던 것이다.

'죽음의 무도'를 즐긴 데서도 짐작할 수 있듯 잔인함은 일반 대중에게 가장 인기 있는 즐거움의 하나였다. 몽스 시(현재 벨기에 서남부의 도시)는 돈을 주고 도적을 사오기도 했는데 이는 오로지 도적이 고문당하는 것을 구경하기 위함이었고 '그 광경을 보는 사람들은 죽은 자들 가운데에 새로운 성체가 일어난 것보다 더 즐거워했다.' 1488년 브루제(현재 벨기에 서북부의 도시)에서는 사람들을 즐겁게 해주기 위해 반역 혐의로 체포된 몇 명의 치안관들을 몇 번이나 반복해 고문하기도 했다. 그들은 죽여 달라고 애걸하였으나 '그들이 고통 받는 것을 보며 즐거워하는 사람들을 위해' 그 부탁은 거절당했다고 휘징가 박사는 말한다.

결국 18세기의 관점에선 뭔가 할말이 있을 것이다.

중세 후기 예술에 관해 휘징가 박사는 아주 흥미로운 몇 개의 장을 할애했다. 건축과 조각도 봉건적 위풍을 보여주는 장엄함을 선호하는 경향에서 탈피해 화려한 풍으로 흐르게 되었으나 정교함에 있어서는 회화를 따라갈 수 없었다. 한 번은 부르고뉴(프랑스 동남부 지방) 대공이 슬루터를 고용하여 샹몰에다 정교한 예수 수난도를 그리게 했는데 부르고뉴 공국과 플랑드르 공화국의 가문을 십자가 양쪽에 그려 넣게 했다. 더욱 놀라운 것은, 그림 속의 한 인물인 예레미아의 코에다 안경(!)을 그려 넣었다는 것이다. 휘징가 박사는 무식한 후원자의 비위를 맞춰야 했던 이 대화가에 대해 동정적으로 쓰기는 했지만 뒤에 가서는 태도를 바꾸어 '슬루터 자신도 예레미아의 안경을 아주 멋진 발상으로 여겼던' 것 같다고 적고 있다. 파워 양도 이에 못지않게 놀라운 사실을 언급하고 있다. 13세기에, 빅토리아조 풍 우아함에서 테니슨을 뺨치는 이탈리아판 바우들러(1754~1825년, 영국의 편집자로서 셰익스피어의 작품에서 도덕상 부적당하다고 생각되는 대목들을 삭제하고 출판한 사람)가 등장해, 아더 왕의 전설에 관한 책에서 란셀롯과 귀니비어의 사랑 대목을 모조리 빼버리고 출간한 일이 있다는 것이다. 역사는 기이한 일들로 가득 차 있다. 이를테면 16세기 모스크바에서 일본인 예수회 교도가 순교했다는 따위의 일 말이다. 나는 웬 해박한 사가가 나와 『나를 놀라게 한 사실들』이란 책을 하나 써주었으면 한다. 그 책에는 안경 쓴 예레미아나 이탈리아판 바우들러도 분명 한 자리 차지하고 있을 것이다.

(이 글은 1925년에 쓰어짐)

8

토마스 페인의 운명

The Fate of Thoms Paine

토마스 페인은 두 번의 혁명을 통해 이름을 떨쳤고 세 번째 혁명을 기도하다 교수형을 당할 뻔한 인물인데도 불구하고 우리 시대에 와서는 그 존재가 다소 희미해져버렸다. 우리의 증조부들이 본 그는 자기의 신과 국왕 모두를 반역한 파괴적 이단자로서 지상에 내려온 악마에 가까웠다. 그는, 여러 가지 면에서 결속하기 힘든 세 사람으로부터 지독한 적개심을 샀는데 피트, 로베스피에르, 워싱턴이 바로 그들이었다. 이 중에 처음 두 사람은 그의 목숨을 노렸고 마지막 한 사람은 그의 목숨을 구하려는 조치에서 조심스레 발을 뺐다. 피트와 워싱턴은 그가 민주주의자란 이유로 미워했고, 로베스피에르는 그가 (프랑스) 국왕의 처형과 (자코뱅 당의) 공포 정치에 반대한다는 이유로 미워했다. 야당으로부터는 늘 존경받고 집권당에게는 미움을 받은 것이 그의 운명이었다. 워싱턴은 영국과 싸우고 있던 시절 페인에게 최고의 찬사를 표했으며, 프랑스 국민도 자코뱅 당이 집권하기 전까지는 그에게 존경을 퍼부었다. 심지어 영국에서도 그는 휘그 당의 가장 저명한 정치인과 친교를 맺고 성명서 작성을 돕기도 했다. 다른 사람들처럼 그에게도 결점은 있었다. 그러나 그가 미움을 받고 중상 받았던 것은 그의 미덕들 때문이었다.

페인의 역사적 중요성은 민주주의의 전도를 민주적으로 만들었다는 데 있다. 18세기의 민주주의자들은 영국과 프랑스의 귀족층, 이른바 '필로조프(Philosophes, 18세기 프랑스의 저명한 지식인들)'와 영국 비국교 목사들 가운데서 나왔다. 그러나 그들은 자신들의 정치적 사유를 한결같이 식자층에 호소하는 형태로만 제시했다. 페인은 새로울 것이 전혀 없는 이론을 내세웠으나 글 쓰는 방식이 혁신적이었다. 그는 소박하고 직선적이며 배우지 못한 티가 나는 필치로, 똑똑한 노동자라면 누구나 이해할 수 있는 그런 글을 썼다. 바로 이 점이 그를 위험 인물로 만든 데다가 그가 자신의 다른 죄들에다 종교적 이설(異說)까지 첨가하자 특권 수호자들은 그에게 오명을 달아줄 호기라고 보았다.

그의 인생에서 첫 36년 동안에는 그 후의 활동에서 발휘된 재능의 흔적이 드러나지 않았다. 1739년 세트포드에서 퀘이커 교도인 양친 사이에서 태어난 그는 13세가 될 때까지 지역 문법학교에서 교육을 받다가 코르셋 제조공이 되었다. 그러나 조용한 생활은 그의 취향이 아니었던지 17세 때, 선장 이름이 '죽음(Death)'이고 배 이름이 '테러블(The Terrible)'인 사략선(私掠船: 전시에 적국 선박의 공격, 포획에 대한 허가를 정부로부터 인가받은 민간 무장선)에 선원으로 등록하려 했으나 양친이 그를 다시 데려와버렸다. 그 직후 작전에 나선 테러블호 선원 200명 가운데 175명이 사망한 것으로 볼 때 그는 부모 덕에 목숨을 구한 셈이었다. 그러나 그로부터 얼마 후 7년 전쟁이 시작되자 그는 또 다른 사략선을 타는 데 성공하는

8 토마스 페인의 운명

데, 그의 짧은 해상 모험에 관하여는 알려진 바가 전혀 없다. 1758년 그는 런던에 있는 코르셋 공장에 고용되었고 이듬해 결혼하였으나 몇 개월 후 아내가 사망했다. 1763년에는 세금 징수원이 되었으나 2년 후 해고되고 말았다. 현장 시찰을 하는 체하면서 실제로는 집에서 공부를 했기 때문이었다. 극심한 가난에 시달리게 된 그는 주급 10실링의 교원 생활도 하고 국교회 목사가 되어 보려고도 했다. 그러던 중 루이스 시의 세금 징수원으로 다시 복직하게 되면서 이러한 임시방편적 생활에서 겨우 빠져나온 그는 퀘이커 교도와 재혼도 한다. 그러나 1774년에 이 부인과 형식적으로 헤어지게 되는데 그 이유는 알려지지 않았다. 같은 해, 그는 다시 직장을 잃게 되는데 아마도 세금 징수원들의 봉급 인상 운동을 주도한 때문이었던 것 같다. 가진 것을 모두 처분하여 겨우 빚을 갚고 아내에게 약간의 돈을 남겨줄 수는 있었으나 페인 자신은 다시 궁핍한 생활로 되돌아갔다.

    런던에서 세금 징수원 집단의 진정서를 의회에 제출하려던 당시 그는 벤저민 프랭클린을 알게 되었고 그는 페인을 잘 봐주었다. 그 인연으로, 그를 '머리가 좋고 훌륭한 청년'이라고 묘사한 프랭클린의 추천장을 들고 1774년 10월 미국으로 가는 배에 오르게 된다. 필라델피아에 도착한 그는 곧 문필가의 기량을 발휘하기 시작했고 얼마 안 있어 모 신문의 주필이 되었다. 1775년 3월에 그가 처음 발표한 기사는 노예제와 노예 매매를 통렬히 비판하는 내용이었는데 이 부분에 대해 자신의 미국인 친구들이 뭐라고 하든 언제나 강경한 반대 입장을 지켰다. 독립 선언문을 쓰던 제퍼슨이 당초 이 문제에 관한 대목을 초안에 넣었던 것도 주로 그의 영향 때문이었던 것으로 보인다. 그러나 그 대목은 나중에 삭제되어버렸다.

1775년 당시 펜실베니아 주에는 여전히 노예 제도가 존속했으나 1780년에 발표한 법령에 의해 폐지되기에 이른다. 이때 페인이 그 법령의 전문(前文)을 쓴 것으로 알려졌다.

페인이 미합중국의 완전한 자유를 주창한 최초의 인물은 아니라 할지라도 선창자의 한 사람인 것은 분명하다. 독립 선언문에 연서(連署)한 인사들조차도 영국 정부와의 화해를 바라고 있던 1775년 10월 당시 그는 이렇게 썼다.

전능하신 신이 미국을 영국에서 분리시켜 주실 것임을 나는 단 한순간도 의심하지 않는다. 그것을 독립이라 부르든 다른 무엇이라 하든, 신과 인류의 명분인 한 그것은 계속될 것이다. 또한 신이 우리에게 축복을 내리사 오직 당신에게만 기대는 백성으로 만들어주셨을 때, 우리는 가장 먼저 감사의 표시로 인신매매를 위해 흑인을 수입하는 행위를 중단시키고 이미 이 땅에 와 있는 자들의 가혹한 운명의 짐을 덜어주며 머지않아 그들의 자유를 보장해줄 대륙 입법 법령을 제정해야 할 것이다.

페인이 미국의 명분으로 내세운 것은 군주 제도, 귀족 제도, 노예 제도를 비롯한 모든 종류의 폭압으로부터의 자유—바로 자유 그 자체였던 것이다. 독립 전쟁이 이어지던 가장 어려운 시절, 그는 낮에는 독립운동을 하고 밤에는 '상식'이란 제명으로 발간된 선동적인 선언문을 작성하곤 했다. 이러한 활동은 큰 성공을 거두어 전쟁에서 승리하는 데 실질적인 도움을 주었다. 영국군이 메인 주의 팔모스와 버지니아 주 노퍽 일대 시가지들을 불태워버리고 난 후, 워싱턴은 친구에게 이런 편지를 썼다(1776년 1월 31일자).

8 토마스 페인의 운명

『상식』이란 소책자에 담긴 탄탄한 신조와 빈틈없는 이론에다. 팔모스와 노퍽에서 보여진 바와 같은 불꽃 튀는 주장이 몇 차례 더 보태진다면 수많은 대중이 하등의 망설임 없이 분리가 정당하다는 쪽으로 기울어질 것이오.

이 저서는 시사적인 성격을 띠고 있어 오늘날에는 역사적 가치밖에 없긴 하지만 지금 보아도 의미 있는 구절들이 많다. 페인은 이 전쟁이 영국 왕을 상대로 한 싸움일 뿐 아니라 영국 의회와의 싸움이기도 하다고 지적한 후, '어떠한 인간 집단도 영국 하원만큼 자기네 특권을 지키려 애쓰는 집단은 없다. 왜냐하면 그들은 그러한 특권을 팔아먹기 때문이다'고 말한다. 그 당시에 이러한 조롱의 정당성을 거부하기란 힘들었다.

공화주의적 입장에서 열변을 토하면서 군주 제도가 내란을 막아준다는 논리를 당당하게 논박하는 대목도 있다. 영국의 역사를 약설하고 난 그는 이렇게 말한다. '군주제와 세습제는······ 세상을 피와 재로 물들였다. 그것은 신의 말씀에 반하며 따라서 피를 수반하지 않을 수 없는 통치 형태이다.' 1776년 12월, 전황이 불리해졌을 무렵 페인은 『위기』란 소책자를 발간하는데 그 서두는 이러했다.

지금 시기는 인간의 정신을 시험하는 때이다. 이러한 위기 상황에서는 의기충천한 군인도, 빛나는 애국자도 조국에 봉사하는 길에서 물러서기 마련이다. 그러나 오늘 이 길을 지키는 자야말로 세상 남녀들로부터 사랑과 감사를 받을 자격이 있다.

이 글은 군인들에게 읽혀졌으며 워싱턴도 페인에게 '당신의 저서들의 중요성을 생생하게 느꼈다'고 전했다. 다른 어느 문필가의 글도 미국에서 그처럼 널리 읽힌 적은 없었으므로 마음만 먹었다면 그도 펜으로써 거액의 재산을 모을 수도 있었을 것이다. 그러나 그는 글 쓴 대가로 돈을 받는 것을 늘 거절했다. 독립 전쟁이 끝날 무렵 그는 미국에서 널리 존경받는 인물이 되어 있었으나 가난은 여전하였다. 마침내 어느 한 주의 의회에서 그에게 얼마의 돈을 주기로 결정하였으며 또 다른 주에서도 부동산을 하사했다. 이제 그는 어느 모로 보나 안락한 여생을 보내면서 성공한 혁명가에게 주어지기 마련인 존경 속에 안주하게 될 것으로 보였다. 그러나 그는 정치에서 기술 사업으로 관심을 돌려, 과거에 상상했던 어느 것보다 폭이 넓은 철교가 가능하다는 것을 설명해보였다. 철교 문제로 영국으로 건너가게 된 그는 포틀랜드 공 버크와 기타 휘그 당의 저명 인사들로부터 우호적인 대접을 받았다. 자신이 구상한 철교의 대형 모형을 페딩턴에 가설하여 저명한 기술자들로부터 칭찬을 받기도 했다. 이제 그는 발명가로서 여생을 보낼 것처럼 보였다.

　그러나 영국뿐 아니라 프랑스도 철교에 관심이 있었다. 1788년에 파리를 방문한 그는 라파예트와 이 문제를 논의하고 과학 학사원에 설계도를 제출했는데 얼마 후 호의적인 전갈이 왔다. 바스티유 감옥이 무너지자 라파예트는 이 감옥의 열쇠를 워싱턴에게 증정하기로 하고 페인에게 대서양을 건너 열쇠를 전달해주도록 맡겼다. 그러나 페인은 철교 문제로 계속 유럽에 머물렀다. 그리고 워싱턴에게 장문의 편지를 써서 '전제 정치와의 초반 싸움에서 빼앗은 전리품인 동시에 유럽에 이식된 미국적 원칙들이 낳은 최초의 결실'인 이 열쇠를 자기 대신 전달해줄 사람을 찾아보겠노라고 알렸다. 계속해서 그는 이렇게 적고 있다. '나는 프랑스 혁명이 마침내 완벽하게 성공하리라는 것을 추호도 의심해본 적이 없다.', '110피트 폭에, 아치 줄에서 5피트 높이의 (단일 아치) 다리를 제작했다.'

이처럼 한동안은 철교와 프랑스 혁명이 그의 머리 속에 나란히 자리잡고 있었으나 점차 혁명 쪽으로 기울어지고 있었다. 그는 영국에서 혁명 동조 운동을 일으킬 생각으로 『인간의 권리』를 썼으며 이 책으로 그는 민권론자로서의 명성을 얻게 된다.

이 저서는 반자코뱅파가 권력을 잡았던 반동기에는 극렬한 파괴주의로 여겨졌던 책이지만 오늘날의 독자들에겐 그 온건함과 상식이 오히려 놀라울 것이다. 주로 버크에 대한 답장 형식을 취하면서 당시 프랑스에서 일어난 사건들을 매우 장황하게 다루고 있다. 제1부는 1791년에, 제2부는 1792년 2월에 출간되었기 때문에 아직 프랑스 혁명에 대해 해명할 필요는 없었다. 천부적 권리에 대해선 별로 열변을 토하지 않았지만 영국 정부에 관해선 온당한 판단이 많이 들어 있다. 버크는 1688년의 명예혁명이 영국민으로 하여금 왕위 계승령이 정한 주권자들에게 영원히 복종하도록 묶어놓았다고 주장해왔다. 이에 대해 페인은 후손을 묶어놓는다는 것은 있을 수 없으며 헌법은 때에 따라 개정할 수 있어야 한다고 주장한다.

통치는 '어떠한 것이든 세 가지 중 하나로 이해될 수 있다. 첫째는 미신이요, 둘째는 권력이며 셋째는 사회의 공동 이익과 인간의 공동 권리이다. 첫 번째 것은 사제 집단에 의한 통치이며 두 번째는 정복자들에 의한 통치, 세 번째는 이성에 의한 통치이다.' 이 가운데 앞의 두 경우는 하나로 융화되어 있었다. '성 베드로 사원과 대장성(영국의 재무성)은 서로의 열쇠를 함께 쓰게끔 되었으며 영문도 모른 채 속아 넘어간 대중은 이 발상을 숭배했다.' 그러나 이것은 희귀한 소견이다. 이 저서의 전반부는 1789년에서 1791년 말에 이르는 프랑스 역사이고, 후반부는 영구 헌법과 1791년에 선포된 프랑스 헌법을 비교하는 내용으로 구성되어 있는데 그가 후자를 두둔했음은 물론이다. 1791년의 프랑스는 여전히 군주국이었다는 것을 명심해야 한다. 페인은 공화주의자였으며 그 점을 숨기려 하지도 않았으나 『인간의 권리』에서는 이 점을 크게 강조하진 않았다.

페인은 몇 개의 짧은 구절을 제외하고는 상식에 호소했다. 나중에 코베트가 그랬듯 그도 피트의 재정정책을 공격했는데 그것은 재무성 대신들에게 호소력을 발휘했어야 할 근거들에 입각해 있었다. 여기서 그는 소액의 멸채(滅債)기금연합이 막대한 부채를 지고 있는 상황을 토끼를 잡으려는 사람에게 의족을 붙여놓은 꼴이라고 묘사한다. 즉, 사람과 토끼가 오래 뛰면 뛸수록 둘 사이는 점점 더 멀어진다는 것이다. 또한, '옹기장이의 지폐 밭'이라는 매우 코베트적인 표현도 쓰고 있다. 사실 코베트가 과거에 품었던 적의를 존경으로 바꾸어놓은 것은 재정에 관한 그의 글들이었다. 그는 세습 제도를 반대함으로써 버크와 피트를 아연실색케 했으나 오늘날 그것은 무솔리니나 히틀러까지도 예외일 수 없는 모든 정치인들의 공통된 입장이 되었다. 그의 문체 역시 조금도 과격하지 않다. 명쾌하고 직선적이지만 욕설 사용에 있어서는 그의 반대자들만큼 과하지 않다.

그럼에도 불구하고 피트는 페인을 기소하고 『인간의 권리』를 발매 금지시킴으로써 공포 정치를 개시하기로 했다. 그의 조카딸인 헤스터 스탠호프 여사의 말을 빌리자면 그는 늘 토마스 페인이 지

8 토마스 페인의 운명

당하다고 하면서도 '어쩌겠는가? 아시다시피, 토마스 페인의 견해를 부추기게 되면 우리는 혁명을 감수하지 않을 수 없는 것을……' 하고 말하곤 했다. 페인은 도전적이고 선동적인 연설로써 기소에 응수했다. 그러나 9월의 학살이 시작되고 있었고 영국 토리 당은 한층 더 사나운 태도로 나오고 있었다. 페인보다는 세상 지혜에 좀 더 밝았던 시인 블레이크가 페인에게 영국에 계속 머물면 교수형을 받게 될 것이라고 설득했다. 그리하여 페인은 그를 체포하러 온 자들을 런던에서는 불과 몇 시간 차로, 도버에서는 이십 분 차로 따돌리고 프랑스로 달아날 수 있었다. 도버를 통과하게 되었을 때 마침 근간에 워싱턴에게서 온 우정어린 편지를 소지하고 있었던 덕에 당국으로부터 통과 허가를 받을 수 있었던 것이다.

당시 영국과 프랑스는 아직 전쟁에 돌입하진 않았으나 도버와 칼레는 완전히 딴 세계였다. 과거 페인은 명예 프랑스 시민으로 뽑혔고 세 개 선거구에서 당선되어 국민의회로 되돌아간 적이 있었는데 이번에 그를 따뜻이 맞아준 칼레 시도 그 선거구의 하나였다. '정기선이 입항하자 예포가 울리고 환호성이 해안을 뒤흔들었다. 칼레 시 대의원이 프랑스 땅을 밟자 양쪽으로 군인들이 늘어서 있고 장교들이 그를 얼싸안았으며 국가 휘장이 증정되었다.' 이런 식으로 페인은 줄지어 선 프랑스의 아름다운 숙녀들과 시장들, 기타 많은 인파 속으로 지나간 것이다.

파리에 도착하자 그는 신중을 기하기는커녕 더욱 공공 정신을 가지고 행동하였다. 학살이 계속되는 데도 불구하고 그는 미국에서 이뤄낸 바와 같은 질서 있고 온건한 혁명을 기대했던 것이다. 그는 지롱드 당원들과 사귀면서도 라파예트(당시 실각해 있는 상태였다)에 대해 나쁘게 생각하지 않았으며 미국 독립에 힘이 되어준 루이 16세에게 미국인으로서 감사의 뜻을 계속 표명했다. 루이 16세의 처형을 최후의 순간까지 반대한 그는 자코뱅 당으로부터 적의를 사게 되었다. 먼저 국민의회에서 쫓겨났고 이어 외국인 신분으로 수감되었다. 이렇게 해서 그는 로베스피에르의 집권기와 그 후 몇 달을 더 감옥에서 지내야 했다. 이 부분에 있어 프랑스인들의 책임은 사실 일부에 지나지 않으며 당시 미국 측 공사였던 구베뉘르 모리스에게도 그만큼의 책임이 있었다고 보아야 한다. 미 연방당 당원이었던 그는 영국과 한 편이 되어 프랑스를 적대시했다. 게다가 독립전쟁 중에 친구의 부정 행위를 들춰냈다는 이유로 페인에 대해 해묵은 사적 감정까지 가지고 있었다. 그는 페인이 미국인이 아니므로 아무 조치도 취해줄 수 없다는 태도를 취했다. 워싱턴은 비밀리에 영국과 제이(Jay) 조약을 협상하고 있던 때였으므로 페인의 그런 처지가 그다지 아쉬울 게 없었다. 수감된 상황에서는 미국 내의 반동적 여론을 프랑스 정부에 전달해주지 못할 것이기 때문이었다. 페인은 단두대에 올려질 운명은 우연히 모면했으나 하마터면 병사할 뻔 했다. 마침내 모리스가 물러나고 그 후임으로 온 몬로('몬로주의'를 제창하게 된다)는 즉각 페인의 석방을 알선하고 자기 집으로 데려가 18개월에 걸쳐 간호와 친절을 베풀어 그를 회복시켜놓았다.

    페인은 모리스가 자신의 불행에 얼마나 지대한 역할을 했는지는 알지 못했으나 워싱턴에 대해서는 결코 용서하지 않았다. 워싱턴 사후에 그의 동상이 건립될 것이라는 얘기를 들은 페인은 다음과 같은 시구를 조각가 앞으로 보냈다.

8 토마스 페인의 운명

광산에서 제일 차고도 야문 돌을 캐어 보라.
뜯어볼 것도 없이 그가 바로 워싱턴이니.
그러나 정으로 쪼려거든 사정없이 내려칠지어다.
그리고 그의 심장에 새기라.— 배은망덕한 인간이라고.

이것은 공개되지 않았으나 그가 워싱턴에게 보낸 신랄한 장문의 편지가 1796년에 공개되었는데 그 마지막 부분은 다음과 같다.

그리고 귀하에 대해 말씀드리자면 개인적인 우정에 있어서는 배신을 범하였고(귀하는 본인에 대해 그러하였고 그것도 위험한 시기에 그랬으니까) 공적인 생활에서는 위선적이었으니, 귀하가 변절자인지 협잡배인지, 다시 말해, 귀하가 훌륭한 원칙들을 포기했는지 혹은 그런 원칙을 가진 적이나 있는지, 세상이 판단하기 어려울 정도인 것입니다.

이것은 워싱턴을 위풍당당하고 전설적인 인물로만 알고 있는 사람들에게는 심한 얘기로 들릴지 모르겠다. 1796년은 대통령직을 두고 제퍼슨과 애덤즈가 처음으로 맞붙은 해였으며 이때 워싱턴은 후자를 지지하는 쪽으로 총력을 기울였던 것이다. 애덤즈가 군주제와 귀족주의를 신봉하는 인물이었음에도 불구하고 말이다. 뿐만 아니라 워싱턴은 프랑스를 적대시하고 영국의 편을 들면서 바로 자신에게 영달을 가져다준 저 공화주의 및 민주주의적 원칙들의 확산을 막기 위해 전력을 기울였다. 개인적으로도 대단히 심각한 불평을 야기하게 된 그의 이러한 공적 태도는 페인의 말이 전혀 정당성이 없지도 않았음을 보여준다.

만일 페인이 일신이 자유롭던 마지막 시절에 자신과 제퍼슨이 워싱턴, 애덤즈와 나누었던 종교적 의견들을 경솔하게 문자로 표현하지 않았던들 워싱턴은 옥중에서 쇠잔해가는 그를 쉽게 방치하지 않았을 것이다. 워싱턴과 애덤즈는 비정통적인 소신에 대한 일체의 공적 표명을 조심스럽게 피했기 때문이다. 투옥을 예견한 페인은 『이성의 시대』를 저술하기 시작하여 체포되기 6시간 전에 제1부를 끝냈다. 이 책은 당대인들을 놀라게 했는데 그의 정치 이론에 동조하는 많은 사람들에게까지도 충격을 주었다. 악취미가 엿보이는 몇 대목만 빼면 오늘날의 성직자들이 봐도 반대할 곳이 별로 없다. 제1장에서 그는 이렇게 말한다.

나는 한 분의 신을 믿으며 그 외에는 없다. 그리고 나는 이 세상 너머에서의 행복을 바란다. …… 나는 인간의 평등을 믿는다. 그리고 정의를 행하고, 자비를 사랑하고, 우리와 같은 인간들을 행복하게 해주려고 노력하는 것이 종교의 의무라고 믿는다.

이것은 공허한 말이 아니었다. 최초로 공적인 일에 투신한 그 순간—1775년 노예 제도에 반대한 항의—부터 세상을 떠난 그날까지 그는 자기 당에 의한 것이든 반대당에 의한 것이든 모든 형태의 잔인함을 줄기차게 반대하였던 것이다. 당시의 영국 정부는 의회를 빈민 계층의 생활수준을 낮추기 위한 수단으로 이용하면서 무도한 소수 독재정치를 일삼고 있었다. 페인은 이러한 사회악을 제거하는 유일한 수단으로 정치 개혁을 주창하였으므로 목숨을 보전하기 위해 망명하지 않을 수 없었다. 프랑스에서는 불필요한 유혈에 반대하다가 투옥되어 가까스로 죽음을 면했다. 미국에서는 노예 제도에 반대하고 독립 선언문의 원칙들을 고집하다가 정부로부터 버림을 받았다. 그가 가장 정부의 도움을 필요로 했던 시기에 말이다. 그가 주장했듯 그리고 오늘날의 많은 이들이 믿고 있듯, '정의를 행하고 자비를 사랑하며 같은 인간들을 행복하게 해주려고 노력하는 것' 이 진정한 종교라고 한다면 그의 반대자 가운데 종교인으로 평가받을 만한 자격이 있는 사람은 하나도 없었다.

『이성의 시대』의 많은 부분은 도덕적 견지에서 구약 성서를 비판하는 내용으로 되어 있다. 구약 성서의 모세 5경과 「여호수아의 서」에는 남녀와 아이들을 대량 학살하는 장면들이 기록되어 있는데 오늘날 이것을 두고 정의의 표본이라고 생각할 사람은 별로 없을 것이다. 그러나 페인의 시대는, 구약성서에서 인정하는 이스라엘 백성을 비판하는 것은 불경으로 간주되던 시대였다. 신심 깊은 수많은 성직자들이 그에게 응답의 글을 썼다. 그중에서도 가장 자유로운 성향을 지녔던 이는 랜다프 주교로서 그는, 구약의 모세 5경 중 일부는 모세의 글이 아니며 「시편」의 일부도 다윗이 지은 것이 아니라고까지 말했다. 이러한 양보로 말미암아 주교는 조지 3세의 미움을 사게 되고 고위직으로 승품될 기회를 모두 놓쳐버렸다. 페인에 대한 이 주교의 응답 중에는 기이한 대목도 있다. 예를 들어 『이성의 시대』에서, 과연 하나님이 미디안 백성의 모든 남자와 유부녀는 참살하되 처녀는 남겨놓으라고 명하였을까 과감히 의구심을 제기한 데 대해 주교는, 처녀들을 남겨두라 한 것은 페인이 사악한 의도로 암시하는 바와 같은 비도덕적 목적이 있어서가 아니라 노예로 삼기 위해 그렇게 한 것이니 윤리적으로 아무 흠잡을 게 없다고 분연히 반박했다. 우리 시대의 정통주의자들은 140년 전의 정통주의가 과연 어떠했던가를 망각해버렸다. 또한, 박해를 무릅쓰고 교리의 독단성을 완화시킴으로써 그 득을 우리 시대에 물려준 이들이 바로 페인과 같은 사람들이었다는 점에 대해선 더 까맣게 잊어버렸다. 퀘이커 교도들마저도 자기네 묘지에 묻어달라는 페인의 요구를 거절하였다. 비록, 그의 시신을 따라 무덤까지 가준 몇 안 되는 사람들 중에 퀘이커 교도인 한 농부도 끼어 있긴 했지만 말이다.

『이성의 시대』 이후로 페인의 저서는 중요성을 잃게 되었다. 그는 오랜 기간 중병을 앓았으며 회복되었을 때는 이미 집정 내각과 제1통령의 천하가 된 프랑스에서는 그가 설 땅이 없었다. 나폴레옹은 그를 박대하지는 않았으나, 영국에서 민주화 반란의 촉발자 역할 정도나 할까 달리 써먹을 데가 없다고 보았다. 지난 날 미국에서의 성공과 인기를 돌이켜보면서 그는 미국에 향수를 느끼게 되었고 합중국 당원들에 맞서고 있는 제퍼슨주의자들을 돕고 싶어했다. 그러나 영국 측에 체포되면 틀림없는 교수형 감이었으므로 이를 우려하여 아미앵 조약이 체결될 때까지 계속 프랑스에 남아 있었다. 마침내 1802년 10월, 볼티모어에 상륙한 그는 즉시 제퍼슨(당시에는 대통령이 되어 있었다)에게 편지를 썼다.

본인은 60일의 항해 끝에 토요일에, 아브르에서 이곳에 도착하였습니다. 모형과 차륜 등등을 몇 상자 가지고 왔으니 하적하여 조지타운 행 선박에 싣는 대로 곧 귀하에게 경의를 표하러 출발할 것입니다. 귀하의 은혜를 많이 입은 시민으로부터.

토마스 페인

8 토마스 페인의 운명

그는 모든 옛 친구들이—합중국 당원 친구들에겐 기대도 하지 않았지만—자신을 환영해줄 것임을 의심치 않았다. 그러나 거기에는 한 가지 난점이 있었다. 대선 당시 제퍼슨은 고전해야 했는데 그때 선거전에서 그에게 가장 치명적으로 작용한 것은 믿음이 없는 사람이란 비난—모든 교파의 목사들이 마구잡이로 비난했다—이었다. 그의 적들은 그와 페인과의 친교를 과장하면서 두 사람을 싸잡아 '양(兩) 톰'이라 불렀다. 동포들의 편협함에 크게 충격받은 제퍼슨은 그 후로도 그 충격을 떨쳐내지 못 하고, 20년 후 어느 유니테리언 교회 목사가 자신의 서한을 출판하려 하자 이렇게 대답했다. '안되오, 목사, 천만의 말씀이오! 내가 이성으로 아타나시우스(성 아타나시우스: 동방 교회 교부) 신자를 설득하느니 차라리 베들렘(런던의 정신 병원)의 미친 사람들 머리에서 건전한 이해력을 구하겠소.…… 그러니, 캘빈이든 그의 희생자 서비터스든, 날 그들의 화형불에서 멀리 있게 해주시오.' 서비터스와 같은 운명이 위협해왔을 때 제퍼슨과 그의 정치 동료들이 페인과의 깊은 교류를 피하려 한 것도 무리는 아니었다. 페인은 정중한 대우를 받았으므로 불만을 품을 이유는 없었으나 과거의 그 편안했던 우정은 사멸하고 없었다.

다른 관계들에선 더 나빴다. 최초의 미국인 친구 중 한 사람이었던 필라델피아의 루시 박사는 그와 전혀 관계를 맺지 않으려 하였다. 이 박사는 『이성의 시대』에 나타난 그의 주장들은 불쾌하기 짝이 없어서 나로선 그와 교제를 재개하고 싶지 않았다'고 쓴 바 있다. 이웃과의 관계에서도 페인은 습격을 당하거나 마차 승차를 박탈당했다. 부도덕하고 무절제하다는 허위 비난에 시달리며 고독과 빈곤 속에 말년을 보내던 그는 1809년에 사망했다. 임종의 순간 목사 두 사람이 그의 방에 쳐들어와 그를 회개시키려 하였으나 그는 '날 혼자 두시오. 좋은 아침이야!' 라고 했을 뿐이다. 그럼에도 불구하고 정통주의자들은 페인이 죽음에 임하여 회개했다는 신화를 꾸며냈고 이것이 널리 믿어지기도 했다.

사후에 그는 미국보다 영국에서 더 높이 평가되었다. 그의 저서를 출판하는 것은 당연히 불법이었고 이를 위반한 죄로 수많은 사람들이 구속되는 가운데서도 책들이 거듭 간행되었다. 이 죄목으로 기소된 최후의 사례는 1819년 리차드 카알라일 부부 건이었다. 카알라일은 3년 징역에 1천 5백 파운드의 벌금형을 받았고 그의 아내는 1년 징역에 5백 파운드의 벌금형을 받았다. 코베트가 페인의 유해를 영국으로 가져와 영국의 민주주의를 위해 투쟁한 영웅의 한 사람으로 그의 명성을 살려낸 것도 바로 그 해였다. 그러나 코베트도 그의 유해에 영원한 안식처를 주진 못했다. '코베트가 구상했던 기념비는 끝내 세워지지 못했다'고 몽큐어 콘웨이(토마스 페인 전기를 쓰고 페인의 저작들 출간했다. 실로 그의 끈기 있는 헌신과 면밀한 연구가 낳은 업적이다)는 말한다. 기념비 문제를 두고 의회와 시 당국 간에 격론이 일었던 것이다. 불톤 시의 한 고지원(편집자주: 마을에서 포고나 새 규칙 따위를 알리며 다니는 사람)은 유해가 도착했음을 알린 죄로 9주간 구금되기도 했다. 1836년, 페인의 유해는 코베트의 재산과 함께 한 인수자(웨스트)의 수중에 들어가게 되었다. 그러나 당국에서 이것을 자산으로 인정해주지 않은 탓에 한 늙은 잡역부가 보관하다가 1843년에 런던 시 베드포드 광장 13번지에 사는 가구상 B. 틸리에게 넘겨졌다. 1854년, 아인슬리 목사(유니테리언 교회)는 자기가 '토마스 페인의 해골과 오른손'을 가지고 있다고

E. 트루러브에게 말했으나 계속 추궁하자 말을 회피했다. 그 해골과 오른손마저, 현재로선 흔적도 남아 있지 않다.

페인이 세상에 미친 영향력은 양면적이었다. 미국 혁명 당시 그는 열정과 자신감을 고취시킴으로써 승리를 앞당기는 데 큰 역할을 했다.

프랑스에서 그의 인기는 일시적이고 피상적이었으나 영국에서는 피트와 리버풀의 장기 폭정에 대한 서민층 급진파의 완강한 저항을 촉발시켰다. 성서에 대한 그의 견해는 비록 당시의 사람들에겐 유니테리언 교리보다도 충격적이었지만 요즘 같으면 대주교라도 피력할 수 있을 만한 내용이었다. 그러나 그의 진정한 후계자는 바로 그로부터 일어난 운동에 몸담았던 사람들, 즉 피트가 구속시킨 사람들과,「6개 법령」하에서 고통 받았던 사람들, 오웬주의자, 차티스트(인민 헌장주의자), 노동조합주의자 및 사회주의자들이었다. 이 모든 피억압 계급의 투사들에게 있어 그는 용기와 인간애와 일관됨의 본보기였다. 공적인 사안에 연루되면 그는 사적인 이해타산을 잊어버렸다. 이런 경우에 흔히 그러하듯 세상은 이기심이 부족하다는 이유로 그를 처벌하기로 했던 것이다. 오늘날까지도 그의 명성은 그의 성격이 좀 덜 관대했더라면 누릴 수 있었을 명성에도 못 미치고 있다. 세상 사는 요령이 없었음을 칭송하는 데에도 얼마간의 속된 요령이 요구되는 것이다.

(이 글은 1934년에 씌어짐)

9

고상한 사람들
Nice People

지금부터 나는 고상한 사람들을 칭찬하는 글을 써보려고 한다. 그러나 독자들로선 내가 고상하다고 생각하는 사람들이 누구인지가 먼저 알고 싶을 것이다. 그들의 본질적인 자질에 도달하자면 다소 어려움이 있을 수 있으므로 먼저 이 표제 밑에 들어가는 몇 가지 유형을 들어보기로 하겠다. 노처녀들은 변함없이 고상하다. 물론, 돈이 많으면 더 고상하지만, 성가대원과 눈이 맞아 자살을 가장한 후 아프리카로 도망가는 일부 드문 경우를 제외하면 성직자들도 고상하다. 젊은 처녀들은 유감스럽게도 오늘날에는 고상한 예가 드물다. 내가 어렸을 때는 대부분의 처녀들이 대단히 고상했다. 다시 말해 그들은 자기 어머니의 의견을 그대로 따랐다. 일상 화제에 있어서 뿐 아니라 사람들, 놀랍게도 젊은 남자에 관해서까지 그러했다. 때에 따라 적절하게 '예, 어머니' 혹은 '아니오, 어머니'로 대답했다. 아버지를 사랑하는 것은 당연한 도리로 생각했으며, 어머니를 사랑한 것은 그들을 어떤 비행에도 빠지지 않게 지켜주었기 때문이었다. 약혼을 하게 되면 품위 있고 절제된 사랑에 빠졌고 결혼을 하면 남편을 사랑하는 것이 본분임을 인정하면서도 그 본분을 다하는 것이 얼마나 어려운지를 다른 여자들에게 깨우쳐주었다. 시부모 앞에서는 공손하게 행동하는 한편, 아무리 도리를 모르는 사람이라 해도 그렇게는 하지 않았을 것이란 점을 분명히 했다. 다른 여자들에 대해 악의적인 말을 하진 않았으나, 내게 천사 같은 자비심이 없었다면 무어라고 말했을지 모르겠다는 심정을 알아달란 듯 입을 오므려버렸다. 이러한 유형이 소위 순수하고 고상한 여성이다. 그러나 이 유형은 불행하게도 오늘날에는 노년층을 제외하면 거의 존재하지 않는다.

지금까지 살아 있는 이런 사람들이 여전히 막강한 힘을 가지고 있는 것은 고마운 일이다. 이를테면 그들은 교육을 지배한다. 이 분야에서 그들은 빅토리아 시대에 통용되는 위선의 기준을 보존하기 위해 노력하며 성공 사례가 전혀 없는 것도 아니다. 또한 그들은 소위 '도덕적 사안들'과 관련된 입법을 좌우하고 그를 통해 주류 밀매라는 대단한 직업을 창출하고 제공해왔다. 그들은 신문 기사를 쓰는 젊은이들이 각자의 소신으로 기사를 쓰고 그를 통해 젊은층의 양식과 다양한 심리학적 상상력에서 시야를 넓혀가기를 바라기보다 자기네 고상한 노부인들의 견해를 표현하게끔 만든다. 또한 그들은 다른 경우였다면 싫증이 나서 금방 끝내버렸을 그런 쾌락들은 무수하게 살려둔다. 이를테면 무대에서 들려오는 상스러운 말을 듣는 즐거움, 혹은 거기에서 통례 이상으로 다소 과하게 노출된 피부를 구경하는 즐거움이 그것이다. 특히 그들은 사냥의 즐거움을 살려둔다. 영국의 지방 마을과 같은 동질적인 시골 사회에서는 여우 사냥을 하면 욕을 먹는다. 비용도 많이 들고 때로 위험할 수도 있기

9 고상한 사람들

때문이다. 게다가 여우란 놈들은 사냥당하는 것이 얼마나 싫은지를 그다지 명료하게 설명하지 못한다. 이런 모든 점을 감안하면 사람을 사냥하는 것이 더 괜찮은 스포츠이다. 그러나 만일 이런 고상한 사람들이 없다면 착한 양심을 가지고 사람을 사냥하기란 힘들 것이다. 이 고상한 사람들의 비난의 대상이 된 사람들은 허가된 사냥감들이다. 그들이 '쉭쉭' 하고 부추기는 소리를 내면 사냥이 시작되고 쫓기던 사냥감은 감옥이나 형장까지 밀려나고 만다. 사냥감이 여자일 때는 특히 좋은 스포츠가 된다. 여자들의 질투심과 남자들의 가학 취미를 만족시켜주기 때문이다. 나는 현재 영국에 살고 있는 한 외국인 여성을 알고 있는데 비록 한 남자와 내연의 관계에 있긴 하지만 서로 사랑하며 행복하게 살고 있다. 그런데 불행하게도 그녀의 정치적 소신이, 주변에서 바라는 만큼 보수적이지가 못하다. 소신이라 해야 실제로 아무 행동도 하지 않는 순수한 견해에 불과하지만 말이다. 그럼에도 불구하고 고상한 사람들은 이것을 구실 삼아 런던 경시청 형사진을 풀어 단서를 추적하게 하였으며 이제 그녀는 본국으로 송환되어 굶어죽게 될 형편이다. 미국도 그러하지만 영국에서도 외국인은 도덕적 타락을 퍼뜨리는 근원으로 여겨지고 있다. 사실이 그러하다면 우리 모두는 경찰에 고마워해야 할 처지이다. 이례적으로 도덕적인 몇몇을 제외한 어떤 외국인도 우리 사이에 거주하지 못하도록 하기 위해 수고하고 있으니 말이다.

    물론 남자보다 여자가 고상한 경우가 더 많긴 하지만 그렇다고 해서 고상한 사람은 모조리 여자들이라고 생각해선 안 된다. 성직자들을 제외하더라도 고상한 남자는 얼마든지 있다. 예를 들어, 거액의 재산을 모은 후 지금은 사업에서 은퇴하여 자선에 재산을 쓰는 남자들도 그렇고, 치안 판사들의 경우도 대개는 고상한 사람들이다. 그러나 법과 질서를 지지한다고 모두 다 고상한 사람들이라 곤 할 수 없다. 내가 어렸을 때 고상한 부인이, 교수형 집행관을 고상한 사람이라고 하긴 어렵다는 견해를 사형에 반대하는 논거로 내세우던 것이 기억난다. 나는 개인적으로 교수형 집행관을 접해 본 적이 없으므로 그 근거를 체험으로 검증해보진 못했다. 그러나 내가 아는 어느 부인이 열차 칸에서 한 교수형 집행관을 만났는데 날씨가 추웠으므로 부인은 그가 뭘 하는 사람인지도 모르고 덮개를 덮으라고 내주었더니 그가 이렇게 말했다고 한다. '아이구, 사모님, 내가 어떤 사람인지 안다면 이러시진 않겠지요.' 그런 말을 한 걸 보면 결국 그도 고상한 사람이었을 것 같다. 그러나 이 경우는 분명 예외였을 것이다. 디킨스의 『바나비 럿지』에 나오는 교수형 집행관은 두드러지게 고상한 사람이라기보단 전형적인 쪽에 가까운 것 같다. 그러나 '교수형 집행관은 고상하기가 어렵다'는 이유만으로 사형을 반대한다는 그 고상한 부인의 생각에 우리는 동의해선 안 된다고 나는 생각한다. 고상한 사람이 되기 위해서는 있는 그대로의 현실을 접촉해야 하는 상황에서 한 발자국 떨어질 필요가 있는데 그러한 보호 역할을 해주는 사람들도 그들처럼 고상하리라고는 기대하기 힘들다. 예를 들어, 수많은 흑인 노동자를 수송 중인 여객선이 파선했을 경우를 상상해보자. 아마도 모두 고상한 여자일 일등실 여성 승객들이 제일 먼저 구조될 것이다. 그런데 이들을 구조하자면, 흑인 노동자들이 먼저 보트로 몰려들지 못하도록 막아줄 남자들이 반드시 필요한데, 이때 이 남자들이 고상한 방법을 써서 성공할 가능성은 거의 없다. 구조된 여자들은 안전해진 순간에야

9 고상한 사람들

비로소, 익사한 가엾은 노동자들에게 미안함을 느끼겠지만 그러나 이러한 고운 마음씨의 발휘도 그들을 보호해준 거친 남자들이 있어야만 가능한 것이다.

고상한 사람들은 일반적으로 세상의 치안 유지를 고용인들 손에 맡긴다. 대단히 고상한 사람이라면 맡고 싶어 하지 않는 일이라고 생각하기 때문이다. 그러나 그들이 남에게 맡기지 않는 분야가 있으니 뒷공론과 욕하기가 바로 그것이다. 사람 혀끝의 힘에 의해 고상함의 계급이 정해질 수 있다. A가 B를 비방하고 B가 A를 욕한다고 할 경우 그들이 속한 사회는, 그 둘 중 하나는 공무를 수행하는 중이고 나머지 한 사람은 악의에 의해 움직이고 있다고 대체로 합의해버린다. 그리고 이때 공무를 수행하고 있는 사람이 그 둘 중 더 고상한 사람이다. 이를테면 학교의 경우 평교사보다 여교장이 더 고상하고, 그 둘보다는 이사회 사모님이 더 고상하다. 제대로 지휘까지 받아가며 이러쿵저러쿵 하기만 하면 희생자의 생계 정도는 쉽게 앗을 수 있으며 이렇게 극단적인 결과까지는 아니더라도 사람을 몹쓸 사람으로 만들어버리기 십상이다. 그러므로 이것은 언제나 대단한 힘이다. 그러니 우리는, 그 힘을 휘두르는 이가 고상한 사람들이란 사실에 감사해야 한다.

현실을 개선하려 드는 칭찬받을 만한 성향이야말로 고상한 사람들의 중요한 특징이다. 신은 세상을 만들었다. 그러나 고상한 사람들은 자기네가 그 일을 맡았더라면 더 잘했을 거라고 생각한다. 하나님이 만드신 것에 대해 이렇게 말고 달리 만들어주셨더라면 하고 바란다면 신성모독이 될지도 모르겠지만, 그 가운데는 입에 올려 결코 고상할 수 없는 것들도 많다. 만일 우리의 최초의 부모가 그 사과를 따먹지 않았더라면 인류는 기본(Gibbon)이 말한 바와 같은 어떤 때 묻지 않은 번식 방법에 의해 번성했을 것이라고 성직자들은 주장해왔다. 이 점에서 본다면 하나님의 계획은 분명 수상스럽다. 이것을 앞서 말한 성직자들의 생각대로 죄의 처벌이란 관점에서 보는 건 좋다. 그러나 이 관점의 문제점은, 고상한 사람들에겐 그것이 처벌로 보이는 반면 나머지 사람들에겐 아주 재미있는 일로 보인다는 것이다. 그러므로 마치 처벌이 엉뚱한 데로 떨어진 것처럼 보일 것이다. 고상한 사람들의 중요한 목표 가운데 하나는 당연히 의도와는 다른 이 부당함을 바로잡는 것이다. 그들은 생물학적으로 정해진 이 번식 방법이 남몰래 행해지거나 형식적으로 행해지게 되어 있으며, 이 방법을 은밀히 행하는 자들이 발각될 경우 고상한 사람들의 처분에 맡겨져야 한다고 주장한다. 추문으로 인해 자칫 고상한 사람들이 피해를 볼 수도 있기 때문이란 것이다. 또한 그들은 이 주제가 가능한 한 적게, 점잖은 방법으로, 알려지기를 바란다. 따라서 그들은 검열관을 동원해, 이 문제를 숨어서나 키득댈 추잡한 사례로 다루지 않고 달리 표현하는 서적이나 연극들을 금지시키려 애쓴다. 이 점에 있어서 그들은 어디서든 자기네가 법과 경찰을 장악하고 있는 한, 성과를 거두고 있다. 하나님이 인간의 몸을 왜 이런 식으로 만드셨는지 알 수가 없다. 전지전능한 신이라면 고상한 사람들에게 충격을 주지 않게끔 만들 수도 있었을 텐데 말이다. 그러나 어쩌면 그럴만한 이유가 있었는지도 모른다. 랭카셔 지방에서 직물 산업이 일어난 이후로 영국에서는 선교사들과 면직업자들 간에 긴밀한 동맹 관계가 존재해왔다. 선교사들이 미개인들에게 몸뚱이를 가리도록 가르치면서 면제품의 수요가 늘어났기 때문

9 고상한 사람들

이다. 만일 사람의 몸 중에 부끄러운 데가 전혀 없다면 직물업자들은 그로 인해 발생하는 이익을 챙길 수 없었을 것이다. 이 사례로 볼 때 우리는, 도덕이 확산되면 행여 우리의 이익이 줄어들지 않을까 전혀 염려할 필요가 없다.

'적나라한 진실'이란 말을 누가 만들었는지는 모르겠지만, 한 가지 중요한 연관을 간파한 사람임에는 틀림없다. 니체는 올바른 정신을 가진 사람이라면 누구에게나 충격으로 받아들여지는데, 진실 역시도 그러하다. 당신이 어느 영역에 관여하고 있느냐는 별로 중요하지 않다. 고상한 사람들이 자기네 의식으로 들어오도록 놔두지 않는 것, 바로 그러한 것이 진실이라는 것을 당신은 금방 알 수 있기 때문이다. 일전에 나는 어느 사건의 심리에 참석하기 위해 불행하게도 법정에 몇 번 출두한 적이 있다. 내개 그 사건에 관련된 직접적인 지식이 다소 있었기 때문이다. 그 자리에 나갈 때마다 놀라웠던 것은, 있는 그대로의 어떤 진실도 그 어마어마한 법정 문을 뚫고 들어가지 못하게 되어 있다는 사실이었다. 법정에 들어오는 진실은 적나라한 진실이 아니라 법복이 입혀진 진실, 다시 말해 점잖지 못한 부분을 모조리 가려놓은 진실이다. 내 말은 살인이나 절도 같은 노골적인 범죄의 공판이 그렇다는 것이 아니라 이를테면 정치나 외설 같은, 편견이 개입될 소지가 있는 사건과 관련된 공판들이 모두 그렇다는 것이다. 이 점에 있어서는 영국이 미국보다 더 심하다고 본다. 영국에서는 품위 있는 정서를 내세워 불유쾌한 모든 것들을 철저히 통제해오고 있기 때문이다. 눈으로 보이지 않는, 거의 반무의식 상태에서 이루어지는 통제인 것이다. 만일 당신이 저들이 소화하기 힘든 사실을 법정에서 말하려 하면, 증언 규정에 어긋난다는 이유로 판사와 반대 측 변호인 뿐 아니라 당신 측 변호인조차도 그러한 사실이 언급되지 못하도록 가로막는다. 고상한 사람들의 정서 때문에, 정치판에도 이 같은 비현실적인 풍조가 만연해 있다. 아무나 고상한 사람을 붙잡고, 당신 당의 모 정치인은 일반 대중과 다름없는 보통 사람이라고 납득시키려 해보라. 성을 벌컥 내며 들은 체도 않을 것이다. 그러니 정치인들로선 한 점 흠 없는 사람인양 하지 않을 수 없다. 일반적으로, 어떤 사실이 알려져 자기네 직업에 타격이 오는 것을 막기 위해, 당적을 막론하고 모든 정치인들로선 한 점 흠 없는 사람인양 하지 않을 수 없다. 일반적으로, 어떤 사실이 알려져 자기네 직업에 타격이 오는 것을 막기 위해, 당적을 막론하고 모든 정치인들이 암묵적으로 공조하는 것이 현실이다. 정치인들을 단결시키는 데 있어서는, 당이 다르다는 사실보다 같은 직업에 종사한다는 사실이 흔히 더 큰 역할을 하기 때문이다. 이러한 방식으로, 고상한 사람들은 자신들의 기호에 맞는 국가적 위인 상을 보존하면서, 자라나는 학생들로 하여금 명망은 지고의 미덕에 의해서만 성취될 수 있다고 믿게 만들 수 있는 것이다. 정치가 정말 가혹한 것이었던 예외적인 시대가 존재하는 것은 사실이며, 비공식 노조에 소속될 만큼 충분히 존경스러운 사람으로 평가받지 못하는 정치인들은 늘 존재한다. 파넬의 경우가 그 한 예이다. 처음에 그는 살인자들과 협력한 죄로 고발되었으나 무사히 넘어갔다. 그러나 그 다음에 도덕 죄목을 유죄 판결을 받았던 것이다. 그를 기소한 자들로선 감히 꿈도 꿔보지 못했을 내용의 죄목이었음은 물론이다. 우리 시대의 경우, 유럽에서는 공산주의자들이, 미국에서는 극단적인 과격파와 노동 운동가들이 울타리 바깥에 존재한다. 고상한 사람들의 확고부동한 도덕적 신념은 이런 식으로 소유권의 변호와 결탁되어짐으로써 저들의 더없이 귀중한 가치를 다시 한 번 입증하는 것이다.

고상한 사람들이 쾌락을 볼 때마다 의심스러워하는 것은 지극히 당연하다. 지혜를 더하는 자는 슬픔을 더한다고 그들은 알고 있으며, 슬픔을 더하는 자는 지혜를 더한다고 추론해버린다. 따라서 그들은 슬픔을 확산시키면서 지혜를 확산시키고 있다고 느낀다. 지혜는 루비보다 귀중하므로 자신들이 그러한 작업을 통해 이익을 주고 있다고 생각하면서 스스로를 정당화한다. 이를테면 그들은 스스로 박애적이라고 믿기 위해 어린이들을 위한 공설 운동장을 만들어 주고는 이용하는 데 각종 규제를 가하여 어린이들로 하여금 길에서 놀 때보다도 즐겁지 못 하게 만든다. 운동장이든 극장이든 일요일에는 개방하지 못하도록 하기 위해 그들은 안간힘을 쓴다. 그러한 장소를 마음껏 즐길 수 있는 날이 바로 그날이기 때문이다. 또한 그들은 자기들에게 고용된 젊은 여인들로 하여금 젊은 남자들과는 될 수 있는 대로 얘기하지 못하게 한다. 내가 알고 있는 지극히 고상한 사람들의 경우, 이러한 태도를 가정에까지 가져가서 자기네 아이들로 하여금 교육적인 놀이만 허용한다. 그러나 유감스럽게도 오늘날에는 이런 정도의 고상함을 예전만큼 자주 볼 수 없게 되었다. 옛날의 아이들은 '전능하신 하나님이 매질을 한 번하면 어린 죄인도 당장에 지옥으로 보낼 수 있다'고 교육받았으며, 성직자로 성장하는 데 적합하지 않다고 여겨지는 거친 행동이나 과한 행동을 하면 실제로 그런 일이 일어날 수 있다고 믿었다. 고상한 사람들을 양산하는 방법에 관한 귀중한 저서인 『착한 아기가 사는 가정』이란 책을 보면 이러한 관점에 입각한 교육이 잘 설명되어 있다. 그러나 요즘 부모들 중에 이러한 높은 기준에 따라 사는 부모는 내가 알기로 별로 없다. 안타깝게도, 아이들이 즐거울 수 있도록 해주려는 경향이 점차 높아지고 있으며, 따라서 이처럼 해이한 원칙 위에 교육받은 아이들이 어른이 된 후에 쾌락에 대해 적절한 혐오감을 발휘하지 못하면 어쩌나 하는 우려가 나오고 있다.

내가 볼 때 고상한 사람들의 시대는 거의 끝난 게 아닌가 싶은데 이 과정에는 두 가지 요소가 작용하고 있다. 첫째는, 나의 행복으로 인해 불행해지는 사람이 아무도 없다면 즐거워서 해로울 것이 없다는 생각이다. 두 번째는, 속임수에 대한 혐오인데 이것은 도덕 못지않게 미학적인 증오라 할 수 있다. 이 두 가지 반란을 부추긴 것은 바로 세계대전이었다. 당시 세계 각국의 고상한 사람들은 확고한 통제권을 확보하고 최고의 도덕이라는 미명하에 젊은이들로 하여금 서로 살육하도록 설득했다. 상황이 끝나자 전쟁에서 살아 돌아온 사람들은 증오가 불러일으킨 거짓과 불행이 과연 최고의 미덕인가, 의심하기 시작했다. 이들을 다시 한 번 설득하여 모든 고상한 윤리의 이 같은 근본 원리를 받아들이도록 만들려면 아마도 시간이 좀 걸릴 것 같다.

고상한 사람들의 본질은, 협력을 지향하는 경향들이나 아이들의 부산스러움 속에 담긴 삶, 특히 성에 담긴 삶에 대해, 강박관념에 가까운 생각을 가지고 증오하는 태도이다. 한마디로 고상한 사람들은 고약한 정신의 소유자 들이다.

(1931년에 처음 발표됨)

10

새로운 세대
The New Generation

이 글은 저명한 여러 심리학자들과 사회과학도들의 기고문들로 엮은 『새로운 세대』란 책에 러셀이 써준 서문이다. 러셀이, 오직 러시아에서만 '국가가 도덕 및 종교적 편견에 얽매이지 않고 있다'고 한 데 대해서는 이 글이 씌어진 때가 1930년대라는 점을 참작해 주기 바란다. 훗날 스탈린 정권 후반기로 접어들어 합리적인 성도덕 규약을 확립해보려는 모든 시도들이 포기되었으며, 이 분야의 법률이 설사 있었다손 치더라도 오히려 서구 여러 나라보다 더 억압적이고 청교도적인 쪽으로 변해버렸던 것이다. 이렇게 전개될 가능성이 높다는 점을 러셀 자신도 일찍이 1920년에 예견한 바 있다.

이 책에는 글을 기고해준 몇몇 관련 분야의 전문가들에 의해 아동의 복지 및 아동과 부모의 관계에 관한 다양한 영역의 지식이 다뤄지고 있다. 이러한 연구들에 대한 서문으로서, 나는 새로운 지식이 종래의 생물학적 관계를 어떻게 변형시켜왔는지—앞으로도 한층 더 변해갈 가능성이 높다—에 관해 고찰해볼 것을 제안한다. 나는 여기서, 심사숙고하에 의도된 지식의 효력뿐 아니라, 의도와 달리 기이하기 짝이 없는 뜻밖의 결과를 낳는 일종의 자연력으로서의 지식까지도 염두에 두고 있으며 특히 후자 쪽을 많이 생각하고 있다. 내가 볼 때 제임스 와트는 모권 가정을 확립할 의도는 전혀 없었음이 분명하지만 그러나 그는 남자들이 직장에서 멀리 떨어진 곳에서 자는 것을 가능케 함으로써 우리네 많은 도시 거주인들에게 그와 같은 결과를 초래했다. 오늘날 교외에 살고 있는 가족 내에서 아버지가 차지하는 위치는 너무도 보잘 것 없다. 그 아버지가 골프라도 치는 사람이라면 특히 더 그러한데 아버지가 아들을 위해 돈을 지불하는 것을 보면 그가 과연 무엇을 사고 있는 건지 다소 이해하기 힘들며, 만일 전통이 없었더라면 그가 과연 자기 아이들을 타산 맞는 존재로 생각할지, 의심스러워지기까지 한다. 부권 가정이 번성했던 시절의 남자들에게는 막대한 혜택이 주어졌다. 그의 노후를 부양하고 무수한 적들로부터 그를 지켜주는 아들들이 있었던 것이다. 오늘날, 재산 투자로 먹고 살거나 저축 가능한 수입을 가진 어느 계층을 보더라도, 아들이 아버지에게 경제적으로 도움이 되는 경우는 둘 다 아무리 오래 살아본들 결코 없다.

새로운 지식은 경제적, 심리적 변화를 일으키는 원인이다. 이러한 변화들은 우리의 시대를 어렵게도 하지만 재미있게도 만든다. 옛날의 인간은 자연에 종속되어 있었다. 즉, 기후나 풍작에 관련해서는 무생물인 자연의 지배를 받았고, 번식과 투쟁으로 이끄는 인간의 맹목적 충동과 관련해서는 인간 본성의 지배를 받았다. 종교는 여기에서 생겨난 무력감을 이용하여 공포를 의무로, 체념을 미덕으로 변형시켰다. 아직까진 극소수의 사례로만 존재하지만 현대인은 다른 시각을 가진다. 그에게 있어 물질 세계는 감사하며 받아들이거나 신앙으로 간청하며 받아들여야 할 자료가 아니라 그의 과학적 조작의 재료일 뿐이다. 사막은 물을 끌어 들어야 할 곳이고 말라리아 발원지인 습지는 물을 빼내야 할 곳이다. 어느 것 하나도 인간에 대한 자연적 적의를 유지하도록 내버려두지 않으며, 따라서 물질적 자연과의 투쟁에 있어 우리는 사탄을 막아주는 하나님의 도움을 더 이상 필요로 하지 않는다. 그러나 아직까지 우리가 충분히 감지하지 못하고 있는 것이 있으니, 인간 본성에 있어서도 이것과 본질적으로 유사한 변화가 일어나기 시작했다는 점이다. 개인이 의도적으로 자기 성격을 바꾸기는 어려울지 모르지만, 과학적 심리학자는, 만일 아이들을 마음대로 다뤄도 좋다고만 한다면, 캘리포니아 사람들이 사막을 다루듯 자유롭게 인간 본성을 조작할 수 있다. 그러니 죄악을 만드는 것도, 이제 사탄이 아니라. 좋지 못한 분비선과 현명하지 못한 여건 제공이다.

독자는 아마 이쯤에서 죄악의 정의를 기대할 것이다. 그러나 그건 전혀 어려운 일이 아니다. 죄란, 교육을 좌지우지하는 자들이 싫어하는 것이다.

이러한 상황이고 보니, 과학의 힘을 보유한 자들에게 중대한 책임이 새롭게 부과된다고 하지 않을 수 없다. 인류가 지금까지 살아남은 것은, 비록 그들의 목적이 어리석은 것이었다 할지라도 그것을 달성하는 데 필요한 지식을 가지지 못했기 때문이었다. 이제 그 지식을 획득해가고 있는 상황이므로, 인생의 목적과 관련해 예전보다 더 많은 지혜가 긴급히 요청되고 있다. 그러나 이 혼란의 시대에 우리는 그러한 지혜를 어디에서 찾을 수 있을 것인가?

내가 위에서 일반적인 고찰을 나열한 것은 우리의 모든 제도가, 심지어 본능이라 일컬어졌던 것과 가장 밀접하게 연관된 것들까지도, 가까운 시일 안에, 과거나 현재에 비해 훨씬 더 의도적이고 의식적인 것으로 변하리라는 것과, 특히 아이를 낳고 기르는 데 이 점이 반드시 적용되어야 한다는 점을 얘기하고 싶어서였다. 새로운 방식은 옛 방식보다 나을 수도 있지만 물론 더 나쁠 수도 있다. 그러나 우리 시대의 새 지식은 옛 방식들이 살아남지 못할 정도로 새로운 양식이 불가피해졌다.

가정은, 인간이 자기 장화를 만들고 자기가 먹을 빵을 굽던 비전문화된 과거부터 지금까지 존재해왔다. 남성의 활동은 이 단계를 넘어섰으나, 도덕론자들은 여성의 활동에는 그와 같은 변화가 있어서는 안 된다고 주장한다. 아이를 다루는 일은 전문 지식과 적합한 환경이 요구되는 전문적 활동이다. 가정에서 아이를 기르는 일은 물레 돌리기와 같은 일이며 비경제적이란 면에서도 똑같다. 지식이 성장할수록 아이 양육의 보다 많은 부분이 가정과 분리될 수밖에 없다. 아이를 집에서 낳는 것은 이제 더 이상 관례가 아니다. 아이가 아플 땐, 예전에 많은 아이들을 죽게 만들었던 단순한 전통 지식으로 처치하지 않는다. 아이들은 이제 어머니의 무릎에서 기도문을 배우는 것이 아니라 주일 학교에서 배운다. 이를 뽑을 때도, 내가 어릴 적만 해도 볼 수 있었던 것처럼 이빨과 문 손잡이에 실을 매어 놓고 문을 닫아서 뽑는 방법을 쓰지 않는다. 의학 지식이 어린 아이의 생활의 일부분을 차지하게 되었으며, 더 나아가 위생 지식과 아동 심리학까지 필요하게 되었다. 마침내 혼란스러워진 어머니들은 아이 키우는 것을 고달픈 일로 단념해버리며, 외디푸스 콤플렉스가 어떠니저떠니 하는 협박 속에서 자신의 자연스런 애정마저도 죄스러운 데가 있지 않을까 걱정하기 시작한다.

변화의 주요 원인의 하나는 출생과 사망의 감소이다. 두 가지가 함께 감소한 것은 다행한 일이다. 만약 어느 쪽이든 한쪽만 줄고 다른 한쪽은 줄지 않았다면 불행한 결과가 나왔을 것이기 때문이다. 세계 각국의 정부는 인간의 불행과 무능을 발판으로 세력을 발휘하는 교회와 연합하여 이러한 불행을 초래하기 위해 가진 모든 힘을 기울여왔다고 할 수 있다. 그들은 사망률의 감소와 상관되는 출생률이 감소되지 않게 하려고 애써왔기 때문이다. 그러나 이 점에 있어서 집단적 어리석음보다 개인적 이기심이 더 강하게 나타난 것은 인류로서는 다행스러운 일이라 하겠다.

현대 가정의 규모가 작다는 것이 부모들로 하여금 아이의 가치를 다시 생각하게 만들었다. 아이가 둘밖에 없는 부모는 어느 아이도 잃고 싶어 하지 않는 반면에, 자녀를 열이나 열다섯 명쯤 가진 구식 가정의 경우, 별다른 양심의 가책도 없이 아이들을 소홀히 함으로써 아이의 절반이 희생될 수도 있었다. 현대의 과학적인 아동 보호는 현대 가정의 소규모 현상과 밀접한 관계가 있는 것이다.

또한 이러한 변화로 말미암아 가정은 아이들에겐 더욱 부적합한 심리적 환경으로, 여성들에겐 더욱 흥미 없는 직업으로 되어 버렸다. 열다섯 명의 아이를 가졌다가 거의 다 잃어버리는 것은 평생 사업치고는 당연히 불유쾌한 업이었지만 어쨌거나 자아 실현을 위한 여가를 별로 가질 수 없었다. 그러나 아이를 두세 명만 가진 경우 아이 기르는 일을 평생직으로 생각하기 힘든 데도 불구하고 구식 가정이 온존하는 한 다른 직업을 갖는 데 심각한 장애가 된다. 결국 자녀 수가 적은 사람들일수록 아이에 대해 더 큰 부담을 느낀다.

오늘날, 높은 집세 때문에 대부분의 사람들이 도시의 밀집된 환경 속에서 살고 있는 상황에서 가정은 물리적인 측면에서도 아동에게 좋은 환경이 될 수가 없다. 원예원에서 묘목을 키우는 사람도 어린 나무들에게 적당한 토양과 적절한 빛과 공기, 적당한 공간, 적당한 이웃을 제공해준다. 나무들을 격리된 지하실에 한 그루씩 넣고 키울 생각은 하지 않는다. 그러나 아이들이 현대의 도시 가정에서 자라는 한 그러한 조치를 피할 수 없다. 묘목과 마찬가지로 아이들에게도 각자 나름의 토양과 빛과 공기와 이웃이 필요하다. 아이들은 자극받는 일 없이 자유를 누릴 수 있는 전원에서 자라야 한다.

도시의 협소한 아파트 환경은 몸에도 나쁘지만 심리적인 측면에서도 나쁘다. 예를 들어 소음 문제를 생각해 보자. 바쁜 어른들로선 주위에서 끊임없이 일어나는 소란을 참고 있기 힘들겠지만, 아이에게 떠들지 말라고 하는 것은 잔학 행위나 마찬가지이다. 이때 아이의 마음에 생겨난 분노감이 심각한 도덕적 결함으로 이어질 수도 있기 때문이다. 물건을 부수지 못하게 하는 경우도 마찬가지이다. 사내 아이가 부엌 선반에 올라가 사기 그릇을 모조리 깨뜨리는데 부모가 기분이 좋을 수는 없다. 그러나 아이의 활동은 자기 몸의 발달에 필수적인 것이다. 자연적이고 건강한 그러한 충동은 아동을 위해 조성된 환경에서는 억누를 필요가 없다.

가정에 영향을 미치는 과학적, 경제적 변화로 인해 불가피하게 부모들의 관점에도 심리적인 변화가 일어난다. 안전감이 높아짐에 따라 당연히 개인주의도 증대되었다. 과거에는 공포감과, 상호 협력의 필요성이 개인주의를 제한했다. 과거 식민지 땅에서 인디언들에 둘러싸인 이주민들에겐 강한 공동체 의식이 필요했다. 그렇게 하지 않으면 모두 소탕될 것이기 때문이었다. 오늘날에는 자발적인 협력이 안전을 제공해주는 것이 아니라 국가가 제공해주고 있기 때문에, 개인은 각자에게 맡겨진 자기 생활 가운데 그 부분에서만큼은 개인주의적일 수 있게 되었다. 이 점은 특히 가족 간의 관계에서 두드러진다. 아동 양육에 있어 남자의 역할은 돈을 대주는 것이 고작이며 그러한 경제적 의무도 필요한 경우 법률에 의해 집행되므로 개인적인 의무감이 별로 요구되지 않는다. 여자의 경우, 만일 활기차고 지식 있는 여자라면, 많은 부분 삭감되어 자신에게 남겨진 어머니로서의 의무를 일생의 업으로 받아들이라는 것은 온당치 못하다고 느끼기 쉽다. 더구나 그 일의 대부분이 전문가들에 의해 보다 과학적으로 수행될 수 있는 상황이니 말이다. 이러한 감정은, 아내가 경제적으로 자신에게 매여 있으면 좋겠다고 느끼는 남자들 측의 애매한 태도만 아니라면, 더 한층 폭넓게 작용할 것이다. 그러나 남자들의 그러한 태도는 옛날부터 내려온 감정으로, 이미 상당히 약화되었으며 오래지 않아 사라질 것으로 보인다.

이러한 모든 변화들은 지난 날 이혼을 기피하게 만들었던 근거들을 감소시키고 있다. 이혼이 보다 잦아지고 쉬워짐에 따라 가정은 더 한층 약화되었다. 이혼은 대개의 경우 편모슬하의 아동을 양산하기 때문이다.

이러한 근거들과 또한 왓슨 박사의 기고문(『새로운 세대』에 실린 왓슨의 「가정 다음에 올 것은 무엇인가?」를 말함)에 피력된 그 밖의 근거들로 볼 때, 좋든 싫든 하나의 단위로서의 가정이 점차 사라짐으로써 개인과 국가 사이를 중재할 권위 있는 집단이 남아나지 않게 될 것으로 보인다. 부자들에겐 이러한 현상이 큰 문제가 되지 않을 수도 있다. 그들은 전문 보육원과 특수 학교와 전문 병원을 비롯해 모든 값비싼 시설 기구를 계속 이용할 수 있을 것이기 때문이다. 그러나 그러한 개인주의의 대가는 너무 비싸므로 임금 소득자들로선 감당할 수가 없다. 결국 그들이 아이들의 경우, 부모가 더 이상 해줄 수 없게 된 기능을 모두 국가가 맡아 해줄 수밖에 없다. 그러므로 막대한 다수층에게 남는 선택의 문제는, 부모의 보호냐 부모가 택해준 전문가들의 보호냐가 아니라, 부모냐 국가냐이다.

이와 같이 전망할 때, 아동에 대한 현대의 과학적 태도가 어떠한 것인지를 이해하는 모든 사람이 나서서 알려야 할 막중한 책임이 주어진다. 현재 러시아를 제외한 모든 정부는, 아이들을 과학적으로 다루는 것을 전혀 불가능하게 하는 도덕적, 종교적 편견들에 얽매여 있다. 나는 독자 여러분에게 예를 들어 이 책에 실린 해블록 엘리스(「아동기와 사춘기의 도착증」)나 필리스 블랜차드(「아동의 외설 행위」)의 글을 고찰해보라고 권하고 싶다. 이 글들에서 주창하는 방법들은 정치인들이 전통 윤리와 신학을 무시할 수 없는 이상, 정부가 관할하는 어떤 기관에서도 채택되지 않을 것임을 솔직한 독자라면 누구나 느낄 것이다. 예를 들어 뉴욕 주에서는 자위 행위가 정신 이상을 초래한다는 견해를 아직도 공식 입장으로 내세우고 있는데, 정치 경력의 급작스런 종결을 각오하지 않는 한 이 견해에 시비를 걸 수 있는 정치인은 아무도 없다. 그러므로 정신 병원이나 정신 박약자 구호원에서라면 모를까, 주립시설에서 자위 행위를 과학적으로 다룬다는 것은 기대조차 할 수 없다. 이 시설들에 한해 적당한 방법을 쓰도록 허용하는 것은, 정신 병자나 정신 박약자들을 도덕적으로 책임질 능력이 없다고 보기 때문이다. 이것은 어처구니없는 일이다. 차라리 싸구려 차만 수리할 수 있으며 값비싼 차는 매질하거나 성직자들의 설교에 맡겨야 한다는 법률이 생기는 게 나을 것이다. 장차 아동을 위한 정부 시설이 크게 늘어난다고 보는 사람들은 대개 자기 자신이나 자기 친구들이 그런 시설의 책임자가 될 것으로 상상한다. 물론 이것은 자기 혼자만의 망상이다. 그런 류의 중요시설을 관리하려면 상당한 액수가 급여로 나갈 것이므로 저명한 모 정치인의 숙모쯤 되는 노처녀가 책임자로 앉혀질 게 뻔하다. 그녀의 고상한 감화 속에서 아이들은 기도 드리기, 십자가와 국기에 경의 표하기, 자위 행위를 할 때는 가책을 느끼고, 다른 아이들이 아기가 어떻게 만들어 지는지에 대해 얘기하는 것을 들으면 심한 공포를 느끼도록 배울 것이다. 이러한 정신적 노예 상태는 기계문명 시대에 효과적으로 적응된 시설들과 더불어 언제까지고 무한히 연장될 수 있으며, 게다가 합리적인 모든 접근법을 무시한 채 젊은 이들의 마음을 폐쇄시키는 작업에 일조하는 변절 과학자들이 많을 경우 더 한층 그러할 것이다. 어쩌면 산아제한 관행을 뿌리 뽑자는 데로까지 이어질 수도 있는데 그렇게 될 경우, 효율을 내세우는 현대의학의 입장에서는 과잉인구를 처리하자면 전쟁의 횟수와 잔학성을 대폭 증대시킬 필요가 있을 것이다.

이러한 이유들로 인해서 정부가 그처럼 막강한 힘을 획득해야 한다면 우선 정부부터 계몽될 필요가 있다. 그러나 정부가 저절로 그렇게 되진 않을 것이며, 인구의 다수가 고대적 미신의 보존을 고집하지 않게 될 때 비로소 가능해질 것이다. 계몽된 사람들은 대부분 비현실적 세계에 살면서 자기들끼리 사귀며, 요즘 시대에 깨이지 않은 사람은 괴짜 몇 명뿐이라고 생각한다. 약간의 실제 정치 경험과, 어느 분야든 이른바 도덕적 사안들과 관계된 분야에서 법을 운용해 본 경험은 아동 양육이나 기타 문제들에 있어 합리적인 견해를 가진 모든 이에게 대단히 유익할 것이다. 대중 속에서 합리주의를 폭넓게 선전하는 작업이야말로, 러시아 외부의 대다수 합리주의자들이 생각하는 이상으로 훨씬 중요하다고 나는 확신한다.

가정이 해체되고 합리적으로 운용되는 구립 아동시설이 확립된다고 가정하면, 본능을 규제로 대체시키는 작업에서도 한 걸음 더 나아갈 필요가 있음을 알게 될 것이다. 산아제한에 익숙해지고 자기 아이들을 자기가 기를 수 없게 된 여성들로선, 임신에서 오는 불편함과 출산의 고통을 감수해야 할 이유가 별로 없을 것이다. 따라서 적정 인구를 유지하기 위해서는, 출산을 보수 좋은 직업으로 만들 필요가 있을 것이다. 물론 이것은 모든 여성이나 어떤 다수집단 여성들이 아니라, 목축의 관점에서 적합성을 따지는 검증 시험에서 통과한 일정 비율의 여성들만이 담당하는 일이 될 것이다. 아버지 쪽에게는 어떤 시험을 부과해야 하며, 그런 남자가 전체 남성 인구 중에 얼마나 되어야 하는가 하는 것은 아직은 결정할 필요가 없는 문제들이다. 그러나 적당한 출생 수를 확보하는 문제는 얼마 안 가 심각해질 가능성이 높다. 출생률이 계속 감소되면 곧바로 인구 감소로 이어지거나, 적어도 능력 있는 육체를 가진 인구의 감소 현상이 나타날 것이기 때문이다. 왜냐하면, 의학이 대다수의 사람들을 백 살까지 살게 하는 데 성공한다고 할 경우 사회에 주는 이익이 의문스러워질 테니까.

아동을 다루는 문제에 있어 합리적 심리학이 인류에게 줄 수 있는 이익은 거의 무한정이다. 그중에서도 가장 중요한 영역은 물론 성(性) 분야이다. 아이들은 신체의 특정 부분이나 특정한 말과 생각, 본성이 그들을 자극하는 특정 종류의 놀이와 관련해 미신적인 태도를 교육받는다. 그 결과, 아이들이 성인이 되었을 때 사랑에 관련된 모든 문제에 있어 경직되고 어색해 한다. 영어 사용권 지역 어디를 보더라도, 대부분의 사람들이 육아실에 있는 동안에 이미 만족스런 결혼생활을 할 수 없게끔 되어버린다. 어른들의 행동 가운데, 아이들이 놀이를 통해 그것을 스스로 준비하는 것이 금지되거나, 그것에 관한 한 철저한 금기에서 완벽한 능력으로 갑자기 넘어가주기를 바라는 경우는 이 행동밖에 없다.

수많은 어린이와 젊은이들을 지배하고 흔히 훗날의 인생에까지 지속되는 이 죄의식이야말로 불행인 동시에, 어떤 류의 유용한 목적에도 도움이 되지 않는 왜곡의 근원이다. 그것은 거의 전적으로 성 분야에서의 인습적 도덕교육에 의해 생겨난다. 성을 나쁘게 보는 감정은 행복한 사랑을 불가능하게 만들고, 남자로 하여금 관계하고 있는 상대 여성을 경멸하게 만들며, 때로는 여성을 학대하고픈 충동까지 일으키게 한다. 뿐만 아니라, 성적 충동을 금지하고 감상적인 우정이나 종교적 열정 따위의 간접적인 형태로 해결하게끔 강요함으로써 지성과 현실감을 갖는 데 큰 해가 되는 지적 성실성의 결핍을 초래하게 만든다. 잔인함과 우둔함, 조화로운 인간 관계의 불능, 기타 다른 많은 결함들은 대개가 어린 시절에 지속된 도덕 교육에서 기인한다. 가장 쉽고 솔직하게 말하자면, 성에는 하등 나쁜 것이 없으며 오히려 이 문제와 관련된 인습적 태도가 병적이라고 할 수 있다. 내가 볼 때, 우리 사회에서 인간의 불행의 근원으로 작용하는 개별 악 가운데 이것처럼 강력한 것도 없는 것 같다. 왜냐하면 이 악은 그로부터 직접 수많은 죄악이 연쇄적으로 생겨날 뿐 아니라, 인간을 정치, 경제, 인종과 관련해 인간성을 고문하는 다른 치유 가능한 악들을 치유하는 방향으로 이끌 수 있는 온정과 인간적 애정을 금지하기 때문이다.

이런 이유들로 인해서, 아동 심리라는 주제에 대한 지식과 합리적 태도를 확산시켜줄 책이 무엇보다 필요하다. 지금 이 시대에는, 커지고 있는 국가의 힘과 줄어들고 있는 미신의 힘 사이에 일종의 시합이 벌어지고 있다. 우리가 아동들과 관련해 살펴보았듯, 국가의 힘이 커지는 것은 불가피한 것으로 보인다. 그러나 여전히 미신이 다수를 지배하고 있는 상황에서 국가의 힘이 일정 정도 이상으로 커지게 되면, 미신에서 벗어난 소수는 국가의 선전에 압사될 것이고 모든 민주 국가들에서 심층적인 항의가 불가능해질 것이다. 우리 사회는 어느 한 방향에서 개혁이 일어나면 다른 모든 방향에서도 변화가 일어날 정도로 극히 밀접하게 얽히는 쪽으로 가고 있으므로 이제 어떤 문제도 고립되어서는 적절하게 다뤄질 수 없다. 그러나 나는 우리 시대가 과거 어느 시대보다도 어린이들을 친절하게 대하려는 성향을 가지고 있다고 생각한다. 그러므로 인습적 도덕 교육이 어린 세대에게 고통의 근원이라는 점을 이해하게 된다면, 우리는 그 대신에 좀더 친절하고 과학적인 어떤 것으로 대체되어야 한다는 주장이 나오게 되기를 기대할 수도 있을 것이다.

11

우리의 성 윤리
Our Sexual Ethics

I

인간 생활의 많은 요소들 중에서도 특히 성(性)에 대해서는 아직도 많은 사람들이, 어쩌면 대부분의 사람들이, 비합리적인 태도로 바라본다. 살인, 역병, 정신 이상, 금은보화 같은, 실로 인간이 열정적으로 바라거나 두려워하는 모든 대상들을 과거에는 마법이나 신화라는 안개를 통해 보아왔다. 그러나 지금은 몇 군데를 제외하고는 이성의 태양이 안개를 벗겨내 버렸다. 아직 잔존하는 가장 짙은 구름은 성의 지대에 머물고 있다. 성이 대부분의 사람들의 삶에서 가장 열정적인 부분에 관련되어 있음을 감안하면 이것은 어쩌면 당연한 일인지도 모른다.

그러나 현대 세계의 조건들이 성에 대한 대중의 태도에 변화를 일으키고 있음이 점차 명백해지고 있다. 이것이 어떤 변화, 또는 변화들을 가져올 것인가에 대해선 아무도 단언할 수 없다. 그러나 그러한 힘들이 지금 현재 작용하고 있음에 주목하면서 그 결과가 사회 구조에서 어떤 모습으로 나타날 것인지에 관해 논의할 수는 있다.

인간의 본성이 관련되는 한, 혼외정사가 거의 존재하지 않는 사회를 만드는 것이 불가능하다고 말할 순 없다. 그러나 이런 결과를 가져오는 데 필요한 조건들은 현대생활로는 거의 확보하기 힘든 것들이다. 그렇다면 그러한 조건들이 무엇인지 살펴보기로 하자.

일부일처제를 낳게 한 가장 큰 요소는 인구가 별로 없는 지역에 살고, 딴 곳으로 이동하기 힘들어야 한다는 것이다. 만일 남자가 집을 떠날 기회가 거의 없고 자기 아내 외에 다른 여자를 만날 일이 별로 없다면 아내에게만 충실하기란 어렵지 않다. 그러나 남자가 아내 없이 여행을 할 수 있다거나, 혼잡한 도시 지역에 살고 있다면, 상대적으로 문제가 어려워진다. 일부일처제를 도와주는 두 번째 요소는 미신이다. '죄'를 지으면 영원한 형벌을 받게 된다고 진심으로 믿는 사람들은 죄를 피할 것으로 기대하고, 비록 기대에는 못 미칠지라도 어느 정도까지는 그렇게 믿는다. 미덕의 세 번째 지원자는 여론이다. 농경사회에서처럼 어떤 사람의 행동이 모조리 이웃에게 알려지는 곳에서는 인습의 비난을 살 만한 행동은 일체 하지 않아야겠다는 강한 동기를 가지게 된다. 그러나 바른 행실로 유도하는 이러한 모든 동기들이 과거에 비해 현저히 힘을 잃었다. 고립되어 사는 사람이 점점 줄어들고 지옥에 대한 믿음도 퇴색해가고 있다. 그리고 대도시에서는 이웃이 무엇을 하는지 아무도 알지 못한다. 그러므로 남자나 여자나, 근대 산업주의의 발생 이진에 비해 일부일처 원칙에 충실하지 못한 것도 놀라운 일이 아니다.

물론, 도덕률을 지키지 않는 사람의 수가 점점 늘어가고 있는 마당에 우리의 기준을 변경할 이유는 없다고 말할 수도 있을 것이다. 죄짓는 자는 자신이 죄지음을 알고 인정해야 하며 윤리 규범은 지키

11 우리의 성 윤리

기 어렵더라도 여전히 규범이라고 하는 얘기를 우리는 이따금 듣는다. 그러나 나는 이렇게 대답하고 싶다. 규범이 좋으냐 나쁘냐 하는 문제는 그것이 인간의 행복을 증진시켜주느냐 아니냐의 문제와 같다고 말이다. 어른들 중에는, 어린 시절에 가르침 받은 것들을 아직도 그대로 믿으면서, 자신의 생활이 주일학교에서 배운 금언에 부합되지 않으면 죄책감을 느끼는 사람이 많다. 여기에서 오는 피해는 의식적이고 합리적인 인성과 무의식적이고 유아적인 인성을 갈라놓는 데서 그치지 않는다. 인습적 도덕 중에 타당한 부분들까지도 무용한 부분들과 더불어 신뢰를 잃게 되면서, 이를테면 간통이 용서될 수 있다면 게으름, 부정직, 불친절도 용서받을 수 있다는 식으로 생각하게 되는 것도 그 피해 때문인 것이다. 이 같은 위험은, 아이가 성숙하게 되면 십중팔구 폐기처분되고 말 무수한 믿음을 아이들에게 가르치는 제도와 불가분의 관계에 있다. 사회 경제적으로 반항하는 과정에서 그들은 좋은 것까지 나쁜 것과 함께 내던져 버리기 쉽게 된다.

　실행 가능한 성 윤리에 도달하기 어려운 이유는 질투의 충동과 일부다처제의 충동 간의 갈등에 있다. 질투는 어느 정도 본능적이기는 하지만 인습적인 면이 상당히 작용한다는 데는 의심의 여지가 없다. 남자를 조롱하기 좋은 대상으로 생각하는 사회에서는 아내가 불충실하면 남편은 더 이상 아내에게 아무 애정도 없는 상태라 할지라도 아내가 관련된 부분에서 질투를 느끼게 되는 법이다. 이처럼 질투란 것은 소유 관념과 밀접하게 연관되어 있으므로 이 관념이 없는 곳에서는 훨씬 덜하다. 만일 정조(貞操)가 인습에서 기대하는 것과 아무 관계가 없다면 질투는 많이 줄어든다. 질투 줄이기는 많은 이들이 생각하는 것보다 가능성이 높음에도 불구하고, 권리와 의무가 아버지들에게 있는 한 한계가 아주 뚜렷하다. 상황이 이러하니 남자들로서는 자기가 아내가 낳은 아이들의 아버지란 점을 보장해주도록 바라지 않을 수 없다. 만약 여자들이 성적 자유를 누릴 수 있으려면 아버지들이 사라져야 하고, 아내들은 남편에 의한 부양을 더 이상 기대해서는 안 된다. 조만간 이런 일이 벌어질지도 모른다. 만일 그렇게 된다면 그것은 중대한 사회적 변혁일 것이며 그 결과가 좋을지 나쁠지는 예측하기 어렵다.

한편, 만일 결혼과 부권이 사회 제도로서 살아남을 수 있으려면 완벽한 난혼(亂婚)과 평생을 가는 일부일처제 사이에 일정한 타협이 필요하다. 일정한 시점에서 최상으로 생각되는 타협안을 정하기란 쉽지 않다. 그리고 그 결정은 주민의 습관과 산아제한 방법의 신뢰도에 따라 수시로 변경되어야 할 것이다. 그러나 몇 가지 사항은 어느 정도 분명하게 말할 수 있다.

첫째로, 여자가 20세 이전에 아이를 가진다는 것은 생리적으로나 교육적으로나 바람직하지 못하다. 따라서 우리의 윤리는 이런 일이 자주 일어나지 않도록 하는 윤리가 되어야 한다.

둘째로, 남자든 여자든 성 경험이 없는 사람은, 단순히 육체적으로 끌리는 것과, 결혼 생활을 성공적으로 이끄는 데 필요한 일종의 일치감을 구분하는 능력이 없는 경우가 많다. 게다가 대체로 남자들은 경제적 요인 때문에 결혼을 미루기 마련인데 20세와 30세 사이의 남자들이 동정을 유지하기란 쉽지도 않을 뿐 아니라 그렇게 하는 것은 심리학적으로도 바람직하지 못하다. 그러나 만일 그들이 일시적인 관계를 가진다면 직업여성이 아니라, 돈보다는 애정을 동기로 하는 같은 부류의 처녀들과 관계하는 것이 훨씬 좋을 것이다.

11 우리의 성 윤리

이 두 가지 이유로 해서, 젊은 미혼들은 아동들에게만 손대지 않는 한 상당한 자유를 누려야 마땅하다.

셋째로, 이혼은 어느 한 편에만 책임을 전가하는 일 없이 이루어질 수 있어야 하며, 어떤 면으로도 불명예로 여겨져서는 안 된다. 어린 아이가 없는 부부는 어느 한 사람이 원하면 결혼 생활을 끝낼 수 있어야 하고, 어떤 결혼도 쌍방의 합의만 있으면 끝낼 수 있어야 하는데, 위에 말한 어느 경우든 일 년간의 고지 기간이 필요하다. 물론 정신 이상, 방치, 잔학 행위 등 그 밖의 여러 가지 사유로도 이혼할 수 있어야 한다. 그러나 가장 일반적인 사유는 쌍방의 합의에 따라야 할 것이다.

넷째로, 성적 관계를 경제적 측면으로부터 해방시키기 위해 가능한 모든 노력을 다해야 한다. 현재의 아내들은 매춘부와 다를 바 없이 자신의 성적 매력을 팔아서 살고 있다. 그리고 일시적이고 자유로운 관계에 있어서도 남자 쪽이 모든 공동 경비를 부담하는 것이 일반적이다. 그 결과로, 돈과 성이 치사하게 얽히게 되고, 여자들의 동기에 금전적인 요소가 짙어지는 경우도 드물지 않다. 성 관계는, 비록 교회의 축복하에 이뤄진 것이라 할지라도, 직업이 되어서는 안 된다. 여자가 살림을 살고 요리를 하고 아이를 돌보는 대가로 보수를 받는 것은 온당하지만 남자와 성 관계를 가진다는 이유만으로 보수를 받는 것은 옳지 않다. 또한 한때 서로 사랑한 관계였다고 해서 서로의 사랑이 식은 다음에도 여자가 남자로부터 별거 수당을 받아 살아가는 일도 없어져야 한다. 여자도 남자처럼 자신의 생계를 위해 일해야 하며, 게으른 아내는 본질적으로 매춘부의 기둥서방 이상으로 존경받을 가치가 없다.

II

오늘날 인정되고 있는 성 행위의 규범이 형성되기까지에는 비록 정도의 차이는 크지만 두 가지의 매우 원시적인 충동이 기여해왔다. 그중 하나는 절제심이고 나머지 하나는 위에서 언급한 대로 질투심이다. 절제심은 형태와 정도는 달라도 인류에게 거의 보편적으로 존재하며, 특정 형식과 의식에 따를 때, 혹은 최소한 어떤 인정된 예법에 따를 때에 한해서만 위반이 허용되는 터부를 만들어낸다. 모든 것을 다 보아서도 안 되며 모든 사실을 다 언급해서도 안 되는 것이다. 이것은, 일부 현대인들이 생각하듯, 빅토리아 시대의 발명품이 아니다. 오히려 인류학자들은 원시 야만족들 사이에서 지극히 정교한 형태의 점잔빼기를 발견했다. 음탕이란 관념은 인간의 본성에 깊이 뿌리박고 있다. 이 관념에 대항하기 위해 우리는 반항을 사랑하거나, 과학적 정신에 충실하거나, 바이런이 그랬듯 사악해진 느낌을 갖고 싶어할 수도 있다. 그러나 그렇게 한다고 해서 우리의 자연적 충동들 가운데서 그것이 뿌리 뽑히지는 않는다. 어떤 사회에서 정확히 어떤 것을 추잡하다고 할 것이냐를 결정하는 것이 인습이라는 데 대해서는 의심의 여지가 없다. 그러나 그 같은 류의 일부 인습이 보편적으로 존재한다는 것은 단순히 인습적이지만은 않은 근원이 있다는 결정적인 증거가 된다. 이를테면 포르노그라피나 노출증은 거의 모든 인간 사회에서 범법 행위로 간주된다. 그러나 그것들이 종교 의식의 일부로 될 때—드문 경우도 아니다—는 물론 예외로 친다.

금욕주의—심리학적으로 절제심과 연관이 있든 없든—는 문명이 일정 수준에 도달했을 때에만 일어나는 것으로 보이는 충동이지만 그러고 나면 점차 강해질 수도 있다. 이것은 구약 성서의 초기 서적들에서는 발견되지 않으나 후기의 책들과 위경, 신약 성서에 등장한다. 마찬가지로, 그리스인들 사이에서도 초기에는 별로 발견되지 않지만 시간이 흐를수록 점차 많아진다. 인도의 경우 금욕주의가 아주 초기에 발생하여 대단한 세력을 얻었다. 금욕주의의 기원을 심리학적으로 분석하려는 건 아니지만, 그것이 다소 미미하나마, 문명화된 거의 모든 인간들 속에 존재하는 자연발생적인 정서라는 데 대해선 나로선 의심할 수 없다. 금욕주의의 가장 미약한 형태는, 공경 받는 사람—특히 종교적 신성을 지닌 사람—의 이런 행위는 최고도의 존엄과는 도저히 양립하지 않는 것처럼 느껴진다. 애정 행위를 하리라고는 상상하지 않으려 드는 태도이다. 정신을 육체의 속박으로부터 해방시키고자 하는 소망은 세계의 많은 위대한 종교를 고취시켰으며 현대의 지식인들 사이에서도 여전히 힘을 발휘하고 있다.

그러나 질투심은 성 도덕의 발생에 있어 단일 요소로는 가장 강력한 요소로 작용해왔다고 나는 믿는다. 질투는 본능적으로 노여움을 일으키며, 노여움이 합리화되면 도덕적 거부로 변한다. 이 순수하게 본능적인 동기는 문명 발달의 초기 단계에서 부권을 확립하려는 남성들의 욕구에 의해 강화되었음이 분명하다. 그러한 측면에서의 보장이 없었다면 부권 가정은 불가능했을 것이며, 부권은 그 경제적 함축성에도 불구하고 사회 제도의 기초가 될 수 없었을 것이다. 따라서 다른 남자의 아내와 관계를 가지는 것은 죄악이지만 미혼 여성과 관계하는 것은 조금도 비난받지 않았다. 강간한 자를 비난하는 데는 아주 멋지고도 실질적인 이유가 있었으니, 혼란을 일으켜 유혈 사태로 이어질 염려가 있었기 때문이었다. 트로이 공략은 남편의 권리를 존중하지 않음으로써 야기된 혼란의 극단적인 예라고 할 수 있지만 그와 같은 일은 관련 당사자들의 신분이 낮은 경우에도, 비록 규모는 더 작겠지만, 얼마든지 일어날 수 있었다. 물론 당시의 아내들에게는 그와 같은 권리가 전혀 없었다. 그러나 남편은 다른 남편의 재산을 존중할 의무는 있었으나 아내에 대한 의무는 전혀 없었다.

우리가 살펴본 정서들에 기초한 윤리도 그렇지만 부권 가정이란 낡은 제도도 어떤 의미에서는 성공적이었다. 지배했던 남자들은 상당한 자유를 누렸고, 고통 받았던 여자들은 여자의 불행은 중요하게 여겨지지 않을 정도로 철저하게 종속되었던 것이다. 오늘날, 세상이 필요로 하는 새로운 제도를 만드는 데 가장 많은 역할을 한 것은 바로 남성과 동등해지고자 하는 여성들의 권리 주장이다. 평등은 두 가지 방법으로 보장될 수 있다. 우선, 남자들에게 과거에 그들이 여자들에게 강요했던 것과 똑같은 엄격한 일부일처제를 강요하는 방법이 있고, 또 하나는, 전통 규범의 적당한 완화를 남성은 물론 여성에게도 허용하는 것이다. 여성 권리의 개척자들은 대부분이 두 방식 중에 전자를 선호했고 교회는 지금도 이를 선호하지만 실제로는 후자의 방법을 지지하는 사람들이 더 많다. 비록 자신들의 행동을 이론적으로 정당화할 수 있을지에 대해서는 그들 대부분이 미심쩍어하지만 말이다. 따라서 뭔가 새로운 윤리가 필요함을 인정하는 사람들로서는 거기에 어떤 지침들이 담길 것인지조차 파악하기 어렵게 느껴진다.

참신하게 느껴지는 게 또 하나 있다. 성 지식에 관련된 금기를

11 우리의 성 윤리

약화시키는 데 있어 과학적 견해가 발휘하는 효과가 바로 그것이다. 이를 테면 성병 같은 다양한 악들은 과거에 허용되던 것보다 훨씬 더 솔직하게 논의되지 않는 한 효과적인 퇴치가 어렵다는 점을 이제 누구나 이해하게 되었다. 또한, 과묵함과 무지는 사람의 심리에 해로운 영향을 미치기 쉽다는 것도 발견되었다. 사회학과 심리분석은 성 문제에 진지하게 접근하는 학생들로 하여금 침묵하는 방법에 반대하도록 이끌었으며 아이들과 함께 해본 많은 현장 교육자들도 같은 입장을 채택했다. 뿐만 아니라, 인간의 행동과 관련해 과학적인 견해를 가진 사람들은 어떤 행동에 '죄악'이란 꼬리표를 붙이는 것은 불가능하다고 본다. 또한 그들은, 우리가 하는 행동은 우리의 유전 형질과 교육, 환경에서 연원하며 따라서 사회에 해를 주는 행동을 예방하려면 비난하는 방법이 아니라 이러한 원인들을 조절하는 방법이 필요하다고 인정한다.

그러므로 우리는 새로운 성행위에 대한 새로운 윤리를 모색하면서, 낡은 윤리를 낳았던 고대적인 비합리적 열정에 지배되어서는 안 될 것이다. 물론 그러한 열정들이 어쩌다 우연히 몇몇 건전한 처세훈으로 발전되었으며, 비록 약화된 형태로나마 존재하기 때문에 지금도 우리의 문제와 관련된 여건 가운데 끼어 있다는 건 인정해야겠지만 말이다. 어떤 도덕률이 인간의 행복을 확실하게 증진시킬 수 있는지 자문해보는 것이야말로 우리가 적극적으로 해야 할 일이다. 그러나 어떤 규율이든 보편적으로 준수되긴 어렵다는 점을 항시 명심해야 한다. 다시 말해, 그 규율이 완벽하게 효과를 나타낸다고 가정했을 때의 효과가 아니라, 실제로 발휘될 효과를 따져보아야 한다.

III

다음으로, 성적 주제들에 관한 지식의 문제를 살펴보기로 하자. 이것은 아주 어릴 때 발생하는 문제이므로 우리가 관심을 가진 여러 문제들 중에선 가장 쉽고도 확실한 편이다. 어떤 류의 것이든 아이들에게 얘기할 때 사실을 숨겨야 할 이유가 전혀 없다. 아이들이 질문하면 반드시 대답해주어야 하고, 어류의 습성이나 기타 그들의 관심을 끄는 다른 모든 주제들과 마찬가지로 성에 대해서도 그들의 호기심을 충족시켜주어야 한다. 감정을 넣을 필요는 없다. 어린 아이들은 어른들처럼 느끼지 않을 뿐 아니라 과장된 이야기를 좋아할 이유도 없기 때문이다. 벌과 꽃들의 사랑 이야기로 시작하는 건 실수이다. 우회로를 통해 인생의 사실들에 도달한다는 건 무의미하기 때문이다. 알고 싶은 이야기를 들을 수 있는 아이, 부모의 벌거벗은 모습을 보도록 허용되는 아이는 결코 병적인 갈망에 빠지지 않으며 성적인 것에 집착하지 않는다. 겉으로는 모르는 척 하는 분위기에서 자라는 사내아이는 대화 속에서 성적인 화제가 다른 화제들과 똑같이 다루어지는 것을 항시 들으며 자란 사내아이들보다 성에 대해 훨씬 더 많이 생각하고 말한다. 모르는 척 하지만 실제로 아는 상황은, 아이들에게 어른을 속이고 위선적으로 대하게끔 가르친다. 한편, 정말 모르고 있다가 알게 되는 경우는 아이에게 충격과 불안을 야기하기 쉬우며 따라서 현실의 삶에 쉽게 적응 하기 어렵게 만든다. 무지란 게 모두 유감스러운 것이긴 하지만 성문제 같은 너무도 중요한 문제에 무지한 것은 대단히 위험스럽다.

아이들도 성에 관해 알아야 한다고 해서 노골적인 생리적 사실만을 말해주라는 뜻은 아니다. 아이들이 알고 싶은 것은 무엇이든

들을 수 있어야 한다는 얘기이다. 어른이 아이들보다 도덕적인 양, 혹은 성이 결혼 생활에서만 일어나는 것인 양 표현하려 해서는 안 된다. 어린이를 속이는 것은 변명의 여지가 없는 짓이다. 인습적인 가정에서는 흔히 있는 일이지만, 아이들은 자신의 부모가 거짓을 말했다는 것을 알고 나면 부모에 대한 신뢰를 잃으며 부모에게 거짓말하는 것이 정당하다고 느낀다. 아이에게 강요해서는 안 될 사실들도 있기는 하다. 그러나 나라면 진실이 아닌 것을 말하느니 차라리 무엇이든 말해주겠다. 사실에 대한 허위 시각에 기초한 미덕은 진정한 미덕이 아니다. 이론에 의해 하는 말이 아니라 실제 경험에서 하는 말인데, 성적 주제들을 철저히 공개하는 것이야말로 아이들이 그것을 과도하게, 불결하게, 혹은 불건전하게 생각하는 것을 예방하는 최선의 방법인 동시에, 계몽된 성 도덕으로 나아가는 데 있어 빼놓을 수 없는 준비 작업이라고 나는 확신한다.

성인의 성 행위와 관련해서는, 각기 자체 정당성을 가지고 상충하는 견해들 틈에서 합리적인 타결점에 도달하기란 결코 쉽지 않다. 근본적인 어려움은 말할 것도 없이, 질투 충동과 성적 다양성에 대한 충동 간의 갈등이다. 이 두 충동 중 어느 것도 보편적이지 못한 것은 사실이다. (비록 드물긴 하지만) 결코 질투하지 않는 사람들도 있고, (여자는 물론 남자들 중에도) 일단 배우자를 택하면 결코 다른 길로 벗어나지 않는 애정을 가진 사람들도 있긴 마련인 것이다. 만일 이 두 유형 중에 어느 하나를 보편화시킬 수 있다면 만족스러운 규범을 고안해내기는 쉬울 것이다. 그러나 그 목적을 위해 생겨난 인습에 의해 어느 한 유형이 보다 보편화될 수도 있다는 점을 인정하지 않으면 안 된다.

완전한 성 윤리에서 다루어야 할 분야들이 아직 많이 남아 있긴 하지만, 성문제에 있어 다양한 제도들의 효과와 합리적인 교육이 낳게 될 변화에 관해 우리가 좀더 경험을 쌓지 않는 한, 명확하게 말할 수 있는 것은 없다고 본다. 분명한 것은, 국가는 아이들 때문에 제도로서의 결혼에 관심을 가질 뿐, 아이가 없는 한 순전히 개인의 문제로 본다는 것이다. 또한 분명한 것은, 아이들이 있는 경우라 할지라도 국가는 아버지들의 의무와 관련해 관심을 보일 뿐이며 그 의무는 주로 경제적인 성격을 띤다는 점이다. 스칸디나비아처럼 이혼이 쉬운 곳에서는 아이들이 엄마와 함께 사는 것이 일반적이어서 부권 가정이 사라지는 경향이 있다. 임금 소득자 계층에서 점차 늘어나고 있는 현상처럼, 지금까지 아버지들에게 지워져왔던 의무를 국가가 떠맡게 되면 결혼의 존재 의미는 사라질 것이고 따라서 더 이상 관습으로 자리매김되지 못 할 것이다. 물론, 부자와 종교인들 사회에서는 또 다르겠지만 말이다.

다른 한편으로, 남자나 여자나 성관계, 결혼, 이혼에 있어 관용, 온정, 정직, 공정성이라는 평범한 미덕들을 실천해야 한다는 것을 명심할 수만 있다면 좋은 일이다. 인습적 기준에서 성적으로 도덕적이라는 사람들은, 그렇기 때문에 자신을 훌륭한 사람들처럼 행동하지 않아도 괜찮다고 생각하는 경우가 많다. 도덕론자들은 대부분 너무도 성에 집착한 나머지 사회적으로 보다 유용하고 윤리적으로도 훌륭한 그 밖의 행동들을 너무 소홀히 해왔다.

(1936년에 처음 발표됨)

12

자유와 대학

Freedom and the Colleges

이 글은 원래, 러셀이 뉴욕 시립 대학 교수가 되기에는 '부적당' 하다는 맥기언 판사의 판정이 있은 직후인 1940년 5월에 발표된 것이다.

I

학문의 자유의 현황을 논하기 전에 이 말이 무슨 의미인가부터 살펴보는 것이 좋을 것 같다. 학문의 자유의 핵심은, 교수는 가르치는 과목에서의 전문성을 기준으로 선택되어야 하며, 이 전문성을 판정하는 사람은 같은 분야의 다른 전문가들이어야 한다는 것이다. 어떤 사람이 훌륭한 수학자나 물리학자, 화학자인가 하는 것은 다른 동료 수학자, 물리학자, 화학자들에 의해서만 판정될 수 있다. 그러나 그것은 그들의 의견이 상당 정도 일치할 때 판정될 수 있다.

학문의 자유에 반대하는 사람들은 자기 분야에서의 기능 외에 다른 조건들도 고려되어야 한다고 주장한다. 다시 말해, 집권자들을 논박하는 어떤 견해도 표명한 바 없는 사람이어야 한다는 것이다. 이것은 민감한 사안인 동시에, 전제주의적 국가들이 강력한 방침을 취해온 사안이기도 하다. 러시아의 경우, 케렌스키가 집권한 짧은 기간을 제외하고는 학문의 자유를 누린 적이 없다. 하지만 내가 볼 때 현재의 러시아 대학들은 오히려 짜르 치하 때보다 자유가 없다. 전쟁 이전의 독일에는 비록 각종 형태의 자유가 없었으나 대학 교육에 있어서는 상당 정도 자유 원칙을 인정하였다. 그러나 이제는 이런 분위기가 완전히 바뀌어, 몇몇 드문 경우를 빼고는 능력과 학식에 있어 독일 최고의 인물들이 모두 추방당한 상태이다. 이탈리아의 경우는, 다소 부드러운 형태를 띠기는 했으나 마찬가지의 폭정이 대학을 지배하고 있다. 서구 민주주의 국가들은 이런 상황을 대체로 개탄할 만한 사태로 보고 있다. 그러나 다소나마 이와 비슷한 악들로 이어질 수도 있는 경향들이 존재한다는 것은 결코 부인할 수 없다.

이러한 위험성은 민주주의 자체만으로는 충분히 막아낼 수 없는 성질의 것이다. 다수가 무제한의 권력을 행사하는 민주주의는 독재나 마찬가지로 압제적일 수 있다. 소수를 용인하는 것이야말로 현명한 민주주의의 핵심적인 부분이지만 그러나 이 부분이 항시 충분하게 명심되는 것은 아니다.

대학 교직자들과 관련하여 본다면, 이러한 일반적인 생각들은 특히 그들에게 적용되는 경우들을 생각해 볼때 더욱 절실해진다. 대학 교수라고 하면, 논쟁에 오른 문제들에 접근하는 데 요구되는 특별한 지식과 특별한 교육을 갖춘 사람들, 특히 그러한 문제들의 해결에 빛을 던질 수 있는 방식을 취하는 사람들로 여겨진다. 그들에게 논쟁에 오른 사안들에 침묵하라고 명하는 것은, 공평무사를 교육받은 그들로부터 얻어질 수도 있는 이익을 그 사회로부터 박탈하는 것과 같다. 수세기 전, 허가된 비판의 필요성을 인식한 당시의 중국 황실은, 학식과 지혜로 명망 높은 사람들로 구성된 사간원을 설치하고 황제와 그의 내각을 비판할 수 있는 권리를 부여했다. 그러나 불행히도 이 제도는 옛 중국의 다른 모든 것들과 마찬가지로 인습화되고 말았다. 사간원은 특정한 것들에 한해 견책할 수 있었는데 특히 내시들의 과잉 권력이 주요 감사 대상이었다. 그러나 만일 사간원이 전통에서 벗어난 비판 분야들로 빗나가기라도 하면 황제는 그들의 면책권을 망각하기 일쑤였다. 이와 똑같은 일이 우리들에게도 일어나고 있다. 폭넓은 분야의 비판이 허용되고는 있으나 정말로 위험스럽다고 생각되는 분야에서는 비판의 장본인에게 어떤 형태의 처벌이 떨어지기 쉽다.

이 나라의 학문의 자유는 두 가지 근원으로부터 위협받고 있는데, 경제 및 신학상의 검열권을 자신들에게 두려고 애쓰는 금권 정치와 교회가 바로 그것이다. 이 두 세력은 공산주의 비난에서 쉽게 결탁하여, 비위에 맞지 않는 견해를 가진 사람이 있으면 무턱대고 공산주의라고 한다. 예를 들어 내가 재미있게 지켜본 것은, 1920년 이후로 소비에트 정부를 비판해왔고 최근 몇 년 사이에는 그것이 적어도 나치 정부만큼이나 나쁘다고 하는 견해를 힘주어 표명했음에도 불구하고, 나의 비판자들은 이 모든 점을 무시하고, 희망이 있어 보이던 시기에 내가 궁극적으로 선(善)은 소련에서 나올 수 있지 않을까 하고 시사한 한 두 문장만 의기양양하게 인용하는 것이다.

특정 권력 집단의 비위에 맞지 않는 의견을 가진 사람들을 다루는 기술이 완벽에 가까워지면서 질서 있는 진보에 큰 위험이 되고 있다. 관련자가 아직 젊고 비교적 무명 인사인 경우, 그의 직장 상사로 하여금 그를 직업상 무능자로 비난하도록 유도하여 조용하게 쫓아낸다. 이 방법을 써서 성공하기엔 너무 잘 알려진 나이 지긋한 인사인 경우에는, 그들의 의견을 거짓 전달하여 대중의 반감을 불러일으킨다. 대다수 교수들은 당연히 이런 위험에 노출되는 것을 꺼리므로 정통에서 벗어난 자신의 견해를 대중 앞에서 표명하는 것을 피한다. 이것은 위험스러운 현상으로서, 이로 말미암아 공평무사한 지성의 입이 봉해지고, 보수주의와 몽매주의 세력으로 하여금 자신들이 계속 승리자로 남을 수 있다는 확신을 갖게 만든다.

II

미국의 헌법 제정자들을 고취시켰던 자유 민주주의 원칙은, 논란이 되는 문제는 힘이 아니라 토론을 통해 결정되어야 한다는 것이었다. 자유주의자들은 항상, 한편만 말하게 하지 말고 구속되지 않은 토론을 통해 견해를 형성하자는 입장을 견지해왔다. 나로서는 이 문제 있어서 자유주의적 전통을 포기해야 할 이유가 없다고 본다. 가령 내가 집권자라 해도 나는 내 반대자들이 의견을 말하지 못하게 방해하진 않을 것이다. 오히려, 모든 견해에 대해 동등한 편의를 제공하려 애쓰고, 결과는 토론과 논의의 결과에 맡길 것이다. 독일의 폴란드 박해 때 희생된 학계 인사들 가운데는 내가 알기로 철저하게 정통파 가톨릭 신자인 저명한 논리학자들이 몇 명 있다. 나는 이 분들이 대학에 설 수 있도록 전력을 기울일 것이다. 비록 그의 동료 종교인들한테 답례 인사도 못 받겠지만 말이다.

자유주의 관점과 비자유주의 관점의 근본적인 차이는, 전자는 모든 문제에는 토론의 여지가 있고 모든 견해에는 크든 작든 의심의 여지가 있다고 보는 반면, 후자는 특정 견해들은 절대로 의심의 여지가 없으며 그러므로 그에 반하는 어떤 의견도 말할 수 없게 해야 한다고 미리 정해버린다는 것이다. 이러한 태도와 관련해 잘 이해가 안 되는 믿음이 있다. 즉, 공평무사하게 조사 연구하도록 허용해주면 사람들이 잘못된 결론에 도달하게끔 되며, 따라서 무지야말로 과오를 피하는 유일한 안전판이라고 보는 생각이다. 이러한 관점은, 편견이 아니라 이성이 인간의 행동을 지배하게 되길 바라는 사람들로선 받아들이기 힘든 것이다.

자유주의적 관점은 17세기 후반의 영국과 네덜란드에서 종교 전쟁에 대한 반동으로 일어난 것이다. 이 전쟁은 어느 쪽도 승리하지 못한 채 130년에 걸쳐 맹위를 떨쳤다. 양측은 저마다 자기네가 정당하며 자기 쪽이 승리하는 것이 인류에게 지극히 중요하다고 절대적으로 확신했다. 마침내 이 결판나지 않는 싸움에 진력이 난 지각 있는 사람들은, 독단적 확신에 찬 양측 모두에 잘못이 있다고 결론 내렸다. 철학과 정치 양 분야에서 새로운 시각을 표명했던 존 로크가 글을 쓴 것은 관용의 분위기가 점차 확대되는 시대로 접어들 무렵이었다.

그는 인간의 판단들이 오류를 범할 수 있음을 강조하면서 1914년까지 지속될 진보의 시대를 예고했다. 신교 국가들에서 가톨릭이 관용을 누리고 가톨릭 국가들에서 신교가 관용을 누릴 수 있는 것은 로크와 그 학파의 영향 덕분이다. 17세기의 이 논쟁에 연루된 곳에서는 사람들이 다소나마 관용의 교훈을 깨쳤으나 세계대전 이후에 발생한 새로운 논쟁거리와 관련해서는 자유주의 철학자들의 현명한 가르침이 망각되어버렸다. 퀘이커 교도에 대해 이제 우리는 찰스 2세 시대의 열렬한 기독교인들처럼 무서워하지 않지만 그 대신, 17세기 퀘이커 교도들이 당시의 문제들에 적용했던 것과 똑같은 관점과 원칙들을 현재의 문제들에 적용하는 사람들로부터 위협받고 있다. 우리가 찬동하지 않는 견해일지라도 옛날 것이라는 이유로 일정한 존경을 받기도 하지만 우리가 공유하고 있지 않은 새로운 견해는 언제나 충격으로 다가온다.

민주주의의 올바른 기능에 대해서는 두 가지 관점이 있을 수 있다. 그중 한 견해에 따르면, 다수의 의견이 모든 분야를 절대적으로 지배해야 한다. 다른 견해에 의하면, 공동의 결정이 요구되지 않는 분야들에서는 다른 의견들도 각자의 수적 분포에 최대한 비례하여 표현될 수 있어야 한다. 실제에 있어 이 두 견해의 결과는 아주 다르다. 전자의 경우, 다수가 어떤 의견에 찬성하기로 하면 다른 어떤 견해도 표명될 수 없으며, 설사 표현된다 하더라도 눈에 띄지도 않고 영향력도 없는 채널로 국한되게끔 된다. 후자의 경우, 소수 의견들에도 정도가 좀 낮을 뿐, 다수 의견에 주어진 것과 똑같은 표현의 기회가 주어진다.

이 점은 특히 교육에 해당된다. 국가 기관에서 교직을 맡고자 하는 모든 남녀는 반드시 다수 의견을 표명할 필요가 없다. 물론 대다수 교사는 그렇게 하겠지만 말이다. 교사들의 획일적인 견해 표명은 추구되어선 안 될 현상일 뿐 아니라 가능한 한 피해야 할 현상이다. 적어도 건전한 교육이라면 교사들의 다양한 의견이야말로 핵심적인 요소이기 때문이다. 대중의 여론이 갈리는 문제들과 관련해 오직 한쪽 입장만 들어온 사람은 결코 교육받은 사람이라 할 수 없다.

민주적인 교육기관에서 가르쳐야 할 가장 중요한 것은, 여러 가지 의견을 저울질할 수 있는 능력, 어느 측에서 보든 보다 합리적으로 여겨지는 것을 받아들이겠다고 하는 사전 준비된 열린 마음이다. 교사들이 공언하는 견해들에 검열권이 발동되는 순간 교육은

12 자유와 대학

이 목적에 봉사하기를 포기하는 것이며, 사람들의 국가가 아니라 광신적이고 편협한 무리를 만들어내기 쉽다. 세계대전이 끝난 후로 광신적이고 편협한 자들이 부활하더니 마침내는 전 세계의 넓은 지역에 걸쳐 종교전쟁 당시 못지않은 독소 세력으로 되었다. 자유 토론에 반대하면서 젊은이들에게 노출되는 견해들에 검열을 가하고자 하는 모든 사람들은 이러한 편협한 태도를 증대시키고 세계를 알력과 불관용의 수렁으로 한층 깊이 밀어 넣는 데 일익을 담당하고 있다. 로크와 그의 협력자들이 점차 건져내 왔던 바로 그 수렁으로 말이다.

두 가지 문제가 만족할 만큼 뚜렷이 구분되지 못하고 있는데 그 하나는 최선의 정부 형태에 관한 것이고 다른 하나는 정부의 기능에 관한 것이다. 민주주의가 최선의 정부 형태라는 데 대해선 나로선 의심의 여지가 없다고 보지만, 정부의 기능이란 측면에서는 이것도 다른 형태들 못지않게 타락할 수 있다. 공동 행동이 필요한 문제들이 있기 마련인데 이 경우 공동 행동은 다수에 의해 결정되어야 한다. 다른 한편, 공동의 결정이 필요하지도 바람직하지도 않은 문제들이 있다. 의견의 범위도 이런 문제들에 속한다. 권력이 있는 자들은 자연히 그것을 최대한 행사하려 들기 때문에 전횡을 막는 안전판으로서, 실제와 이론의 양 측면에서 국가로부터 일정 정도 독립성을 갖는 기관 및 조직체들이 있어야 한다.

문명의 기원을 유럽에 둔 나라들에 존재하는 것과 같은 자유는, 역사적으로 추적해볼 때 중세시대 교회와 국가 간의 갈등에 닿아 있다. 비잔틴 제국에서는 교회가 국가에 종속되어 있었는데, 러시아에 자유의 전통이 전무한 이유도 거슬러 올라가 보면 이 같은 사실과 관계가 있다. 러시아의 문명은 콘스탄티노플에서 연원하기 때문이다. 서구의 경우, 처음에는 가톨릭 교회가 그 다음에는 신교의 다양한 분파들이 국가와 대립하면서 나름대로의 자유를 점차 획득했다.

특히 학문의 자유는 원래 교회의 자유의 일부였던 관계로 영국에서는 헨리 8세 시절에 시련을 겪었던 것이다. 다시 한 번 말하지만, 정부의 형태가 무엇이냐를 떠나 모든 국가에서 자유를 보존하려면 국가로부터 일정 정도 독립된 사람들의 단체가 존재해야 하며, 대학도 그러한 단체들에 속해야 한다는 것이 중요하다. 오늘날 미국에서는, 명목상 민주적인 당국에 소속된 대학들보다 사립 대학들이 더 많은 대학의 자유를 누리는데 이러한 현상은 정부의 올바른 기능에 대한 오해가 너무도 널리 퍼져 있는 데서 기인한다.

III

납세자들은 대학 교수들의 봉급을 자신들이 부담하므로 그들이 무엇을 가르칠 것인지도 결정할 권리가 있다고 생각한다. 이 원칙을 논리 그대로 끌고 간다면 대학 교수들이 누리는 최고 교육의 모든 혜택이 무효화되어야 하고, 그들은 아무 특수 능력도 없는 사람들이 가르치는 것과 똑같은 것들을 가르쳐야 할 것이다. '어리석음, 학자연 하는 짓, 지배하는 재주'는 셰익스피어로 하여금 차라리 평온한 죽음을 간청하도록 만들었던 것들 중 하나다. 그러나 많은 미국인들이 이해하고 있는 민주주의는 그러한 지배가 모든 주립 대학에 존재할 것을 요구한다. 권력 행사가, 특히 이름 없는 개인이 저명한 사람에게 힘을 행사할 때는, 문제가 되는 건 아니다. 아르키메데스를 살해한 로마의 그 병사가 만일 어릴 때 억지로 기하를 공부해야 했다면 그처럼 저명한 악인의 생명을 끊으면서 꽤 특별한 쾌감을 맛보았을 것이다. 무지하고 편협한 미국 사람의 경우도 마찬가지이다. 교육받지 못한 사람들에게 미움받는 견해를 가진 사람들을 대상으로 자신의 민주적 권력을 휘두르면서 똑같은 쾌감을 맛볼 것이다.

민주주의의 권력 남용은 특히 위험스럽다. 즉, 집단적으로 이루어지기 때문에 군중 심리에 자극받기 쉽다. 군중의 마녀 사냥 본능을 불러일으키는 데 재주가 있는 자는, 다수에 의한 권력 행사가 습성이 되어 압제에 대한 열광과 충동이 발생하는 민주주의에 악을 불러일으키는 특별한 능력이 있다. 권위는 행사하다보면 대개 그러한 열광과 충동을 낳기 마련인 것이다. 이 같은 위험에 대비한 주요 방비책은 집단적 증오의 비합리적 분출 풍조와 맞서 싸우도록 기획된 건전한 교육이다. 그 같은 교육이야말로 대다수 대학 교수들이 하고 싶어 하는 교육이지만 금권 정치와 성직 계급에 속한 상관들은 그들이 이 임무를 효과적으로 수행하는 것을 가능한 한 어렵게 만든다. 그들 상관들이 권력을 유지할 수 있는 것은 바로 군중의 비합리적인 열정 덕분이며, 만일 합리적 사고 능력이 보편화되기라도 하면 자신들은 추락하고 만다는 것을 그들도 잘 알고 있기 때문이다. 이렇게 하여, 아래의 우둔함과 위의 권력욕이 서로 얽힌 힘이 합리적인 사람들의 노력을 마비시키는 것이다. 이 같은 악을 피하기 위해서는 학문의 자유를 지금까지 이 나라의 공교육 제도에서 달성된 것보다 훨씬 많이 확보하는 길밖에 없다. 대중에 영합하지 않는 지성을 박해하는 것은 어느 나라에서든 위험천만한 일이며 국가 패망의 원인이 된 예도 적지 않다. 낡은 예이긴 하지만, 유대인과 무어족을 몰아낸 결과 농업의 쇠퇴와 완전히 미친 재정책의 채택으로 이어졌던 스페인이 바로 그 경우이다. 이 두 가지 사항이야말로, 비록 처음에는 카를로스 5세의 권력으로 그 결과가 위장되긴 했지만, 스페인을 유럽에서의 지배적 위치에서 물러나게 한 주요 원인이었다. 독일의 경우도 가까운 장래는 아니라 하더라도 결국에는 같은 원인으로 같은 결과가 나온다고 보아도 무방하다. 이런 류의 악이 오랜 세월 작용해온 소련의 경우, 이제 그 결과가 눈에 보일 지경에 이르러 군사 기관의 무능에서까지 확인된다.

현재의 소련은 무지하고 편협한 자들이 지배권을 가진 나라의 가장 완벽한 예이지만 뉴욕의 편협주의자들도 그에 못지않은 지배권을 확보하려 애쓰고 있다. A. V. 힐 교수는 《소련 천문학지》 1938년 12월호에 실린 다음의 내용을 인용하고 있다.

1. 현대 부르주아 우주론은, 유일하게 진실한 변증법적 유물론적 개념, 다시 말해 우주는 시간은 물론 공간적으로도 무한하다는 생각을 거부한 결과 이데올로기적으로 깊은 혼란 상태에 빠져 있다.
2. 한때 언론은 물론 일부 천문학 및 기타 부문들에까지 침투해 주도적인 위치를 장악했던 파시즘 앞잡이들의 적성(敵性) 활동이 문학에서는 반혁명적 부르주아 이데올로기의 반동적 선전으로 이어졌다.
3. 우주생성 문제를 다룬 소비에트 유물론적 저서들은 현재 극소수만 남았을 뿐 아니라 최근까지도 인민의 적들에 의해 고립되고 억압받아 왔다.
4. 과학에 관심을 가진 많은 집단들은 기껏해야 겨우 무관심의 태도로써 현대 부르주아 우주론의 이데올로기 측면에 대해 배운 바 있다.

5. 소비에트 인민의 적들을 폭로하려면 새로운 소비에트 유물론의 우주론을 발전시킬 필요가 있다.

6. 소비에트 과학은 국제 과학 무대로 나서서 우리의 철학적 방법론에 입각하여 우주론에서 구체적인 성과를 거둘 필요가 있다고 보여진다.

여기에다 '소비에트' 대신에 '미국'을, '파시즘' 대신에 '공산주의'를, '변증법적 유물론' 대신에 '가톨릭의 진리'를 넣어보라. 아마도 이 나라 학문 자유의 적들이 찬성하고 나설 글이 될 것이다.

IV

이러한 상황과 관련해 한 가지 용기를 주는 점이 있으니, 미국에서 보는 다수의 횡포가 결코 새로운 것이 아니며 백 년 전에 비하면 그래도 약화되었다는 사실이다. 토크빌(De Tocgueville)이 쓴 『미국의 민주주의』를 보면 누구나 이 같은 결론에 도달하게 될 것이다. 그가 말하는 내용 중에는 지금도 쓸 만한 게 많긴 하지만 일부 소견들은 이제 분명히 사실이 아니다. 예를 들어, '문명 세계의 어떤 나라도 미국만큼 철학에 관심을 보이지 않는 곳도 없다'는 대목에는 나는 동의할 수 없다. 그러나 다음 구절들은, 비록 토크빌 당대만큼은 아니겠지만 지금도 어느 정도 일리가 있다고 본다.

미국에서는 대다수가 의견의 자유에 대해 매우 가공할 만한 장벽을 쌓고 있다. 저술가는 이러한 장벽들 내에서는 무엇이든 자기 뜻대로 쓸 수 있을지 모르지만 행여 그 바깥으로 발을 내디뎠다가는 후회하게 될 것이다. 그는 화형의 공포에 노출되는 것 때문이 아니라 매일

같이 쏟아지는 욕설에 찬 냉대와 박해로 고통받게 되기 때문이다. 그의 정치 인생은 영원히 막혀버린다. 그의 성공을 밀어줄 수 있는 유일한 권위층의 비위를 거슬렸기 때문이다. 그에게는 명성이란 보상은 물론 모든 류의 보상이 거부된다. 자기 생각을 발표하기 전까진 다른 많은 사람들도 자신과 같은 견해를 가졌을 것으로 생각했다. 그러나 그것을 솔직하게 공언하는 순간 그는 횡포한 적들로부터 요란하게 비난받을 뿐 아니라, 한편, 그와 생각은 같으나 말할 용기가 없는 자들이 침묵으로 그를 저버린다. 그는, 자신이 매일 같이 해온 일에 짓눌린 나머지 마침내 굴복해버려, 마치 진실을 말한 탓에 양심의 가책을 받아 괴로워하는 사람마냥 입을 다물어버린다.

토크빌이 민주주의에 있어 개인에 대한 사회의 힘에 관해 말하는 것 역시 옳다고 인정하지 않을 수 없다고 본다.

민주 국가의 주민은 자기 자신과 주위의 모든 사람들을 하나씩 비교할 때 자신이 누구하고든 동등하다는 것에 자부심을 느낀다. 그러나 자기 동료들을 전체로 잡고 자신을 그 거대한 집단과 대비해놓고 보면 그는 곧 자기 자신이 너무도 미미하고 약하다는 느낌에 압도되고 만다. 그를 개별 동료 시민 한 사람 한 사람에 대해 독자적인 존재로 만들어주는 바로 그 특질이 그를 고립시켜 보다 큰 수의 힘 앞에 무방비 상태로 노출시키는 것이다. 그러므로 민주 국민에게 있어 대중은 귀족 국가에서도 결코 생각할 수 없었던 그야말로 보통 이상의 힘을 가진다. 왜냐하면 대중은 특정 견해를 갖도록 설득하는 것이 아니라 강요하며, 전체의 생각이라는 엄청난 압력을 각 개인의 이성에 가함으로써 그러한 견해를 정신 능력 속에 주입시키기 때문이다.

대중이 거대해지면서 개인들의 키가 작아지는 현상은 토크빌 시대 이후로 엄청나게 늘어났지만 이것이 민주 국가들에서만 주로 일어나는 현상은 아니다. 그것은 서구 문명 세계에 지극히 중대한 위협이 되고 있으며 만일 그대로 둔다면 지적 진보에 종말을 가져올 가능성도 있다. 중대한 지적 진보란 것은 무릇 외부의 견해로부터 일정 정도 자유로울 때 가능한 법인데, 정통주의자들이 신의 의지에 바치는 것과도 같은 종교적 존경심을 가지고 다수의 의지를 다루는 곳에서는 그러한 독립성이 존재할 수 없기 때문이다. 다수의 의지를 존경하는 것은 신의 의지를 존경하는 것보다 더 해롭다. 왜냐하면 다수의 의지는 규명될 수 있기 때문이다. 40여 년 전, 더번 시에서 있었던 일이다. '지구 평지설 협회'의 한 회원이 세상을 향해 공개 토론을 신청했다. 한 선장이 이 도전에 응했는데 세상이 둥글다는 그의 유일한 논거는 자기가 세상을 돌아봤다는 것이었다. 물론 이 논쟁은 쉽게 결말지어졌으며, 그 협회의 선전가가 3분의 2에 해당하는 다수 표를 차지했다. 인민의 목소리가 이와 같이 선포되었으므로, 그 진정한 민주주의자는 더번에서는 지구가 둥글다고 결론지을 수 없었다. 아마도 그 후로는, 지구가 둥글다는 얘기는 공산주의와 가정의 파괴로 이끌기 위해 만들어진 악마적 독단이라는 그 선언에 찬성하지 않는 한 누구도 더번(이 시에는 대학이 없는 걸로 알고 있다) 시내 공립학교에서 가르칠 수 없었을 걸로 생각된다. 그러나 거기에 관해서는 내가 아는 바가 별로 없다.

집단의 지혜는, 불행하게도, 개인들의 지성을 대신할 적절한 대용물은 못 된다. 도덕적으로든 지적으로든 모든 진보의 근원은 기존 견해에 맞섰던 개인들이었다. 그들은 인기가 없었지만, 그것은 당연한 일이었다. 소크라테스나 예수, 갈릴레오는 모두 한결같이 정통파의 비난을 샀다. 그러나 옛 시대의 억압 기구는 우리 시대의 그것보다 훨씬 신통치가 못 해서, 이단자들은 비록 처형될망정 적절한 평판은 얻을 수 있었다. 과거에는 순교자의 피가 교회의 씨앗이었으나, 순교가 비밀에 부쳐지고 순교자의 주장을 확산시킬 수단이 전무한 현대 독일과 같은 나라에서는 그것은 이제 진실이 아니다.

학문의 자유에 반대하는 자들은, 자기들이 용인하지 않는 주장을 퍼뜨리는 것과 관련해 방법만 있다면 이 나라를 독일과 같은 수준으로 끌어내릴 것이다. 그들은 조직화된 압제로 개인의 사고를 대신하려 들 것이며, 새로운 것은 무엇이든 배척할 것이며, 사회를 경색시킬 것이다. 그리고 마침내는, 태어나서 죽을 때까지 인류 역사에 아무 흔적도 남기지 못 하는 일련의 세대들을 만들어낼 것이다. 어떤 사람들에게는 그들이 지금 요구하고 있는 것이 그다지 중대한 문제가 아닌 것처럼 보일지도 모른다. 혹은, 전쟁으로 혼미하고, 박해로 고통 받으며, 죄악의 공범자가 되기를 거부하는 사람들을 가둬버리는 정치범 수용소가 넘쳐나는 이 세상에, 학문의 자유 따위가 무슨 중대한 문제냐고 할지도 모른다. 그런 것들에 비하면 학문의 자유라는 사안은 그 자체로 1차적 중요성을 띠진 않는다는 건 나도 인정한다. 그러나 그것은 동일한 싸움의 중요한 부분이다. 작게 보이는 사안에서든 가장 큰 사안에서든 문제가 되는 것은, 인류에 대한 자신의 믿음과 희망을 표현할 수 있는 개별 인간 정신의 자유라는 점을 명심하지 않으면 안 된다. 그러한 믿음과 희망에 공

12 자유와 대학

감하는 자가 많든 적든 혹은 전혀 없든 말이다. 새로운 희망, 새로운 믿음, 그리고 새로운 사상은 시대를 막론하고 인류에게 필요한 것이며, 이러한 것들이 생명 없는 획일주의로부터 생겨나리라고는 결코 기대할 수 없다.

13

하나님은 존재하는가
The Existence of God

러셀과 F. C. 코플스턴 예수회 신부의 토론 | 이 토론은 원래 1948년에 BBC 방송 제3 프로그램에서 방영되었다가 《휴머니타스》지 1948년 가을호에 게재되었는데 고맙게도 코플스턴 신부의 허락을 받아 다시금 여기에 싣게 되었다.

코플스턴 우리가 토론할 것이 하나님의 실재(實在) 문제이니 우선 '하나님'이란 용어를 우리가 어떻게 이해하고 있는지에 대해 잠정적이나마 약간의 합의를 보아 두는 게 좋을 것 같습니다. 나는 그것이 최고의 인격적 존재, 즉 세계와는 별개이면서 세계의 창조자인 존재를 뜻한다고 봅니다. 경(卿)께서는 이 진술을 '하나님'이란 말의 의미로—최소한 잠정적이나마—받아들여도 좋다고 생각하시는지요?

러셀 예, 그 정의를 받아들입니다.

코플스턴 그렇다면 나의 입장은 그러한 존재가 실제로 있다는 것과 그의 실재가 철학적으로 증명될 수 있다는 데 찬성하는 쪽입니다. 아마 경께서도 자신의 입장이 불가지론 쪽인지 무신론 쪽인지 밝히겠지요. 다시 말해, 경은 하나님의 비실재를 증명할 수 있다고 할 건가요?

러셀 아닙니다. 그렇게 말할 생각은 없고, 나의 입장은 불가지론 쪽입니다.

코플스턴 하나님의 문제가 대단히 중요한 문제라는 데는 저와 동감이신가요? 예컨대, 만일 하나님이 존재하지 않는다면 인류와 인간의 역사는 그들 스스로 부여하기로 한 목적 외에 다른 목적을 가질 수 없다는 데 동의하십니까? 그러나 실제로 인간의 그 목적은, 그것을 부여할 능력이 있는 자들이 부여하는 목적을 뜻할 가능성이 높지만 말입니다.

러셀 대체적으로 동감합니다. 그러나 신부님의 마지막 구절에 대해선 약간의 제한이 필요한 것 같군요.

코플스턴 만약 하나님이 없다면—즉, 절대적인 존재가 없다면—절대적인 가치도 있을 수 없다는 것에 동의하십니까? 다시 말해, 절대 선(善)이 존재하지 않으면 가치의 상대성을 결과하게 된다는 데 동의하시나요?

러셀 아닙니다. 나는 이 문제들이 논리적으로 구별된다고 봅니다. G. E. 무어의 '윤리 원론'을 예로 들자면, 선과 악에는 구별이 있으며, 그 두 가지가 다 한정된 개념이라 했습니다. 그러나 무어는 이 논점을 지원하려고 하나님의 개념을 도입하진 않았습니다.

코플스턴 글쎄요, 선의 문제는 나중에 우리가 도덕을 논할 때까지 미뤄두는 게 좋을 것 같고 나는 우선 형이상학에 관해 논하고자 합니다. 나는 '우연성'에 근거한 라이프니츠의 이론을 바탕으로 하는 형이상학적 논의에 중점을 두고 싶습니다.

도덕론에 대해서는 그 다음에 논할 수 있겠지요. 형이상학론에 대해 제가 먼저 간략히 말한 다음 논의를 계속하면 어떨까요?

러셀 아주 좋은 생각 같습니다.

우연성에 근거한 이론

코플스턴 그러면 명확성을 기하기 위해 이론을 별개의 단계들로 나누어보겠습니다. 무엇보다도 나는, 세상에는 자신의 존재 이유를 자체 속에 지니지 못한 존재들이 적어도 일부는 있다는 것을 우리는 알고 있다고 말씀드리고 싶습니다. 예컨대 나는 부모에 의존해 있고, 그리고 지금은 공기, 음식 등등에 의존해 있는 것입니다. 둘째로, 세상은 실제의 혹은 상상의 총체이거나 개별 대상들의 집합체에 지나지 않는데 그 어느 것도 오로지 자신의 존재 이유만 지닌 것은 없습니다. 인류가 그 구성원들로부터 유리된 어떤 것이 아니듯, 자신을 형성하는 대상으로부터 구별되는 세상이란 존재하지 않습니다. 그러므로 나는, 대상이나 사건들이 존재하는 이상, 어떤 경험의 대상도 자체 속에 존재 이유를 가지지 못하는 이상, 그 이유는, 대상들의 총체는, 자신의 외부에 존재하는 이유를 가지지 않을 수 없다고 봅니다. 그리고 그 이유는 반드시 실재하는 존재이어야 합니다. 글쎄요, 그 존재는 그 자체로 자기 자신의 존재 이유이든지, 그렇지 않든지 둘 중 하나겠지요. 만일 그 자체가 존재 이유라면 문제가 없겠지만 그렇지 않다고 하면 그땐 우리가 좀더 나아가 봐야겠지요. 그러나 우리가 그런 의미에서의 무한으로 계속 나아간다면 그땐 실재를 설명할 길이 전혀 없습니다. 그러므로 우리가 실재를 설명하기 위해서는, 자신의 존재 이유를 자기 속에 가진 존재, 다시 말해 실재하지 않을 수 없는 존재에 도달해야만 합니다.

러셀 그건 대단히 많은 것들을 제기하는 얘기라서 어디서부터 시작해야 좋을지 잘 모르겠습니다만, 신부님의 이론에 답하는 가장 적합한 출발점은 필연적 존재의 문제가 아닐까 싶습니다. '필연' 이란 말은 명제에 붙을 때 비로소 의미가 있을 수 있다고 나는 주장하고 싶습니다. 그리고 사실은, 분석 명제 같은 것들, 다시 말해 부정하면 자기 모순이 되는 그런 것에만 붙여야 겠지요. 만일 자신의 존재를 부정하면 자기 모순이 되는 존재가 있다고 하면 나로서도 필연적 존재를 인정하지 않을 수 없겠지요. 신부님께서는 명제들을 이성의 진실과 사실의 진실로 나눈 라이프니츠의 분류를 받아들이시는지 알고 싶습니다. 전자, 즉 이성의 진실이 바로 필연이니까요.

코플스턴 글쎄요, 나로서는 라이프니츠의 생각으로 보이는 그 이성의 진실과 사실의 진실이란 것에 동의할 수 없을 것 같습니다. 왜냐하면 결국 그에게는 분석 명제들만 존재하게 될테니까요. 라이프니츠의 경우, 사실의 진실이 궁극에는 이성의 진실로, 다시 말해 분석 명제들로 환원되는 것 같습니다. 적어도 전지(全知)한 지성에겐 말입니다. 그래요, 나는 거기에 동의할 수 없군요. 무엇보다도 그것은 자유의 경험에 요구되는 것들을 만족시킬 수 없으니까요. 나는 라이프니츠의 철학 전체를 지지하고 싶진 않습니다. 나는 충분한 이유 원칙론을 바탕으로 하여, 우연 존재에서 필연 존재로 넘어가는 그의 이론을 이용한 것입니다. 내가 볼 때 그것이 하나님의 존재에 대한 근본적인 형이상학론이라고 생각되는 것을 간단 명료하게 공식화한 것 같아서일 뿐이죠.

러셀 하지만 내 생각으로는 '필연 명제' 가 분석적으로 되지 않을 수 없습니다. 그것이 그 밖에 다른 의미를 가질 수 있다고는 생각되지 않습니다. 그리고 분석 명제는 언제나 복합적이며 논리적으로 다소 늦기 마련입니다. '이성이 없는 동물은 동물이다' 는 말은 분석 명제이지만, '이것은 동물이다' 와 같은 명제는 결코 분석적이라 할 수 없습니다. 실상, 분석적이 될 수 있는 명제란 것은 명제를 구성하는 데 있어 다소 뒤늦게 나오는 것이니까요.

코플스턴 '우연 존재가 있으면 필연 존재가 있다'는 명제를 들어 봅시다. 가정법으로 표현된 이 명제를 나는 필연 명제라고 봅니다. 만약 경께서 모든 필연 명제를 분석 명제로 부르시겠다면, 나로선 그것을 동의반복적 명제로 보진 않지만 용어상의 논란을 피하기 위해 나도 분석 명제로 부르기로 하겠습니다. 그러나 이 명제는 우연 존재가 있다는 가정하에서만 필연 명제인 것입니다. 실제로 존재하는 우연 존재가 있다는 것은 경험에 의해 발견되어져야 하므로, 우연 존재가 있다는 명제는 결코 분석 명제가 아닙니다. 물론, 우연 존재가 있다는 것을 알고 나면, 필연 존재가 있다는 것이 부득불 뒤따르겠지만 말입니다.

러셀 이 논의가 어려워지는 것은 내가 필연적 존재란 개념을 인정하지 않는 데다, 다른 존재들을 '우연적'이라고 부르는 것이 특별한 의미가 있다고도 보지 않기 때문입니다. 내게 있어 이런 어휘들은 의미가 없습니다. 내가 거부하는 논리 내에서라면 모를까.

코플스턴 이 용어들이, 소위 말하는 '현대 논리학'에 들어맞지 않기 때문에 거부하신다는 뜻인가요?

러셀 뭐랄까, 나로선 그것들이 의미하는 바를 이해할 수 없습니다. 내게는 '필연적'이란 말이 무용한 말로 보입니다. 사물이 아니라 분석 명제에 적용된 때라면 모를까.

코플스턴 우선, 경께서는 '현대 논리학'을 어떤 의미로 보십니까? 저로선 다소 다른 체계들이 존재한다고 알고 있습니다만. 둘째로, 현대 논리학자라고 해서 모두가 다 형이상학의 무의미성을 인정하진 않을 것입니다. 대단히 저명한 현대 사상가로서 현대 논리학에 대해서도 풍부한 지식이 있음에도 불구하고 형이상학이 무의미하다거나 특히 하나님의 문제가 무의미하다고는 결코 생각지 않는 분을 경이나 저나 적어도 한 사람은 알고 있잖습니까. 또한, 설사 모든 현대 논리학자가 형이상학적 용어들은 무의미하다고 주장한다 할지라도 그렇다고 해서 반드시 그들이 옳다고는 못 할 것입니다. 형이상학의 용어들이 무의미하다는 명제는 제가 볼 땐 가정의 철학에 기초한 명제인 것 같습니다. 그 배후에는 다음과 같은 독단적인 입장이 깔려 있다고 봅니다. '내 틀에 들어가지 않는 것은 실재하지 않는 것이거나 무의미한 것이다.' 이것은 감정적인 표현이지요. 내가 지적하고자 하는 것은 단지, 누구든 현대 논리학의 어느 특정 체계만이 유일한 의미의 기준이라고 말하는 사람은 독단 그 이상의 것을 말하고 있다는 것입니다. 철학의 일부를 철학 전체라고 독단적으로 우기고 있는 셈이니까요. 결국, '우연' 존재란 것은 자신의 완전한 존재 이유를 자체 속에 지니지 못한 존재이며, 바로 그것이 내가 말하는 우연 존재입니다. 저나 경이나, 자기 외부의 사물이나 사람, 예를 들면 부모 같은 것을 언급하지 않고서는 누구도 자신의 존재를 설명할 수 없다는 것을 잘 알고 있습니다. 반면에 '필연적' 존재란 것은 반드시 실재해야 하는 동시에 실재하지 않을 수 없는 존재를 뜻합니다. 아마 그런 존재는 없다고 하시겠지만, 제가 지금 사용하는 용어들을 이해하지 못하겠다는 말로 저를 납득시키기 어려울 것입니다. 만약 경이 그런 것들을 이해하지 못한다면, 그런 존재가 실재하지 않는다는 얘기를 어떻게 할 자격이 있겠습니까? 경이 말씀하고자 하는 게 그거라면 말입니다.

13 하나님은 존재하는가

러셀 글쎄요, 거기에는 몇 가지 짚을 대목이 있습니다만 깊이 캐보자고는 안 하겠습니다. 나는 형이상학의 무의미성을 전반적으로 주장하는 것은 결코 아닙니다. 내가 주장하는 것은 어떤 특정 용어들의 무의미함이지요. 이것 역시 일반적인 근거에서가 아니라 단지 지금까지 내가 그 특수 용어들의 해석을 이해할 수 없었기 때문입니다. 그것은 일반적인 독단이 아니라 특수한 것이지요. 그러나 이런 점들은 잠시 미뤄두기로 하겠습니다. 그리고 신부님이 지금까지 하신 얘기는, 제가 보기엔, 우리를 존재론적 증명으로 되돌려 놓는 것 같습니다. '실재를 포함하는 본질을 가진 존재가 있으며 따라서 그의 실재는 분석적이다'고 하는 증명 말입니다. 나로서는 그건 불가능해 보입니다. 그리고 물론 그것은 실재의 의미가 무엇이냐의 문제를 제기하는데 여기에 대해 나는, 이름 붙여진 주사(主辭: subject)가 실재한다고 말하는 것은 아무 의미도 없으며 서술된 주사에 한해서만 의미가 있다고 생각합니다. 그리고 실상 그 실재가 술어(述語: predicate)가 아닌 것은 너무도 명백합니다.

코플스턴 그러니까 경의 말씀은, 예를 들어 'T. S. 엘리어트가 실재한다'고 말하는 것은 문법이 잘못 됐다, 아니 구문이 잘못됐다는 얘긴 것 같습니다. 말하자면 예를 들어, 『사원의 살인』의 저자인 그가 실재한다'고 말해야 한다는 것이지요. '세상의 원인이 실재한다'는 명제는 의미가 없다고 하시겠습니까? 세상은 원인을 가지지 않는다고 말씀하실지 모르겠습니다만, 어떻게 '세상의 원인이 실재한다'는 명제가 무의미하다고 할 수 있는지 나로선 이해가 되지 않습니다. 그 말을 의문형으로 바꿔 '세상은 원인을 가지는가?' 라든가 '세상의 원인이 실재하는가?' 라고 해봅시다. 대개의 사람들은 그 질문을 확실히 이해할 것입니다, 비록 그 대답에서는 일치하지 않을지라도 말입니다.

러셀 그래요, '세상의 원인은 실재하는가?' 라는 질문은 분명 의미가 있는 질문입니다. 그러나 만일 신부님이 '그렇다, 하나님은 세상의 원인이다' 고 말한다면 그 경우 당신은 하나님을 고유 명사로 사용하고 있는 것입니다. 그렇게 되면 '하나님이 실재한다' 는 것은 의미를 가지는 진술이 아닐 것이며, 내가 주장하고 있는 것도 바로 그런 것입니다. 따라서 이것 혹은 저것이 실재한다고 말하는 것은 분석 명제가 될 수 없다는 결론이 나올 것이기 때문입니다. 예를 들어 '실재하는 둥근 네모' 를 주사로 택한다면 '실재하는 둥근 네모가 실재한다' 가 분석 명제처럼 보일 것입니다. 그러나 그런 모양은 존재하지 않습니다.

코플스턴 물론 그렇지요. 그렇다면 경께서 실재가 무엇이냐의 개념을 가지지 못하는 한, 경은 '그것이 실재하지 않는다' 고 말할 수 없게 분명합니다. '실재하는 둥근 네모' 란 말의 경우, 전혀 의미가 없다고 하겠습니다.

러셀 동감입니다. 그렇다면 나는 '필연 존재' 와 관련해서, 같은 내용을 다른 문맥에서 말할 것입니다.

코플스턴 이런, 우리가 막다른 길에 들어선 것 같군요. 필연 존재는 실재해야 하는 동시에 실재하지 않을 수 없는 존재라고 말하는 것은 내가 볼 땐 명백한 의미가 있습니다. 그런데 경에게는 그것이 아무 의미도 없습니다.

러셀 글쎄, 그 문제는 좀더 압축할 수 있을 것 같군요. 실재해야 하는 동시에 실재하지 않을 수 없는 존재는, 신부님에 따르면 분

13 하나님은 존재하는가

명 실재를 본질 속에 포함한 존재일 것입니다.

코플스턴 그렇습니다. 실재하는 것이 본질인 존재이요. 그러나 나는 단순히 하나님의 본질이란 관념으로부터 그의 실재를 주장하진 않을 것입니다. 우리는 아직 하나님의 본질에 대해 명백한 직관적 지식이 없다고 생각하거든요. 우리는 경험의 세계로부터 하나님에게로 논의를 전개해야 할 것으로 봅니다.

러셀 그래요, 그 차이는 나도 잘 압니다. 그러나 동시에, 충분한 지식을 가진 존재에게는, '실재를 본질 속에 포함한 이 존재가 여기에 있다!'고 말하는 것이 참일 것입니다.

코플스턴 그렇습니다. 틀림없이, 누군가 하나님을 본다면 하나님이 분명 실재한다는 것을 알게 될 것입니다.

러셀 내 얘긴, 그 때문에 실재를 본질 속에 포함하는 존재가 있다는 것입니다. 비록 우리는 그 본질에 대해선 알지 못하지만, 우리는 다만 그러한 존재가 있다는 것만 알지요.

코플스턴 그렇습니다. 덧붙이자면, 우리는 그 본질을 선험적(a priori)으로 알지 못합니다. 우리가 그 존재의 실재에 관한 지식에 도달하게 되는 것은 후험적(a posteriori)이어서, 세계에 대한 우리의 경험을 통해서나 가능합니다. 그 다음엔 이렇게 말하겠죠, 그 본질과 실재는 동일함에 틀림없다. 만일 하나님의 본질과 하나님의 실재가 동일하지 않다면 이 실재에 대한 충분한 이유는 하나님 너머에서 찾아져야 하니까요.

러셀 그러니까 모든 게 이 충분한 이유라는 문제로 돌려지는군요. 그렇다면 나는, 신부님이 '충분한 이유' 란 것을 내가 이해할 수 있는 방식으로 정의해주지 못했다고 말할 수밖에 없군요. 충분한 이유를 어떤 의미로 쓰시죠? 원인이란 의미 아닌가요?

코플스턴 반드시 그런 의미만은 아닙니다. 원인도 충분한 이유의 일종이니까요. 오직 우연적인 존재만이 원인을 가질 수 있습니다. 하나님은 곧 그 자신의 충분한 이유입니다. 그러나 하나님은 그 자신의 원인은 아닙니다. 내가 '완전한 의미에서의 충분한 이유'라고 할 때는, 어떤 특정 존재의 실재에 적절한 설명이란 뜻입니다.

러셀 하지만 설명이 적절할 때가 언제지요? 예를 들어 내가 성냥으로 불을 붙인다고 해봅시다. 이것을 '내가 성냥곽에 성냥을 긋는다'고 하면 신부님은 적절한 설명이라고 하실지 모르겠습니다.

코플스턴 글쎄요, 실제적으로 목적에서는 그렇겠지요. 하지만 이론적으로는, 부분적 설명에 불과합니다. 적절한 설명이란 궁극적으로 총체적인 설명이어야 하며, 따라서 더 이상 덧붙일 게 없어야 합니다.

러셀 그렇다면 나로선 신부님이, 가질 수도 없고 따라서 가지길 바라서도 안 되는 어떤 것을 찾고 있다고 말할 수밖에 없군요.

코플스턴 그것을 찾지 못했다고 말하는 것은 별개의 문제이고, 그것을 찾지 말아야 한다고 말하는 것은 다소 독단적이지 않나 싶습니다.

러셀 글쎄, 모르겠네요. 내 말은, 한 가지를 설명하는 일은 다른 것으로 하여금 또 다른 것에 의존하게 만드는 또 하나의 일이기 때문에 결국 신부님은 자신이 하고 싶은 일을 하기 위해 이 딱한 사물 체계를 통째로 파악하지 않을 수 없다는 얘긴데, 그건 우리로선 하기 힘든 일이란 거죠.

코플스턴 그러니까 경께서는, 우리가 그런 일을 할 수 없다는

13 하나님은 존재하는가

얘깁니까, 아니면 이 딱한 사물 체계 전체, 다시 말해 우주 전체의 실재 문제를 아예 제기하지도 말라는 겁니까?

러셀 그렇습니다. 나는 그것이 전혀 의미가 없다고 봅니다. '우주'란 말은 문맥에 따라선 편리한 말이지만 나는 그것이 의미를 가진 어떤 것을 대표한다고는 보지 않습니다.

코플스턴 그 말이 무의미하다면 그처럼 대단히 편리할 리가 없지요. 어쨌거나, 우주가 자신을 구성하는 대상들과는 다른 어떤 것이란 얘기는 아닙니다(이 점은 나의 간단한 논증 요약집에서도 밝힌 바 있습니다). 내가 하고 있는 일은 그 이유를 찾는 것이며, 이 경우엔 대상들의 원인, 즉 이른바 우주를 구성하고 있는 대상들의 실제의 혹은 상상의 총체이지요. 나는 우주—혹은 나의 실재, 기타 다른 실재라고 해도 좋습니다만—를 이해할 수 없는 것으로 보는데, 경은 어떻습니까?

러셀 우선, '어떤 낱말이 무의미하면 편리할 수 없다'는 대목부터 짚고 넘어가도 될까요? 그 얘긴 옳은 말처럼 들리지만 사실은 정확치가 못합니다. 'the'니 'than'이니 하는 낱말을 생각해 보세요, 비록 이것들이 의미하는 대상을 가리킬 수는 없지만 이 낱말들은 대단히 유용합니다. '우주'의 경우도 마찬가지라고 하겠습니다. 그러나 그 점에 대해서는 이 정도로 하고, 신부님은 내게 우주를 이해할 수 없는 것으로 보느냐고 물으셨지요. 나로선 이해할 수 없는 것이라기보다는 설명의 테두리 밖에 있는 것이라고 생각합니다. 이해할 수 없다는 것은 내가 볼 땐 별개의 것입니다. '이해할 수 있다는 것'은, 그 사물 자체와 본질적으로 연관되어 있지 그 사물의 관계들과는 상관이 없습니다.

코플스턴 글쎄요, 나의 요지를 말하자면, 우리가 세상이라고 부르는 것은 하나님의 실재와는 별도로 본질적으로 이해 불가능하다는 겁니다. 아시다시피, 사건들의 무한 연속—말하자면 수평적인 연속을 뜻합니다만—, 만일 그러한 무한 연속이 입증될 수 있다면, 그것은 이 상황에 하등 적절하지 않을 거라고 나는 생각합니다. 무한에다 보태면 아마도 무한 수의 초콜릿이지 양은 아니니까요. 초콜릿들을 무한에다 보태면 아마도 무한 수의 초콜릿을 얻게 될 겁니다. 마찬가지로, 우연적인 존재들을 무한에다 덧붙여봐야 변함없이 우연 존재들을 얻을 뿐, 필연 존재를 얻지는 못할 겁니다. 내 사고방식으로는, 하나의 우연 존재와 마찬가지로 우연 존재들의 무한 연속 역시 자기 자신을 야기할 수는 없습니다. 그러나 경께서는, 무엇이 어떤 특정 대상의 실재를 설명하느냐의 문제를 제기하는 것에 대해 아마도 불합리하다고 하시겠지요?

러셀 그것을 설명한다는 것이 단순히 그것의 원인을 찾는다는 의미라면 괜찮습니다.

코플스턴 그렇다면, 왜 한 특정 대상에서 멈추어야 하죠? 모든 특정 대상들의 실재의 원인을 묻는 것은 왜 안 된다는 겁니까?

러셀 거기에 뭔가가 있다고 생각할 근거가 전혀 없기 때문이죠. 모든 원인 개념은 우리가 특수한 것들을 관찰하는 데서 도출되는 것입니다. 그 총체가 어떤 원인을 가진다고 가정할 근거는 전혀 없다고 봅니다.

코플스턴 하지만 어떤 원인도 없다고 하는 것과 원인을 찾지 말아야 한다고 하는 것은 틀립니다. 어떤 원인도 없다는 진술이 와야 한다면 그 질문의 서두가 아닌 말미에 와야지요. 어쨌거나, 만일 그

13 하나님은 존재하는가

총체가 아무 원인도 가지지 않는다면 그렇다면 내 사고 방식으로는, 그 총체는 그 자신의 원인이어야 하는데 그건 내가 볼 땐 불가능해 보입니다. 게다가, 만일 어떤 질문에 대한 대답으로, 세상은 그냥 거기에 있다고 한다면 그 진술은 이미 그 질문이 의미를 가진다고 가정한 것입니다.

러셀 아니지요, 그것이 반드시 자기 자신의 원인일 필요는 없습니다. 내 얘기는 총체에는 원인의 개념을 적용할 수 없다는 겁니다.

코플스턴 그럼 경께서는 사르트르의 견해에 동의하십니까? 우주는 소위 '무상이다'는 얘기 말입니다.

러셀 글쎄요, '무상이다'는 단어는 그것이 뭔가 다른 것일 수도 있다는 것을 암시합니다만, 내가 말하고 싶은 것은 우주는 그냥 거기에 있다는 것뿐입니다.

코플스턴 하지만 총체이든 혹은 다른 무엇이든 간에 그것이 어떻게 하여 거기에 있게 되었느냐 하는 의문을 갖는 것의 타당성을 경께서는 어떻게 부정할 수 있는지, 나로선 이해가 되지 않습니다. 왜 아무것도 없는 것이 아니라 무언가가 존재하는가, 그것이 문제입니다. 우리가 경험적으로, 즉 특정 원인들로부터 인과 관계에 관한 지식을 얻는다는 사실이, 그 연속의 원인이 무엇이냐는 의문을 갖게 될 가능성을 배제하지는 못합니다. 만일 '원인'이란 말이 무의미하다면, 혹은 질료에 관한 칸트의 견해가 옳았음이 밝혀질 수 있다면 나도 그 질문이 불합리하다는 데 동의하겠습니다만, 경께서는 '원인'이란 말이 무의미하다고 보는 것 같지도 않고, 칸트 학파도 아닌 걸로 아는데요?

러셀 내가 느끼는 신부님의 오류를 예로 들어 보겠습니다. 실재하는 모든 인간에게는 어머니가 있습니다. 그런데 제가 볼 때 신부님은, 그러므로 인류에게는 어머니가 있어야 한다고 주장합니다. 그러나 인류에겐 어머니가 없음이 명백합니다. 그것은 별개의 논리 영역이지요.

코플스턴 글쎄요, 나로선 정말이지 아무런 유사점도 볼 수 없군요. 만일 내가 '모든 대상에는 현상적인 원인이 있다. 그러므로 전체 연속에는 현상적 원인이 있다'고 말한다면야 일치가 있겠지요. 그러나 내 얘긴 그게 아닙니다. 내가 말하는 것은, 경께서 연속의 무한성을 고집한다면, 모든 대상에는 현상적 원인이 있다. 그러나 현상적 원인들의 연속은 연속의 설명으로 불충분하다. 그러므로 연속에는 현상적인 원인이 아니라 초월적인 원인이 있다는 거지요.

러셀 그 얘긴, 세상의 모든 특정 사물들뿐 아니라 전체로서의 세상에도 원인이 있어야 한다는 것을 항시 가정하고 있습니다. 그 가정에 도대체 어떤 근거가 있는지 모르겠습니다. 신부님께서 근거를 대겠다면 들어보지요.

코플스턴 좋습니다. 사상(事象)들의 연속물은 원인이 있거나 원인 없이 생겨났거나 둘 중 하나입니다. 만약 원인에 의해 생겼다면 분명히 연속의 외부에 원인이 있어야 합니다. 만일 원인이 없다면 그것은 그 자체로 충분하며, 그 자체로 충분하다면 그것이 바로 내가 말하는 필연 존재입니다. 그러나 그것은 각 구성 요소가 우연적이므로 필연적일 수가 없습니다. 그리고 우리는, 총체는 그 구성 요소들과 유리되어서는 결코 현실이 아니라고 합의를 보았습니다. 따라서 그것은 필연적일 수가 없습니다. 그러므로 그것은 원인이 있을 수 없습니다.—원인이 없을 수 없습니다—그러므로 그것은 원인을 가져야 합니다. 그리고 덧붙여 말하고 싶은 것은, '세계는 그저 거기에 있으며 따라서 설명할 수 없다' 는 진술은 논리적 분석에서는 나올 수 없는 말입니다.

러셀 거만하게 보이고 싶진 않습니다만, 신부님께서 인간의 머리로는 생각할 수 없다고 하시는 것들을 저는 생각할 수 있을 것 같습니다. 원인이 없는 사물에 대해 물리학자들은, 원자 내에서 일어나는 개별 양자들의 변화에는 원인이 없다고 설명합니다.

코플스턴 글쎄요, 나는 그것이 잠정적 추론에 불과하지 않나 싶은데요.

러셀 그럴지도 모르지요. 하지만 물리학자들의 머리로 그것을 생각할 수 있다는 점을 분명 보여줍니다.

코플스턴 그래요, 동의합니다. 한정된 분야 내에서 불확정성을 허용하려 드는 과학자들—물리학자들—이 일부 있지요. 그러나 그렇지 않은 과학자들도 대단히 많습니다. 내가 볼 때 런던 대학의 딩글 교수는, '하이젠베르그의 불확정성 원리는, 현대 원자론이 관찰 결과들을 상호 연관시키는 작업에서 성공했느냐(혹은 성공하지 못했느냐)에 대해선 말해주지만, 자연 그 자체에 대해선 아무 말도 해주지 못한다'고 주장하고 있으며, 많은 물리학자들이 이 견해를 받아들일 것입니다. 어쨌거나, 물리학자들이 비록 이론에서는 몰라도 실제에 있어서까지 어떻게 그 이론을 인정하지 않을 수 있는지 나로선 이해가 되지 않습니다. 자연 속의 질서와 가지성(可知性)을 가정하지 않고 다른 어떤 가정을 가지고 과학을 이끌어갈 수 있는지 나로선 알 수가 없습니다. 살인의 원인을 찾아보는 것이 의미가 있다고 형사가 상정하듯, 물리학자는, 자연을 탐구하고 사건들의 원인들을 찾아보는 것이 의미가 있다고 암묵적으로나마 상정합니다. 형이상학자는 현상의 이유 혹은 원인을 찾아보는 것이 의미가 있다고 가정하구요. 나는 칸트 학파가 아니므로, 형이상학자나 물리학자가 그러한 가정을 하는 것은 정당하고 봅니다. 예를 들어 사르트르가 세상은 무상이라고 했지만 내가 보기에 그는 '무상하다'는 말에 함축된 의미를 충분히 생각해보지 않았던 것 같습니다.

러셀 내가 볼 때는 다소 부당하게 확대 해석된 데가 있는 것 같습니다. 물리학자는 물론 원인을 찾지요. 그러나 그것이 곧, 어디에나 원인이 존재한다는 것을 뜻하진 않습니다. 사람이 금을 찾을 때 어디에나 금이 있다고 가정하고 찾는 것은 아닙니다. 금을 발견하면 좋은 것이고, 발견하지 못하면 운이 나빴던 거지요. 물리학자가 원인을 찾는 경우도 이와 마찬가집니다. 사르트르에 대해선, 내가 그의 뜻을 속속들이 안다고 할 수도 없고 또 그 사람을 해설하는 양 비쳐지고 싶지도 않습니다. 그러나 내가 볼 때 분명한 것은, 세상은 설명을 가진다고 보는 관념이 잘못입니다. 세상이 꼭 그럴 거라고 왜 기대해야 하는지 이해가 되지 않으며, 과학자의 가정에 대한 신부님의 말씀은 다소 과장되지 않았나 싶습니다.

코플스턴 하지만 제가 볼 때 과학자들은 분명히 그러한 가정을 합니다. 과학자가 어떤 특정 진리를 찾으려고 실험을 할 때 그 실험의 배후에는, '우주가 그저 일관성이 없는 것은 아니다'는 가정이 깔려 있는 것입니다. 실험을 통해 어떤 진리를 찾아낼 가능성이 있다는 것이죠. 실험이 잘못될 수도 있고, 아무 결과도 얻지 못하거나 혹은 자신이 원하는 결과가 나오지 않을 수도 있겠지만, 어쨌거나 그가 가정하는 것은, 실험을 통해 진리를 찾아낼 가능성이 존재한다는 것입니다. 그리고 내가 볼 때 그것은 곧, 질서 있고 인식 가능한 우주를 가정하는 것입니다.

러셀 신부님께서는 필요 이상으로 일반화시키고 있는 것 같습니다. 물론 과학자는, 이런 류의 것이 발견될 가능성이 높다고 가정하며 또 종종 발견되기도 합니다. 그러나 반드시 발견되리라고 가정하지는 않으며, 그것이야말로 현대 물리학에서 아주 중요한 문제입니다.

코플스턴 글쎄요, 나는 과학자가 실제에 있어 암암리에 그렇게 가정하거나 혹은 할 수밖에 없다고 봅니다. 할데인 교수의 말을 빌자면 '내가 주전자 밑의 가스에 불을 붙이면 물 분자의 일부가 수증기가 되어 날아갈 것이다. 그러나 어느 분자들이 날아갈 것인지는 밝혀낼 방법이 없다'고 할 수 있을지도 모르겠습니다만 그렇다고 해서, 우리의 지식에 관한 것이 아니면 반드시 우연의 개념이 도입되어야 한다고 볼 필요는 없지요.

러셀 물론 그렇습니다. 적어도 내가 그의 말을 믿는다면 말입니다. 그는 꽤 많은 것들을 밝혀내고 있지요. 다시 말해 과학자는 세상에서 일어나는 아주 많은 것들을 밝혀내고 있는데, 그것들이 최초에는 인과 사슬의 시초― 즉, 자체 내에 원인을 가지지 않은 제1원인들인 것입니다. 과학자는 모든 것에 원인이 있다고 가정하지 않습니다.

코플스턴 어떤 선택된 분야 내에서는 확실히 그것이 제1원인이지요. 그것은 상대적인 제1원인입니다.

러셀 그가 그렇게 말하진 않을 것 같습니다. 만일 전부는 아니더라도 대부분의 사상(事象)들이 원인을 가지고 있는 세상이 있다면 그렇다면 그는, 신부님께서 관심을 가지신 이 특정 사상에도 아마 원인이 있을 거라고 가정하고 그 확률과 불확실성을 묘사할 수 있을 것입니다. 그러나 어떤 경우에든 신부님은 확률 이상의 것을 얻진 못할 것이므로, 그걸로 충분한 거죠.

코플스턴 과학자가 확률 이상의 것을 바라지 않을지도 모르겠습니다만 그가 의문을 제기할 때는 설명의 문제에 의미가 있다고 가정합니다. 하지만 러셀 경, 당신의 전반적인 요지는, 그러니까, 세계의 원인에 대해서는 질문하는 것조차 불합리하다는 얘기지요?

러셀 예, 그게 내 입장입니다.

코플스턴 당신에게 아무 의미도 없는 문제라면 그것을 가지고 토론한다는 건 당연히 어렵지 않겠어요?

러셀 예, 아주 어렵죠. 어떻습니까, 다른 문제로 넘어갈까요?

종교적 경험

코플스턴 그럽시다. 그럼 먼저 제가 종교적 경험에 대해 한 말씀드리고나서 도덕적 경험으로 넘어가면 어떨까 싶습니다. 나는 종교적 경험을 하나님의 실재에 대한 엄밀한 증거로 보진 않습니다. 그래서 논의의 성격이 다소 바뀌겠습니다만 '종교적 경험을 가장 잘 설명해주는 것은 하나님의 실재' 라는 말에는 진리가 있다고 생각합니다. 나는 종교적 경험을 단순히 '선을 느끼는 것' 으로 보진 않습니다. 내가 생각하는 그것은, 사랑에 찬 마음으로, 그러나 불확실하게 어떤 대상을 깨닫는 것으로서, 경험자에게 있어 이 대상은 자아를 초월하는 것, 정상적인 모든 경험 대상을 초월하는 것, 보여줄 수도 개념화할 수도 없으나—적어도 경험이 진행되고 있는 동안에는―그 실체를 의심할 수 없는 것으로 보여지는 데 그야말로 불가항력적이죠. 이것은 단순히 주관적인 방법으로는 적절하게 그리고 남김없이 설명될 수 없다고 말하고 싶습니다. 적어도 현실적이고 근본적인 경험은 그 경험의 객관적인 원인이 현실에 존재한다고 가정해야만 가장 쉽게 설명될 수 있습니다.

러셀 그 계통의 논리에 대해선 나는 이렇게 대답하겠습니다. 우리 자신의 정신 상태로부터 우리 외부의 어떤 것으로 이어지는 전체론은 대단히 교묘한 것입니다. 심지어 우리 모두가 그 타당성을 인정하는 분야에서도, 우리는 인류 전체가 합의했으므로 그렇게 하는 것이 정당화된 듯한 기분을 느끼는 것에 불과하다고 나는 생각합니다. 한 방에는 사람들이 가득 있고 한 방에는 시계가 하나 있을 경우 사람들은 모두 그 시계를 볼 수 있습니다. 그들 모두가 그 시계를 볼 수 있다는 사실은 그들로 하여금 그것이 환각이 아니라고 생각하게끔 만드는 경향이 있습니다. 반면에 그러한 종교적 경험들은 극히 개인적인 경향을 보입니다.

코플스턴 예, 그렇지요. 나는 지금 엄밀하게 진정한 신비 경험에 관해 말하고 있으며 환영이라 불리는 것까지 포함하는 것은 분명히 아닙니다. 나는 단지 그 경험만을 말하는 것이며, 그것이 설명하기 어려우며 초월적인 대상에 관한 것이거나 초월적인 대상으로 보이는 것에 관한 것이라는 데 대해서는 당연히 인정합니다. 나는 줄리안 헉슬리가 어떤 강연에서 한 말을 기억합니다. 종교 체험이나 신비 경험은, 사랑에 빠지거나 시와 그림을 감상하는 것과 하등 다를 바 없는 현실적인 경험이라고 하더군요. 물론 나는, 시나 그림을 감상할 때의 우리는 일정한 시들 혹은 일정한 미술 작품을 감상한다고 믿습니다. 사랑에 빠지는 경우에도 어떤 사람과 사랑하는 것이지 아무 대상도 없이 하진 않지요.

러셀 여기서 잠깐 끼어들겠습니다. 그게 항상 그런 것은 결코 아닙니다. 일본의 소설가들은, 소설 속 가상의 여주인공을 사랑해 현실의 많은 사람들이 자살하는 사태가 일어나지 않으면 절대 성공했다고 보지 않습니다.

코플스턴 글쎄요, 일본에서는 그렇다고 해두지요. 다행스럽게도 나는 자살을 하진 않습니다만 두 권의 전기를 읽고 크게 영향을 받아, 내 인생에서 중요한 두 걸음을 내디뎠지요. 하지만 그 책들이 내게 준 현실적인 영향과 진정한 신비 경험 사이에는 별로 유사점이 보이지 않는다고 말하지 않을 수 없습니다. 즉, 외부인이 그 경험에 대해 생각할 수 있는 한에서는 말입니다.

러셀 글쎄요, 내 말은 우리가 하나님을 소석 속 인물과 같은 수준의 존재로 보진 않을 거란 뜻입니다. 이 부분에서 차이가 있다는 건 인정하시죠?

코플스턴 당연하지요. 그러나 내가 말하려는 것은, 완전히 주관주의적이지 만은 않은 설명이 최선의 설명인 것 같다는 것입니다. 물론, 주관주의적인 설명이 가능할 때도 있습니다. 그 경험과 자기 인생 사이에 별 관계가 없는 사람들이라든지, 현혹된 자나 환긱에 사로잡힌 지들 등등의 경우 말입니다. 그러나 이를테면 아시지의 성 프란시스처럼 소위 순수한 유형의 경험, 혹은 역동적이고도 창조적인 사랑으로 넘치게 되는 결과를 초래하는 경험들을 접할 때, 이럴 때는 내가 보기엔 그 경험의 객관적인 원인이 실제로 존재한다고 하는 것이 최선의 설명인 것 같습니다.

13 하나님은 존재하는가

러셀 글쎄요, 내가 독단적으로 하나님은 존재하지 않는다고 주장하려는 것은 아닙니다. 내가 주장하는 것은, 그런 것이 있음을 우리가 알지 못한다는 것입니다. 내가 다른 기록물들을 수집하듯이 경우에도 나는 기록된 것을 취할 수 있을 뿐인데, 그런 경우가 상당히 많이 보고된 걸로 압니다. 악령이나 악마 따위에 관한 것들은 신부님도 인정하지 않으실 줄 믿습니다만, 그런 것들도 정확하게 똑같은 어조로 똑같은 확신 위에 보고되어지죠. 신비주의자의 경우, 만일 그의 환영이 사실이라면, 악마가 있음을 안다고 할 수도 있겠죠. 하지만 나는 그런 것이 있다는 것을 알지 못합니다.

코플스턴 그러나 악마의 경우, 주로 환영이나 유령, 천사나 악령 따위로 얘기되어왔습니다. 나는 시각적인 환영은 제외시킬 것입니다. 왜냐하면 그런 것들은, 사람들이 눈에 보인다고 생각하는 대상의 실재 여부와 별도로 설명될 수 있기 때문입니다.

러셀 그러나 신비주의자가 하나님을 주장할 때와 똑같이, 마귀가 마음속에서 속삭이는 것을 들었다고 믿는 사람들의 경우도 얼마든지 보고되지 않았습니까? 그래서 나는 지금 외부적 환영이 아니라 순수하게 정신적인 경험을 두고 말하고 있는 것입니다. 그것은 신비주의자의 하나님 경험과 같은 류의 경험인 듯 보이는데 그렇다고 한다면, 신부님께서 신비주의자들의 주장으로부터 마귀 옹호론과는 다른 하나님 옹호론을 얻어낼 수 있다는 것이 나로선 이해가 되지 않습니다.

코플스턴 마귀의 소리를 들었거나 모습을 보았다고 상상하거나 믿는 사람들이 있다는 것은 물론 인정합니다. 말이 난 김에 얘기지만 나는 사탄의 존재를 부인할 생각은 없습니다. 그러나 사람들이 하나님을 경험했다고 주장한 걸로 보진 않습니다. 기독교인이 아닌 플로티노스의 경우를 봅시다. 그는 시인하기를, 그 경험을 말로 표현할 수 없는 것이며 그 대상은 사랑의 대상이다, 다시 말해 공포나 혐오를 일으키는 대상이 아니라고 했습니다. 그러므로 나는 그 경험의 효력이 증명되었다, 아니 정확히 말하자면, 그 경험의 타당성이 플로티노스의 전기 속에서 입증된다고 말하고 싶습니다. 어쨌거나 우리가, 플로티노스는 친절하고 자애로웠다고 한 포르피리오스의 기록을 기꺼이 인정한다면, 그가 그런 경험을 했다고 보는 것이 좀더 이치에 맞을 것입니다.

러셀 어떤 믿음이 어떤 사람에게 도덕적으로 좋은 영향을 주었다는 사실이 곧 그 믿음에 진리가 있다는 증거가 되진 않습니다.

코플스턴 그렇습니다. 그러나 만일, 어떤 사람의 인생에 좋은 결과가 있게 된 실제적인 책임이 그 믿음에 있다는 점을 현실 속에서 입증할 수 있다면 나로서는 그것을 그 믿음에 어떤 진실이 있다고 추정하는 근거로 받아들일 것입니다. 그 믿음 전체가 타당하다는 것이 아니라 어쨌거나 긍정적인 면이 존재한다는 선에서 말입니다. 그러나 어떤 경우에든 나는 그 삶의 성격을 증거로 삼고 있습니다. 그 신비주의자의 믿음의 진실성을 입증하는 증거라기보다는 그의 말의 정직성과 건전한 정신을 보여주는 증거로서 말입니다.

러셀 그러나 그것조차도 아무런 증거가 되지 못한다고 나는 생각합니다. 내게도 내 성격을 크게 바꾸어놓은 경험들이 있습니다. 그리고 그 당시 나는 어쨌거나 내 성격이 좋게 바뀐 걸로 생각했습니다. 그것은 중요한 경험들이긴 했지만 내 외부의 어떤 존재가 연루되진 않았으며, 가령 그런 것과 관계가 있다고 내가 생각했을지라도 그러한 경험이 바람직한 결과를 가져왔다는 사실이 내 생각이 옳았음을 나타내는 증거였다고는 보지 않습니다.

코플스턴 그렇겠지요. 하지만 나는 그 좋은 결과야말로, 경이 자신의 경험을 이야기할 때 경의 말의 정직성을 입증한다고 봅니다. 지금 내가, 신비주의자가 자신의 경험을 전달하거나 해석한 것은 토론이나 비판으로부터 면제되어야 한다고 얘기하는 건 아니란 점을 기억해주시면 좋겠습니다.

러셀 역사 속의 위대한 인물에 대해 읽은 어린이가 성격적으로 좋은 영향을 많이 받는 경우는 분명히 있을 수 있으며 실제로 종종 있습니다. 그리고 그 위대한 인물이 실재하지 않는 신화 속 인물인 경우도 있지만 어린이는 그가 인물일 경우와 다름없이 좋은 영향을 받습니다. 그런 사람들이 존재해오고 있어요. 예를 들어 플루타르크의 『영웅전』에 나오는 리쿠르구스는 실재하지 않았던 게 분명하지만 사람들은 그가 과거에 존재했던 것 같은 느낌으로 읽고 큰 영향을 받을 수도 있습니다. 또, 한때 사랑했으나 지금은 존재하지 않는 사람에게서 영향을 받을 수 있지요.

코플스턴 사람이 가공의 인물로부터 영향을 받을 수 있다는 데 대해선 물론 동감입니다. 이 경우 그에게 영향을 주는 것(나는 이것을 진정한 가치라고 하겠습니다)이 정확히 무엇인가의 문제로까지 들어가진 않더라도 나는 이 사람의 상황과 신비주의자의 그것은 다르다고 생각합니다. 리쿠르구스의 영향을 받은 사람은 자기가 어떤 식으로든 궁극적인 실체를 경험했다고 하는 억누를 수 없는 감명을 받지 못합니다.

러셀 이러한 역사 속 인물들—정확히 하자면 역사에 나오는 비역사적인 인물들이겠습니다만—에 대한 제 말의 요지를 놓치신 것 같군요. 나는 신부님이 말씀하시는 '이성에 미치는 영향'을 가정하는 것이 아닙니다. 내가 가정하는 것은, 그 사람에 대해 읽으면서 그 인물이 실재한다고 믿는 아이는 그 인물을 사랑합니다만—이런 일은 얼마든지 있을 수 있지요—그러나 사실 그 아이는 허깨비를 사랑하고 있다는 것입니다.

코플스턴 어떤 의미에서는 아이는 허깨비를 사랑하고 있지요, 그건 분명한 사실입니다. 존재하지 않는 X나 Y를 사랑하고 있다는 의미에서는 말입니다. 그러나 동시에, 아이가 사랑하는 것은 그러한 허깨비가 아니라고도 볼 수 있습니다. 다시 말해 아이는 진정한 가치, 즉 아이 자신이 객관적으로 타당하다고 인정하는 개념을 감지하는 것이며, 바로 그것이 그 아이의 사랑을 자극하는 것입니다.

러셀 그러니까, 조금 전 우리가 허구 속 인물에 대해 생각한 것과 같은 의미에서……

코플스턴 그렇습니다. 어떤 의미에서는 그 사람은 허깨비를 사랑하고 있어요. 틀림없는 사실이지요. 그러나 또 다른 의미에서 보면 그는 스스로가 가치로 감지하는 것을 사랑하고 있는 겁니다.

도덕론

러셀 하지만 신부님께선 지금 사실상 이렇게 말씀하는 것 아닙니까? 하나님이란, 뭐든 간에 선한 것, 혹은 선한 것의 총합, 선한 것의 체계를 뜻한다. 그러므로 뭐든 선한 것을 사랑하는 어린이는 하나님을 사랑하고 있는 것이다. 신부님 말씀이 바로 이 얘기 아닙니까? 만일 그렇다고 하신다면, 약간의 논증을 요합니다만.

13 하나님은 존재하는가

코플스턴 내가 범신론적인 의미에서 하나님을 선한 것의 총합 혹은 체계라고 하는 것은 물론 아닙니다. 나는 범신론자는 아닙니다만, 모든 선한 것은 어떤 식으로든 하나님을 반영하고 있으며 하나님으로부터 생겨난다고 생각합니다. 그러므로 어떤 의미에서 보면, 진실로 선한 것을 사랑하는 사람은 비록 그가 하나님을 언급하지 않을지라도 하나님을 사랑하는 것입니다. 그러나 사람의 행동을 이와 같이 해석하는 것이 타당한가의 여부는 분명, 하나님의 실재를 인정하느냐 여부에 달려 있다고 하는 견해에는 변함없이 동의합니다.

러셀 좋습니다. 그러나 그 점은 증명을 필요로 합니다.

코플스턴 물론이지요. 하지만 나는 형이상학적 논법이 증거력이 있다고 보는데 우리 둘은 그 부분에서 의견이 다르지 않습니까?

러셀 자, 나는 어떤 것들은 좋다고 느끼고 어떤 것들은 나쁘다고 느낍니다. 나는 좋은 것들, 즉 내가 좋게 생각하는 것들을 사랑하며, 나쁘다고 생각되는 것들을 미워합니다. 이런 것들이 하나님의 선성(善性)에 참여하고 있기 때문에 좋다고 보는 것은 아닙니다.

코플스턴 좋습니다. 그러나 좋다 나쁘다를 구분하는 경의 기준은 무엇입니까? 다시 말해 경은 그것들 사이의 차이를 어떻게 보십니까?

러셀 내가 파란색과 노란색을 구분한 때의 기준 그 이상의 기준은 전혀 없습니다. 파랑과 노랑을 구분하는 내 기준이 무엇인가? 나는 그것들이 다르다는 것을 볼 수 있습니다.

코플스턴 좋습니다, 그것은 훌륭한 기준이지요. 파랑과 노랑을 눈으로 보고서 구별한다, 그러면 좋다 나쁘다는 무슨 기능을 사용해 구분하시죠?

러셀 내 느낌입니다.

코플스턴 느낌이라, 좋습니다. 제가 물어보려던 것이 바로 그겁니다. 경께서는 선과 악이 단순히 느낌에만 관계된다고 생각하시나요?

러셀 그러면, 왜 어떤 물체는 노랗게 보이고 어떤 물체는 파랗게 보일까요? 여기에 대해선 물리학자들 덕분에 나도 어느 정도는 대답할 수 있습니다. 그리고 왜 내가 어떤 것은 선하다고 어떤 것은 악하다고 생각하는가에 대해서도 아마 같은 류의 대답이 있겠습니다만, 그 분야는 같은 방식으로 연구해본 적이 없어서 대답해드릴 수가 없군요.

코플스턴 그럼, 벨젠의 수용소장이 한 짓을 예로 들어봅시다, 경이 볼 때 그 행동은 바람직하지 못한 동시에 악한 짓이며, 제가 볼 때도 마찬가집니다. 아돌프 히틀러에게는 그것이 좋고 바람직한 것으로 보였으리라 짐작됩니다. 그것이 히틀러에게는 선이었고 경에게는 악이란 데 대해 시인하시지 않을 수 없다고 봅니다만……

러셀 아닙니다, 나는 그렇게 멀리까지 나아가진 않겠습니다. 무슨 말이냐하면, 나는 사람들이 다른 일들에서 착각하듯 그 부분에 있어서도 착각할 수 있다고 봅니다. 만일 신부님이 황달이라면 노랗지 않은 것이 노란 것으로 보입니다. 착각하고 있는 것이죠.

코플스턴 물론, 사람은 착각을 할 수 있습니다. 그러나 만일 그것이 단순히 느낌이나 감정에 관계된 문제라면 경께서는 착각할 수 있겠습니까? 틀림없이 히틀러는 자기 감정에 와닿는 것을 판단하는 유일하고도 가능한 판단자였을 것입니다.

러셀 그것이 그의 감정에 호소했을 것이란 말씀은 지당하겠습

13 하나님은 존재하는가

니다만, 거기에 대해서는 여러 가지로 말할 수 있습니다. 무엇보다도, 만약 그런 류의 일이 히틀러 감정에 그런 류의 호소를 한다면 그렇다면 히틀러는 내 감정에 대고 전혀 딴판의 호소를 한다고 볼 수 있지요.

코플스턴 그렇다고 합시다. 그렇다면 경께서는, 벨젠의 수용소장의 행위를 비난하는 데는 느낌 외에 다른 어떤 객관적인 기준도 없다고 보시는 건가요?

러셀 그와 정확히 똑같은 상태에 처한 색맹자들에 대한 기준 그 이상의 것은 없습니다. 색맹자를 지적으로 비난할 이유가 있습니까? 그가 소수에 속하기 때문 아닌가요?

코플스턴 나는 그가, 정상적인 인간의 본질에 속하는 어떤 것을 결핍했기 때문이라고 말할 것입니다.

러셀 좋습니다. 하지만 만일 그가 다수에 속한다면 우리는 그렇게 말하지 않을 것입니다.

코플스턴 그렇다면 경께서는, 벨젠 수용소장의 행동과, 이를테면 스태포드 크립스 경이나 캔터베리 대주교의 행동을 구분하게 해주는 기준이 느낌 이외에는 전혀 없다고 하시겠군요.

러셀 느낌이란 말이 좀 지나치게 단순화되어 있군요. 행위의 결과와 그 결과들에 대한 느낌도 고려하셔야 합니다. 말하자면, 신부님께서, '어떤 일들은 내 맘에 드는 류이고 어떤 것들은 내 맘에 들지 않는 류이다'라고 말씀 하신다면 느낌에 대해 논하실 수 있습니다. 다음으로, 행동의 결과를 고려하셔야 합니다. '벨젠 수용소장의 행동의 결과는 고통스럽고 불쾌했다'고 말하는 것은 아주 당연한 겁니다.

코플스턴 예, 그 행동의 결과는 수용소 내의 모든 사람에게 고통스럽고 불쾌했을 것이 분명합니다.

러셀 그렇습니다, 하지만 비단 수용소의 사람들뿐 아니라 바깥에서 그 일을 생각하는 외부 사람들에게도 그랬겠지요.

코플스턴 예, 지당하신 상상입니다. 그러나 그 점이 바로 내가 말하려는 것입니다. 나도 그 행동에 찬성하지 않고 경께서도 찬성하지 않는 걸로 압니다만, 경께서 찬성하지 않는 근거는 무엇인지 저로선 알 수가 없습니다. 왜냐하면 결국 그 행동들은 벨젠 수용소장 본인에게는 유쾌했을 테니까 말입니다.

러셀 예, 하지만 나는 이 경우에도 색상 지각의 경우 이상의 근거를 필요로 하지 않습니다. 어떤 사람들은 모든 것이 노랗다고 생각합니다. 황달을 앓는 사람들인데 나는 그런 사람들에 동의하지 않습니다. 그러나 나는 사물이 노랗지 않다는 것을 입증할 수가 없습니다. 아무 증거도 없으니까요. 그러나 대개의 사람들은 그것이 노랗지 않다는 데 나와 일치합니다. 그리고 대개의 사람들은 벨젠의 수용소장이 착각했다는 데 나와 일치합니다.

코플스턴 그럼, 경께서는 도덕적 의무란 것을 인정하십니까?

러셀 글쎄요, 그 대답을 하자면 상당히 길어져야 될 것 같습니다만 실제적으로 말하자면 그렇다고 해두지요, 이론적으로 말하자면 도덕적 외무란 것을 보다 신중하게 정의해야 할 것 같습니다.

코플스턴 그러면, '당위'라는 말에는 단순히 감정만 내포되어 있다고 보십니까?

러셀 아니, 그렇게 생각하지 않습니다. 왜냐하면, 내가 조금 전에 말했듯, 결과를 고려해야 하기 때문입니다. 내가 생각하는 올

13 하나님은 존재하는가

바른 행동이란, 어떤 상황에서 가능한 모든 행위의 본질적인 가치에 가능한 최대의 균형을 낳아줄 수 있는 것입니다. 무엇이 옳은가를 따질 때는 그 행위에서 나올 수 있음직한 결과들을 고려하지 않으면 안 됩니다.

코플스턴 좋습니다. 내가 도덕적 의무를 끌어들인 이유는, 그 방식으로 하나님의 실재 문제에 접근할 수 있다고 보기 때문입니다. 인류의 대부분은 옳고 그름을 어느 정도 구별할 것이며 또 언제나 그래왔습니다. 대다수 사람이 도덕 영역의 의무에 대해 어느 정도 자각하고 있다고 나는 생각합니다. 내 소견으로는, 가치의 인식과 도덕률 및 의무의 자각은 가치의 초험적 근거와 도덕률의 제정자를 가정해야만 가장 잘 설명될 수 있습니다. 내가 '도덕률의 제정자'라고 할 때는 임의의 도덕률 제정자를 의미합니다. 나는 사실, 역으로 '하나님은 없다, 그러므로 절대적 가치도 절대적 법칙도 존재하지 않는다'고 주장해온 현대의 무신론자들이 상당히 논리적이라고 생각합니다.

러셀 나는 '절대적'이란 말을 좋아하지 않습니다. 뭐든 간에 절대적인 것이 있다곤 보지 않습니다. 예를 들어 도덕률은 항시 변화하고 있습니다. 인류 발달의 한 시기에는 거의 모든 사람들이 먹는 것을 본분으로 생각했습니다.

코플스턴 글쎄요, 나는 개별 도덕적 판단에 차이가 있다는 것이 도덕률의 보편성에 반대하는 어떤 결정적인 논거가 된다고는 보지 않습니다. 절대적인 도덕적 가치가 있다고 잠시 가정해봅시다. 그렇게 가정한다 할지라도 서로 다른 개인이나 서로 다른 집단은 이러한 가치에 대해 정도의 차이가 있는 견해를 가질 것이라는 겁니다.

러셀 나는 사람이 '당위', 아니 '당위'에 대해 가지는 느낌은 자신의 부모나 보모에게 들은 내용의 메아리쯤 된다고 보고 싶습니다.

코플스턴 글쎄요, '당위'의 관념을 단순히 보모나 부모란 말로 다 설명할 수 있을지 의문스럽군요. '당위'란 것이 그 단어 이외에 다른 용어로 누군가에게 전달될 수 있다고 보는 것도 나로선 도저히 이해가 되지 않습니다. 내가 보기엔, 만일 인간의 양심을 압박하는 도덕적 질서가 존재한다면 그 질서는 하나님의 실재를 떠나서는 이해할 수 없을 것 같습니다.

러셀 그렇다면 신부님은 다음 두 가지 중 어느 하나를 말씀하실 수밖에 없습니다. '하나님은 인류 중에 아주 적은 수의 사람들에게만 말씀하신다.' —신부님도 우연히 그중에 끼었지만 말입니다. 혹은 '하나님은 야만인의 양심에 얘기할 때는 일부러 진실이 아닌 것들을 말씀하신다.'

코플스턴 허, 이런. 하나님이 도덕 지침을 양심에 실제로 지시한다는 얘기가 아닙니다. 도덕률의 내용에 대한 인간의 관념이 교육과 환경에 상당 정도 좌우되는 건 분명합니다. 또 사람은 자기가 속한 사회 집단의 실제적인 도덕 관념의 타당성을 평가할 때 자신의 이성을 사용하지 않을 수 없습니다. 그러나 용인된 도덕 규범을 비판할 수 있다는 것은 객관적인 기준이 존재한다는 것과, 스스로를 강요하는 이상적인 도덕 질서(이 질서의 의무적 성격이 인식될 수 있다는 뜻입니다)가 존재한다는 것을 전제하고 있습니다. 이러한 이상적 도덕 질서를 인정한다는 것은 어느 정도 우연성을 인정하는 것이라고 나는 생각합니다. 하나님에 대한 진정한 근거가 존재한다는 것을 의미하는 것이죠.

13 하나님은 존재하는가

러셀 그러나 내가 볼 때 도덕률 제정자는 항상 부모나 그와 비슷한 사람이었던 것 같습니다. 그것을 설명할 지상의 도덕률 제정자는 얼마든지 있으며, 이 점이야말로, 시간과 장소에 따라 사람들의 양심이 그처럼 엄청나게 달라지는 이유를 설명해줄 것입니다.

코플스턴 그것은 특정 도덕 가치를 깨닫는 데 차이가 있는 현상을 설명하는 데 도움이 됩니다. 그렇지 않고서는 설명이 안 되니까요. 그것은 도덕률의 내용에, 즉 각 국민이나 개인이 용인한 계율의 내용에, 변화가 생기는 이유를 설명하는 데 도움이 될 것입니다. 그러나 그것의 형식, 칸트가 정언적 명령이라고 부르는 것, '당위', 이런 것을 보모나 부모가 어떻게 전달할 수 있다는 것인지 나로선 정말 이해가 되지 않습니다. 내가 아는 한 그것을 설명할 수 있는 어떤 말도 없으니까요. 그것은 그 자체 이외에 다른 말로는 정의될 수가 없습니다. 왜냐하면 경계서 그것을 그 자체 이외의 다른 말로 정의내리는 순간 경은 이미 그것을 교묘하게 둘러대고 넘어가 버렸기 때문입니다. 그것은 이미 도덕적 '당위'가 아닙니다. 다른 어떤 것이죠.

러셀 글쎄요. '당위'의 의미는, 어떤 사람이 반대하지 않을까 추측하는 데서 오는 결과라고 생각합니다. 하나님이 용인하지 않을 것이라고 추측하는 경우도 물론 해당되겠지만 어쨌거나 누군가의 반대를 추측하는 것이죠. 그것이야말로 내가 생각하는 '당위'의 뜻입니다.

코플스턴 내가 볼 때 그것은 외부적 관습이나 금기, 그런 류의 것들입니다. 그런 것들은 환경과 교육만 가지고도 아주 쉽게 설명될 수 있지요. 그러나 내가 도덕률의 문제라고 부르는 것은 모두 그 내용입니다. 이와 같은 '당위' 관념은 결코 부족장이나 다른 누구에 의해 전달될 수 없습니다. 왜냐하면 그것을 전달할 수 있는 다른 어떤 말도 없기 때문이죠. 제가 볼 때 그것은 전적으로……(러셀이 끼여듦)

러셀 하지만 그렇게 말씀하시는 근거를 알 수 없군요. 제 말은, 우리는 모두 조건 반사를 알고 있다는 얘깁니다. 동물이 어떤 행동을 할 때마다 상습적으로 벌을 가하면 얼마 후에 그 동물은 행동을 삼가게 된다는 것을 우리는 잘 압니다. 나는 그 동물이 마음속으로, '내가 이렇게 하면 주인이 화를 낼 것이다'고 생각하여 행동을 삼가는 것은 아니라고 봅니다. 그 동물은 이건 할 일이 못 되는구나 하는 느낌을 갖게 되는 것입니다. 우리들 자신도 바로 이러할 뿐입니다.

코플스턴 동물이 도덕적 의무감을 갖고 있다고 보는 이유를 모르겠습니다. 또한 우리는, 동물이 불복 행동을 했다고 해서 그 동물에게 도덕적 책임이 있다고는 결코 보지 않습니다. 그러나 사람에게는 의무감과 도덕적 가치에 대한 의식이 있습니다. 사람이 동물에게 '조건 반사를 일으키듯' 사람이 모든 사람에게 조건 반사를 일으킬 수 있다고 보는 이유를 모르겠습니다. 그리고 설사 어떤 사람이 그렇게 할 수 있다고 하더라도 나는 경이 그것을 진정 바랄 것으로 보진 않습니다. 만일 '행동주의'가 옳다고 하면 네로 황제와 아시지의 성 프란시스 사이에는 객관적으로 아무런 도덕적 차이도 없을 것입니다. 러셀 경, 나는 경께서 벨젠 수용소장의 행동을 도덕적으로 비난받을 행동으로 보신다는 느낌을 갖지 않을 수 없습니다. 그리고 설사 경께서, 일부 사람들이 그처럼 끔찍하게 취급받음으로써 인류의 행복에 균형이 높아질 것으로 생각한다 하더라도, 아니,

13 하나님은 존재하는가

생각할 만한 이유가 있다 하더라도, 경 자신은 어떤 상황에서도 그와 같은 행동을 결코 하지 않을 것으로 봅니다.

러셀 물론이지요. 미친 개의 행동을 흉내내진 않을 것입니다. 그러나 내가 그런 행동을 하지 않으리라는 사실은 이 문제에 전혀 영향을 주지 못합니다.

코플스턴 그렇긴 합니다만, 만일 경께서 옳고 그름을 결과의 측면에서 공리주의적으로 설명하려 한다면 그런 주장이 나올지도 모르는 일이며, 나치 중에서도 우수하다는 몇몇 인간들도, '이런 행동을 하게 되어 유감스럽긴 하지만 긴 안목으로 보면 균형을 잡는 것이 보다 큰 행복을 낳을 것이다'고 주장할 것입니다. 하지만 경께서 그렇게 말씀하시진 않을 것 아니겠습니까? 그런 류의 행동은 잘못이라고, 전박적인 행복의 균형이 높아지느냐 아니냐의 문제는 차치하고 그 행동 자체가 잘못이라고 말씀하실 줄 압니다. 만일 그렇게 말씀하실 생각이라면 경께서는 옳고 그름에 대한 어떤 기준, 어쨌거나 느낌이란 기준 이외의 것을 가지고 있어야 한다고 봅니다. 이 점을 인정하신다면 결국 하나님 속에 있는 궁극적인 가치의 근거도 인정하지 않을 수 없을 것입니다.

러셀 우리가 지금 혼란으로 빠져드는 것이 아닌가 싶습니다. 나는 그 행동에 대한 직접적인 느낌이 아니라 그 결과에 대한 느낌을 가지고 판단할 것입니다. 그리고 나는 신부님께서 논해오신 것과 같은 특정한 류의 행위에 이익이 되는 그런 상황을 전혀 인정할 수 없습니다. 그런 행동이 유익한 결과를 가져오는 상황도 상상할 수 없습니다. 그렇게 할 수 있다고 생각하는 사람들은 자기 자신을 속이고 있는 거라고 생각합니다. 그러나 만일 그런 행동이 유익한 결과를 가져오는 상황이 존재한다면 나는 아무리 내키지 않더라도 이렇게 말해야 겠지요. '그래, 나는 이런 것들을 좋아하지는 않지만 받아들이겠다.' 이것은, 내가 형벌을 아주 싫어하면서도 형법을 받아들이는 것과 꼭 같은 것입니다.

코플스턴 그럼 이제 내 입장을 요약할 때가 된 것 같습니다. 나는 두 가지 점을 주장했습니다. 첫째, 하나님의 실재는 형이상학론에 의해서 철학적으로 증명될 수 있다. 둘째, 인간의 도덕적 경험과 종교적 경험을 의미 있게 만드는 것은 오직 하나님의 실재뿐이다. 제 개인적인 생각으로는, 인간의 도덕적 판단에 대한 경의 설명 방식은, 경의 이론이 요구하는 것과 경 자신의 자발적인 판단 사이의 충돌로 이어질 게 불가피하다고 봅니다. 뿐만 아니라 경의 이론은 도덕적 의무를 교묘하게 둘러대고 넘어가버리는데, 둘러대고 넘어가는 것은 설명이 아니지요. 형이상학론에 있어서는, 우리가 세상이라고 부르는 것은 단순히 우연 존재들로 구성되어 있다는 데 대해 우리 둘다 분명히 일치합니다. 즉, 그 누구도 자기 자신의 실재를 설명할 수 없는 존재들로 구성되어 있지요. 사상(事象)들의 연속물에는 설명이 불필요하다고 경께서는 말씀하십니다. 그러나 저는 만일 필연 존재, 즉 실재해야 하는 동시에 실재하지 않을 수 없는 존재가 없다면 아무것도 실재하지 않을 거라고 말합니다. 우연 존재들의 연속의 무한성은, 설사 그것이 입증된다 하더라도, 아무 관련성도 없을 것입니다. 무엇인가가 분명 실재합니다. 그러므로 이 사실을 설명하는 무언가가 존재해야 하며 그것은 우연 존재들의 연속 그 바깥에 있는 존재인 것입니다. 만약 경께서 이 점을 인정하셨더라면, 우리는 그 존재가 인격적인가, 선한가 등등에 대해서도 논

13 하나님은 존재하는가

할 수 있었을 것입니다. 실제로 논의된 점, 즉 필연 존재가 있느냐 없느냐 하는 문제에 대해서는 나의 경우 고전 철학자들 대다수와 견해가 일치하는 것 같습니다.

경께서는, 실재하는 존재들은 그저 거기에 있을 뿐이므로 내가 그것들의 실재를 설명하는 문제를 제기하는 것은 정당하지 못하다고 주장하시는 것 같습니다. 그러나 내가 지적하고 싶은 것은, 그러한 입장은 논리적 분석에 의해 실증될 수 없으며, 따라서 그 자체부터 증거를 요하는 철학을 표현하고 있을 뿐이라는 점입니다. 우리가 막다른 길에 들어선 것은 서로의 철학관이 현저하게 다르기 때문인 것 같습니다. 즉, 내가 철학의 일부라고 하는 것을 경께서는 전체라고 하시는 것 같습니다. 적어도 철학이 합리적인 한에서 말입니다. 이런 말을 해서 죄송하지만 제가 볼 때 경께서는 자신만의 논리 체계—이것을 경께서는 낡은 논리에 맞서는 (경향성을 띤 형용사를 써서) '현대적인' 논리라고 부르시죠—외에도, 논리적 분석으로 결코 실증될 수 없는 철학을 주장하시는 것 같습니다. 결국 하나님의 실재 문제는 실존에 관한 문제인 데 반해, 논리적 분석은 실재의 문제를 직접 다루진 않습니다. 그러므로 제가 볼 때는, 어떤 한 문제의 틀에 포함된 용어들이 다른 문제의 틀을 다루는 데 필요하지 않다고 해서 무의미하다고 단언하는 것은 철학의 성격과 범위를 출발점에서부터 결정해버리는 것이며 그것 자체부터가 정당화를 요하는 하나의 철학적 행위인 것입니다.

러셀 그러면 내 입장을 요약하는 의미에서 몇 마디만 얘기하겠습니다. 첫째로 형이상학론에 대해 말씀드리자면, 나는 '우연적' 따위의 용어가 가진 함축이나, 코플스턴 신부님이 의미하시는 바와 같은 설명의 가능성을 인정하지 않습니다. '우연적'이란 말은, '그저 거기에 있음'의 이른바 그 우유성(偶有性)을 띠지 않는 어떤 것의 가능성을 불가피하게 암시하므로 순수하게 인과적인 의미에서가 아닌 한 나는 옳다고 보지 않습니다. 때로는 어떤 것을 다른 어떤 것의 결과로 보면서 인과적 설명을 할 수도 있지만 그것은 어떤 것을 다른 것의 탓으로 돌리는 것에 불과합니다. 그러므로 내가 볼 때는 코플스턴 신부님이 뜻하는 바와 같은 설명이란 결코 존재하지 않을 뿐 아니라, 사물을 '우연적'이라고 하는 것도 아무 의미가 없습니다. 왜냐하면 사물이 달리 존재할 길이 없기 때문이죠. 이상이 이 부분에 대해 내가 말하고자 하는 것입니다만, 내가 논리를 철학 전체로 생각한다고 하는 코플스턴 신부님의 비난에 대해 몇 마디 덧붙이고 싶습니다. 그것은 결코 그렇지가 않습니다. 나는 결코 논리를 철학 전체로 보지 않습니다. 나는 논리가 철학의 핵심적인 부분이며 따라서 철학에 사용되지 않으면 안 된다고 봅니다. 이 점에 있어서는 신부님이나 나나 생각이 같을 것입니다. 신부님이 사용하는 논리가 아직 새로웠던 시절, 즉 아리스토텔레스 시대에는 그것을 두고 대단한 소동이 일었을 것입니다. 아리스토텔레스 자신도 그 논리와 관련해 많은 언쟁을 일으켰지요. 그러나 오늘날 그것은 늙어 존경받는 처지로 되었으므로 그것을 두고 그처럼 법석을 떨 필요는 없지요. 내가 믿는 논리학은 비교적 새로운 것입니다. 따라서 나도 아리스토텔레스처럼 법석을 떨어야 하겠습니다만, 그러나 내가 그것을 철학 전체로 생각한다는 것은 사실이 아닙니다.―결코 그렇게 생각하지 않습니다. 나는 그것이 철학의 중요한 부분이라고 봅니다. 그리고 나는 이 말을 하면서 이런 저런 낱말의 의미를

13 하나님은 존재하는가

찾지도 않습니다. 그것은, 내가 그 특정 단어에 관해 생각하여 찾아낸 것들에 바탕을 둔 지엽적인 입장입니다. 형이상학에서 사용하는 모든 용어들은 무의미하다라든지, 기타 내가 결코 지지할 수 없는 그런 어떤 것이라든가 하는 일반적인 입장은 아닙니다.

도덕론에 대해 말씀드리자면, 인류학이나 역사를 공부하다보면 나로선 끔찍하게 생각되는 행위를 실행하는 것이 자기들의 의무인 양 생각하는 사람들을 발견하게 됩니다. 그러므로 나는 도덕적 의무의 내용이 하나님에게 기원이 있다고는 결코 생각할 수 없으며 코플스턴 신부님도 나에게 그렇게 생각하라고는 하지 않습니다. 그러나 나로서는, 이를테면 제 아비를 잡아먹는 것과 같은 일을 사람에게 명하는 형태로 될 때는 도덕적 의무의 형식조차도 그다지 아름답고 고상하게 보이지 않습니다. 따라서 나는 도덕적 의무감이란 것이 하나님에게 기원을 두고 있다고 생각할 수 없으며 그것은 전혀 다른 방식들로 아주 쉽게 설명될 수 있다고 봅니다.

14

종교는 우리들의 문제를 해결할 수 있는가
Can Religion Cure Our Troubles?

여기 실린 두 개의 글은 1954년 11월 9일과 11일에 《다겐스 니헤터》라는 스톡홀름 일간지에 실렸던 글들이다.

I

인류는 중대한 위기에 처해 있으며, 과거에도 그랬듯 공포는 사람들을 하나님 안에서 피난처를 구하도록 몰아가고 있다. 서구세계 전 지역에서 종교의 부활이 매우 보편화되고 있다. 나치와 공산주의자는 기독교를 추방시키면서 개탄할 만한 일들을 저질렀다. 히틀러와 소비에트 정부에 의한 기독교 배척은 적어도 우리의 고민이 부분적인 원인이며 따라서 세계가 기독교 신앙으로 되돌아가면 우리 국제사회의 문제들이 해결될 것이라고 결론내리기 쉽다. 나는 이것을 공포에서 생겨난 철저한 망상이라고 믿는다. 그리고 위험스러운 망상이라고 본다. 왜냐하면 그것은 그렇지 않았더라면 훌륭하게 열매 맺을 수 있는 사고를 갖춘 사람들을 오도하여, 터무니없는 해결책을 취하도록 만들기 때문이다.

이 문제는 비단 현 상태의 세계에만 관계된 것이 아니다. 훨씬 더 보편적인 문제로서 여러 세기를 두고 논란이 되어온 문제이다. 이것은, 만일 사회가 독단적인 종교의 도움을 받지 못한다면 과연적으나마 충분한 도덕성을 발휘할 수 있을 것인가의 문제이다. 나 개인적으로는, 도덕의 종교 의존성이 종교인들이 생각하는 것만큼 그렇게 높다고 보지 않는다. 심지어, 일부 대단히 중요한 덕목들은 종교 교리를 받아들이는 사람들보다 그것을 거부하는 사람들 속에서 더 자주 발견된다고까지 생각한다. 진실성이나 지적 성실성과 같은 덕목의 경우가 특히 그러한 것 같다. 내가 말하는 지적 성실성이란, 힘든 문제들을 증거에 입각해 판단하는 습관, 혹은 증거가 결정적이지 못한 경우에는 문제를 판단하지 않고 내버려두는 습관을 의미한다. 어떤 류이든 교리 체계란 것을 신봉하는 사람들은 거의 대부분이 이 덕목을 과소평가하지만 내가 볼 때 이것은 더할 수 없이 큰 사회적 중요성을 지니며, 세상에 혜택을 줄 가능성도 기독교나 기타 조직화된 어떤 믿음 체계보다도 높다.

여기서 잠깐, 도덕률이란 것이 용인되기까지의 과정을 살펴보기로 하자. 도덕률은 크게 두 종류로 나뉜다. 즉, 종교적 신조 이외에는 아무런 근거를 갖지 못하는 것이 있고, 명백하게 사회적 유용성에 근거한 것이 있다. 그리스 정교회에서는 아이에게 대부나 대모가 되어준 남녀들끼리는 결혼하면 안 되게 되어 있다. 이 규율의 경우, 오직 신학적 근거만 있음이 분명하다. 그러므로 만일 당신이 이 규율을 중요하게 여긴다면 이렇게 말하는 게 지당하다.: 종교가 쇠퇴하면 이 규율도 지켜지지 않을 것이므로 종교의 쇠퇴를 막아야 한다. 그러나 문제가 되는 것은 이런 류의 도덕률이 아니라 신학과는 별도로 사회적 정당성을 갖는 도덕률들이다.

도둑질을 예로 들어보자. 모든 사람이 다 도둑질을 하는 사회는 누구에게나 불편하다. 그리고 절도가 드문 사회에 산다면 대부

14 종교는 우리들의 문제를 해결할 수 있는가

분의 사람들이 자신이 바라는 삶을 더 많이 누릴 수 있다는 것도 분명하다. 그러나 법률과 도덕과 종교가 없으면 어려움이 발생한다. 각 개인의 입장에서 본다면 자기 혼자만 도둑질을 하고 나머지 사람은 다 정직한 사회야말로 이상적인 사회일 것이기 때문이다. 따라서 개인의 이익과 사회의 이익이 절충되려면 사회제도라는 것이 필요해진다. 이 효과는 형법과 경찰을 통해 어느 정도 거둘 수 있다. 그러나 범죄자들이 늘 체포되는 것도 아니고, 또 경찰이 힘 있는 자들에게 부당하게 관대할 수도 있다. 설사 경찰이 실패한다 해도 하나님이 계시니 도둑을 벌해줄 것이라는 얘기를 사람들이 믿을 수 있게만 된다면 믿음만으로도 정직성이 높아질 수 있을 것 같다. 이미 하나님을 믿고 있는 사람들이라면, 하나님이 도둑질을 금하셨음을 기꺼이 믿을 것이다. 이런 측면에서의 종교의 유용성은, 도둑이 왕인데 그 왕이 지상의 정의 위에 군림한다는 내용의 나보드의 포도원 이야기에 잘 나타나 있다.

과거의 반(半)문명화된 사회들에서는 이와 같은 사고방식이 사회적으로 바람직한 품행을 증대시키는 데 도움이 되었을 수도 있다는 점은 부인하지 않겠다. 그러나 오늘날에는, 도덕의 기원을 종교로 돌림으로써 얻을 수 있는 이익이 너무도 심각한 악폐들과 단단하게 얽혀 있기 때문에 이 악폐와 비교하면 이익이 무의미해질 정도이다. 문명이 발달됨에 따라 세속적 강제력은 보다 확고해지고 하나님의 강제력은 보다 줄어든다. 사람들이 도둑질을 하면 붙잡힌다고 생각할 근거는 더욱 많아지고, 붙잡히지 않더라도 하나님이 처벌하실 거라고 생각할 근거는 점점 더 줄어든다. 오늘날에는 극히 종교적인 사람들조차도, 도둑질을 하면 지옥에 간다고 믿는 경우가 거의 없다. 때맞춰 참회하면 된다고, 어쨌거나 지옥이란 것은 그다지 확실하지도 않을뿐더러 옛날처럼 그렇게 뜨거운 곳도 아니라고 생각하는 것이다. 문명 사회의 사람들은 대부분 도둑질을 하지 않는데 아마도 당장 여기 지상에서 처벌될 가능성이 보다 높아졌기 때문이 아닌가 싶다. 이 점은, 골드 러시(gold rush) 동안의 광산촌이나 기타 그와 유사한 무질서 사회의 사람들은 대부분이 도둑질을 한다는 사실에서도 증명된다.

그러나 이렇게 말할 수 있을지도 모른다. 비록 이제는 도둑질에 대한 종교적 금기가 크게 필요하지 않게 되었다 할지라도 우리들 누구나 도둑질이 없어지길 바라니 어쨌거나 그러한 금기가 해될 것은 없다고 말이다. 그러나 문제는 사람들이 기존의 신학을 의심하게 되면 그 순간부터 추악하고 해로운 수단들로 그것을 지탱하려는 움직임이 일어난다는 데 있다. 신학이 미덕에 필요하다고 여겨지면, 그리고 신학이 옳다고 생각할 근거가 없다고 회의론자들이 솔직하게 인정하면, 권력자들은 솔직한 연구 작업의 기를 꺾어놓는 작업에 착수할 것이다. 과거에는 그러한 연구자들을 화형에 처함으로써 막으려 하였다. 러시아에서는 그보다 별로 나을 바 없는 방법들을 아직도 쓰고 있다. 그러나 서구 여러 나라의 당국자들은 다소 부드러운 형태의 설득 방법을 다듬어놓았다. 그중에서도 아마 학교가 제일 중요할 것이다. 학교는 당국자들이 싫어하는 견해를 지지하는 주장들이 어린 사람들의 귀에 들어가지 않도록 해주기 때문이다. 그럼에도 불구하고 회의적인 성향을 고집하는 사람들은 사회의 노여움을 사게 될 것이고 가능하다면 도덕적으로 참회하도록 강요받을 것이다. 신학에 기반한 도덕 체계들은 이런 방식으로, 집권자들의 권위를 유지하고 젊은이들의 지적 활력을 약화시키는 도구로 바뀐다.

나는 요즘 사람들 상당수가 진실에 무관심한 것을 보면서 지극히 위험스럽다고 생각지 않을 수 없다. 예를 들어 그들은 기독교를 변호하는 주장을 하면서도, 토마스 아퀴나스가 그랬듯, 하나님이 존재하며 하나님이 성서에서 자신의 뜻을 밝혔다고 생각하는 근거를 전혀 제시하지 않는다. 그 대신에 주장하기를, 만일 사람들이 그렇게 생각하게 되면 그렇지 않을 때보다 훨씬 행동이 나아질 것이므로 우리는 하나님이 존재하느냐를 따질 필요가 없다고만 내세운다. 그리고 혹시 방심한 순간에 의심이 고개를 쳐들 때는 꾹꾹 눌러야 하며 솔직한 생각이 의심을 일으킨다면 그 생각을 멀리 해야 한다고 그들은 말한다. 당신의 아내가 사망한 경우, 만일 정통 교리의 공식 대변인들이, 죽은 아내의 여형제와 재혼하는 것은 사악하다고 말하면 당신은 도덕이 붕괴하는 일이 발생하지 않도록 그들의 얘기를 믿어야 한다. 만일 그들이 산아 제한은 죄악이라고 말하면, 당신이 볼 때 산아 제한을 하지 않으면 당신이 불행해질 게 뻔하더라도 그들의 언명을 받아들여야 한다. 결국 어떤 믿음이건, '그것이 진리이기 때문에' 라는 이유 외에 다른 이유로 해서 중요하다고 주장되는 순간, 곧바로 악의 무리 전체가 들고 일어날 태세가 되어 있는 것이다. 앞서 말한 연구심 꺾는 일이 그중에서도 첫째가는 작업이지만 그 밖에 다른 것들도 필히 뒤따르게 되어 있다. 기성 견해에 의심을 던지는 역사적 기록들은 날조되기 마련이다. 그렇게 조금만 지나면 비정통은 화형대에 올려지거나, 숙청되거나, 정치범 수용소에 가두어야 할 범죄로 여겨지게 된다. 나는, 종교는 진리이므로 반드시 믿어야 한다고 주장하는 사람들은 존경할 수 있다. 그러나 종교는 유용하므로 믿어야 한다. 종교가 진리인가 묻는 것은 시간 낭비다라고 주장하는 자들에 대해서는 도덕적으로 엄하게 질책하고 싶은 생각밖에 없다.

　기독교 호교론자들은 거의 습관적으로, 공산주의를 기독교와는 크게 다른 것으로 보면서 공산주의의 해악을 기독교 국민들이 소위 누리고 있다는 축복과 대비시킨다. 내가 볼 때 그것은 심각한 착각이다. 공산주의의 해악들은 '신앙의 시대' 기간 동안 기독교 내에 존재했던 해악들과 똑같다. 게페우(1922~1935년 동안 존속했던 소련의 비밀 경찰)가 종교 재판소와 다른 점은 양적인 측면뿐이다. 게페우의 잔학 행위들, 그것이 소련의 지적·도덕적 생명에 주는 피해는 과거 종교 재판가들이 득세할 때마다 저질렀던 것들과 똑같은 류이다. 공산주의자들은 역사를 날조하는데 교회도 르네상스 이전까지 똑같은 짓을 했다. 지금은 교회가 소비에트 정부만큼 나쁘진 않다고 한다면, 그것은 순전히 교회를 공격했던 사람들의 힘 덕분이다. 트렌트 공회의(1545~1563년 사이에 열린 로마 가톨릭 교회 회의)에서부터 오늘날까지 교회가 혹시라도 나아진 게 있었다면, 그것은 바로 교회의 적들 덕이었다. 공산주의의 경제 원리가 싫어 소비에트 정부에 반대한다는 사람들이 많지만 그러나 크렘린의 이 원리는 초기 기독교인들, 프란체스코 수도회, 중세 기독교 이단자들의 다수가 지지했던 원리이기도 하다.

　이단자들에게서만 공산주의 이론이 발견되는 것도 아니다. 정통파 순교자의 한 사람이었던 토마스 모어 경은 기독교에 공산주의적인 성격이 있다고 하면서, 이 점이야말로 기독교가 유토피아주의자들에게 추천한 유일한 기독교의 한 면이었다고 말한다. 위험하다고 보아도 무방한 것은 소비에트주의 그 자체가 아니라 그 주의를 주장하는 방식이다. 그 주의를 신성하고 거역할 수 없는 진리인 양 주장하면서 여기에 의심을 품는 것은 죄악이므로 지엄한 처벌을 받아 마땅하다고 여겨진다. 기독교인과 마찬가지로, 공산주의자는 구제받기 위해선 자신의 주의가 필수적이라고 믿으며, 그에게 구제를 가능케 해주는 것도 바로 이 믿음이다. 기독교와 공산주의를 공존할 수 없게 만드는 것은 바로 이 같은 둘 사이의 유사점들이다. 과학자들의 경우, 두 사람의 의견이 일치하지 않는다고 해서 속세의 권력에 호소하진 않는다. 그 사안을 판단해줄 증거가 더 나타날 때까지 기다린다. 왜냐하면 그들은, 과학하는 사람들로서, 양쪽 다 무오류일 순 없다는 것을 잘 알기 때문이다. 그러나 신학자 두 사람의 의견이 다른 경우에는 어느 쪽이나 매달릴 기준이 없기 때문에, 서로 증오하면서 공개적으로 혹은 은연중에 무력에 호소하는 수밖에 달리 방법이 없다. 기독교가 과거만큼 해를 미치진 않는다는 것은 나도 인정하다. 그러나 사실 그렇게 된 이유는 열렬한 믿음이 줄었기 때문이다. 때가 되면 공산주의에도 아마 똑같은 변화가 닥칠 것이다. 그리고 만일 그렇게 된다면 그 신조 가운데 오늘날 사람들로 하여금 혐오를 느끼게 만드는 많은 면들이 사라질 것이다. 그러나 만일 기독교는 도덕과 사회 안정에 필수적이라는 견해가 서구 사회들에 만연하게 된다면 기독교는 또다시 중세 때 지녔던 악습을 얻게 될 것이다. 그리하여 점점 더 공산주의와 비슷해져감으로써 그것과의 화해도 더욱더 힘들어질 것이다. 꼭 이 길로 가야만 세계를 불행에서 구할 수 있는 것은 아니다.

II

나는 앞의 글에서, 진리가 아닌 사회적 유용성을 근거로 내세우면서 받아들이라고 제시된 독단적인 이론 체계에서 생겨나는 해악들을 다루었다. 내가 하지 않을 수 없었던 그 말은 기독교나, 공산주의, 회교, 불교, 힌두교, 기타 모든 종교 제도에 똑같이 해당된다. 그것들이 과학자들이 제시하는 것과 같은 보편적인 호소력을 지닌 근거들에 기초하지 않는 한 말이다. 그러나 기독교만의 특수한 장점으로 가정되는 것들을 내세우면서 기독교를 옹호하고 나서는 특별한 주장들이 있다. 이러한 주장은 캠브리지 대학의 현대사 교수인 허버트 버터필드(『기독교와 역사』, 런던, 1950년)가 대단한 말재주와 박식을 과시하며 설명한 바 있으므로 나는 그를 그와 의견을 같이 하는 대집단의 대변자로 볼 참이다.

버터필드 교수는 양보를 통해 논쟁에서 유리한 고지를 확보하려고 애쓰는데 그러한 태도는 그를 실제 이상으로 개방적인 사람인 양 보이게 만든다. 그는 기독교 교회가 박해에 의존해왔다는 것과, 이제 그러한 박해가 사라졌다고 볼 때, 교회가 그 관행을 포기하게 된 것은 외부의 압력 때문이었음을 인정한다. 또한 그는, 현재의 러시아와 서구 사이의 긴장은, 설사 러시아 정부가 오늘날까지 그리스 정교회를 고수해왔다 하더라도 예견되었을 법한 무력 외교의 결과임을 인정한다. 자신이 볼 때 분명히 기독교적인 일부 미덕들이 다수 기독교인들의 행동에서 발견되기보다는 오히려 몇몇 자유사상가들에게서 발견되곤 했다는 점도 인정한다. 그러나 이러한 양보들에도 불구하고 그는 여전히, 세계를 고통으로 몰아넣고 있는 해악들은 기독교 교리를 지킴으로써 바로잡아질 수 있다고 주장하며,

14 종교는 우리들의 문제를 해결할 수 있는가

최소한으로 필요한 기독교 교리를 손꼽으면서 하나님과 영생에 대한 믿음뿐 아니라 성육신(그리스도가 사람의 모습으로 지상에 태어남. 이 책의 1장에서 러셀은 기독교의 핵심교지 중 하나로서의 성육신의 문제를 비판적으로 검토하고 있다)에 대한 믿음까지 포함시킨다. 그는 기독교와 일부 역사적 사건들이 관련성을 강조하면서 그러한 사건들을 역사적인 것으로 받아들이는데, 이때 그가 제시하는 증거는 만일 그것이 그의 종교와 관련이 없었다면 결코 그를 납득시킬 수 없었을 그런 증거이다. 그가 내놓은 동정녀 수태에 대한 증거도, 만일 그가 잘 알고 있는 종교적 믿음의 울타리 밖에서 제시되었다면 어떤 공정한 연구자도 납득시키지 못했을 증거라고 나는 본다.

이교도들의 신화에도 그런 이야기는 얼마든지 있다. 그러나 그런 이야기를 진지하게 받아들이리라고는 아무도 생각지 않는다. 그러나 버터필드 교수는, 역사가임에도 불구하고, 기독교적 기원과 관련된 대목만 나오면 역사성의 문제에는 전혀 무심한 듯 보인다. 그의 이론에서 그 세련미와 기만적인 관대한 태도를 벗겨낸다면, 거칠기는 해도 정확히 다음과 같은 내용이 될 것이다. '예수가 정말 성령으로 잉태되어 동정녀에게서 태어났느냐를 가지고 따지는 것은 아무런 가치도 없다. 왜냐하면, 그것의 사실 여부를 떠나, 그렇게 믿는 것만으로도 오늘날 세계가 처한 고민들에서 벗어날 수 있다는 최선의 희망이 생겨나기 때문이다.' 버터필드 교수의 저서 어디에서도, 기독교 교리의 진실성을 입증하려고 한 흔적조차 보이지 않는다. 다만, 기독교 교리를 믿는 것이 유용하다는 실용주의적 주장만 있을 뿐이다. 버터필드 교수의 주장은 여러 단계로 되어 있으나 기대만큼 그렇게 명료하고 정확하게 진술되어 있지가 않다. 그 이유에 대해 나는, 명확성과 정확성을 도입하면 그의 단계들이 그럴 듯해 보이지 않기 때문이 아닐까 생각한다. 내가 볼 때 그의 주장은, 불필요한 것들을 빼고 나면 다음과 같다. '사람들이 자기 이웃을 사랑하게 된다면 좋을 것이지만 사람들은 별로 그런 의향을 보이지 않는다. 그러나 예수는 그렇게 해야 한다고 말씀하셨다. 따라서 사람들이 예수가 하나님이었음을 믿는다면, 믿지 않았을 때보다, 이 부분에 관한 그의 가르침에 관심을 가질 가능성이 훨씬 높다. 그러므로 사람들이 이웃을 사랑하게 되길 바라는 사람이라면, 그들에게 예수가 하나님이었음을 설득시키려 애쓰기 마련이다.'

이런 류의 주장에 대해선 반박론이 워낙 많기 때문에 어디서부터 시작해야 좋을지 모르겠다. 우선, 이웃을 사랑하는 것은 좋은 것이라고 버터필드 교수 및 그와 같은 생각을 가진 사람들 모두가 믿고 있는데, 그들이 이런 견해를 갖게 된 이유 그 자체는 예수의 가르침에서 나온 것이 아니다. 오히려 거꾸로, 그들이 이 견해를 이미 갖고 있기 때문에 예수의 가르침을 예수의 신성의 증거로 보는 것이다. 다시 말해 그들은 신학에 근거한 윤리가 아니라 자기들의 윤리에 근거한 신학을 갖고 있다. 그러나 그들은 겉으로는, 자신들로 하여금 이웃을 사랑하는 것이 좋다고 생각하게 만든 그 비신학적 근거들이 폭넓은 호소력이 없을 것이라고 주장하면서, 자기들이 보기에 좀더 효과가 있을 것으로 기대되는 다른 주장들을 창안하는 쪽으로 나아간다. 이것은 대단히 위험한 진전이다. 한때 많은 신교도들이, 안식일을 지키지 않는 것은 살인하는 것만큼이나 나쁘다고 생각한 적이 있었다. 만일 당신이 그들에게 안식일을 지키지 않아도 나쁘지 않다고 설득한다면 그들은 그렇다면 살인하는 것도 나쁘지 않겠다고 추론해버렸을지도 모른다. 모든 종교의 윤리는 일부 합리적으로 변호할 수 있는 것들과 미신적인 금기들의 구현에 지나지 않는 것들로 이루어져 있기 마련이다. 합리적으로 변호될 수 있는 부분들은 지켜야 마땅하다. 그렇게 하지 않았다간, 다른 부분의 비합리성을 발견한 사람들이 합리적인 부분까지 몽땅 성급하게 거부할 수도 있기 때문이다.

그러나 과연 기독교는 실제에 있어 경쟁자나 반대자들보다 나은 도덕성을 표상하여왔던가? 역사를 공부하는 정직한 학생이라면 과연 누가 그렇다고 주장할 수 있을지 의심스럽다. 기독교는 특히 거침없이 박해를 가한다는 점에서 다른 종교들과 구분되어왔다. 불교는 결코 박해를 가한 적이 없는 종교다. 기독교 국가들이 유대인과 회교도들에게 한 짓에 비하면, 칼리프 제국은 유대인과 기독교인들에게 훨씬 관대했다. 이 제국은 유대인들과 기독교인들이 공물만 바치면 괴롭히지 않고 내버려두었다. 반(反) 셈족(유대)주의는 로마 제국이 기독교화된 순간부터 기독교에 의해 증대되었다. 서유럽에서는 십자군의 종교적 열기가 유대인 학살로 이어졌다. 드레퓌스를 부당하게 고발한 것은 기독교인들이었고, 마지막에 그의 명예를 복권시킨 것은 자유 사상가들이었다. 근대에 출현한 증오들은, 유대인들이 희생자인 경우뿐 아니라 다른 관계인 경우에도, 기독교인들의 옹호를 받았다. 콩고에 대한 레오폴드 국왕 정부의 증오는 교회에 의해 은폐되거나 축소되었으며 자유 사상가들이 앞장 서 이끈 운동의 결과 겨우 끝을 맺었다. 기독교가 도덕적 감화력을 향상시켰다는 모든 주장은, 역사적 증거를 완전히 무시하거나 날조함으로써만 유지될 수 있을 뿐이다.

여기에 대해 습관적으로 나오는 대답은, 우리가 개탄하는 짓을 한 기독교인들은 예수의 가르침에 따르지 않았다는 점에서 진정한 기독교인들이 아니었다는 대답이다. 그렇다면 소비에트 정부에 대해서도 진정한 마르크스주의자들로 이루어진 정부가 아니라고 해야 공평할 것이다. 왜냐하면 마르크스는, 슬라브 민족은 독일 민족보다 열등하다고 가르쳤는데, 이 가르침은 크렘린 측에 받아들여지지 않았으니 말이다. 스승을 따르는 추종자들은 원래 어느 대목들에서는 스승의 가르침에서 멀어지게 마련이다. 교회를 세우려는 사람들은 이 점을 반드시 기억해야 한다. 교회는 모두 자기보존 본능을 발전시키며, 이 목적에 부합되지 않는 부분에 대해서는 창시자의 교리도 축소시키는 법이다. 어쨌든 근대의 호교론자들이 '진정한' 기독교라 부르는 것은 극히 선택적인 과정에 좌우되는 어떤 것이다. 그것은 복음서에서 발견되는 많은 것들을 무시해버린다. 양과 염소의 비유, 악한 자는 지옥불에서 영원한 고통을 받으리라는 교리 등등이 그 예이다. 그것은 산상설교[山上垂訓] 중에 어떤 부분들을 끄집어내지만 실천 부분에서는 이것들조차도 거부되는 경우가 흔하다. 이를테면 무저항의 교리 따위는 간디와 같은 비기독교인들이나 실천하게 내버려둔다. 소위 진정한 기독교가 특히 옹호하는 교훈들에 대해선, 너무도 숭고한 도덕성을 구현하고 있으니 하나님에게서 나온 게 틀림없다고 주장한다. 그러나 매디필드 교수가 반드시 알아야 할 점이 있다. 그러한 교훈들은 예수 이전에 벌써 유대인들이 말한 것들이란 사실이다. 예를 들면 힐렐의 가르침과 「12족장의 경서」에서도 그런 교훈들이 발견되는데, 이 문제에 관한 유력한 권위자인 R. H. 찰스 목사 겸 박사는 여기에 대해 이렇게 말한다. '산상설교는 몇 가지 예에서 그 정신을 반영하고 있으며, 우리가 말하는 책에 나오는 어귀를 그대로 사용하기도 한다. 복음서의 여러 구절도 이 책의 흔적을 보여주며, 성 바울도 이 책을 편람서로 이용했던 것 같다.' 찰스 목사는 예수도 이 책을 알고 있었을 것으로 본다. 만일, 우리가 이따금 듣는 얘기대로, 어떤 윤리적 가르침의 숭고함이 그 가르침을 편 사람의 신성을 입증한다고 한다면, 신성했을 사람은 이 경서의 이름 모를 저자일 것이다.

세상의 꼴이 엉망이라는 것은 부인할 수 없다. 그러나 역사를 돌아볼 때, 기독교가 탈출구를 제공하리라 기대할 근거는 털끝만치도 없다. 우리의 문제들은, 그리스 비극의 무정함과 더불어, 공산주의자와 나치주의자들을 양산한 1차 세계대전에서 비롯되었다. 1차 대전은 그 기원에 있어 완전히 기독교적이다. 세 사람의 황제는 신심이 깊었으며 영국 내각의 호전적인 사람들도 그러했다. 전쟁 반대론은 독일과 러시아의 경우, 반기독교인인 사회주의자들에게서 터져 나왔다. 프랑스에서는 조레스로부터 시작되었는데 그의 암살 사건은 열렬한 기독교인들의 박수갈채를 받았다. 영국에서는 주목받던 무신론자인 존 몰리에게서 시작되었다. 공산주의의 가장 위험스런 특징들은 중세적 교회를 떠올리게 한다. '신성한 책'에 담긴 교리에 대한 광적인 신봉, 그 교리를 비판적으로 점검해보기를 꺼림, 교리를 거부하는 사람들에 대한 야만적인 박해가 바로 그 특징들인 것이다.

우리가 행복한 결말을 위해 기대해야 할 대상은 서구세계에서 광신주의자의 편협함이 부흥하는 것은 결코 아니다. 만일 그렇게 된다면, 그러한 부흥은, 공산체제의 끔찍한 특징들이 보편화되었음을 의미할 뿐이다. 세계가 필요로 하는 것은 합리성, 관용, 그리고 인류 가족 구성원들 간의 상호의존의 실현이다. 그러한 상호의존은 현대 과학 덕분에 엄청나게 증대되어왔으며, 내 이웃에 친절하자는 순수하게 현세적인 주장들이 과거 그 어느 때보다 힘을 얻고 있다. 우리가 기대야 할 것은 이와 같은 사고방식들이지, 몽매한 신화로의 복귀는 결코 아니다.

지성이 우리의 문제를 야기했다고 말할 수도 있을 것이다. 그러나 비(非)지성이 문제를 해결해줄 수 있는 것은 결코 아니다. 더 많은, 더 현명한 지성만이 보다 행복한 세상을 만들어줄 수 있는 것이다.

15

종교와 도덕

Religion and Morals

하나님에 대한 믿음 없이는 인간은 행복할 수도 도덕적일 수도 없다고 말하는 사람들이 많다. 미덕에 관한 한 나는 개인적 경험이 아니라 관찰을 근거로 말할 수 있을 뿐이다. 행복에 관해서라면, 경험이든 관찰이든 나로 하여금 신자가 비신자보다 평균적으로 더 행복하다거나 불행하다고 생각하게 만들지 못했다. 불행에 대해서는 '거창한' 이유를 찾으려 드는 게 통상적이다. 왜냐하면 사람이 비참의 원인을 자기 건강 탓으로 돌리기보다는 신앙의 결핍 탓으로 돌리는 것이 좀더 쉽게 자존심을 살릴 수 있기 때문이다. 도덕성에 관해서는 많은 부분이 이 용어를 어떻게 이해하는가에 달려 있다. 나는 친절과 지성이 중요한 덕목이라고 생각한다. 지성은 어떤 것이든 간에 교리에 의해 방해받고 친절은 죄와 벌에 대한 믿음에 의해 억제된다(그런데 이 믿음이야말로 소비에트 정부가 가톨릭 정교회로부터 물려받은 유일한 것이다).

전통적 도덕이 사회적으로 바람직한 것들을 방해하는 방식에는 실제로 여러 가지가 있다. 그중에 하나가 성병의 예방 문제이다.

보다 중요한 것은 인구 제한이다. 의학의 발전으로 이 문제가 과거의 그 어떤 때보다 훨씬 중요해졌다. 백 년 전의 영국 국민들과 같이 다산하는 민족 혹은 종족이 이 점과 관련해 습성을 바꾸지 않는다면 인류에게는 전쟁과 빈곤 이외에 별다른 희망이 없다. 이것은 지혜로운 모든 학도들에게는 알려져 있는 사실이지만 종교적 독단주의자들은 이를 인정치 않는다.

나는 독단적 신앙심이 쇠퇴하면 악(惡)밖에 생겨날 것이 없다고는 믿지 않는다. 나치즘이나 공산주의 같은 새로운 체계의 독단이 구체계보다 더 나쁘다는 것도 인정한다. 그러나 젊은이들에게 정통적 독단주의적 습성이 주입되지 않았던들 이러한 새로운 것들이 사람들의 정신을 사로잡지는 않았을 것이다. 스탈린의 언어는 자신이 훈육 받았던 신학교에 대한 회고로 가득 차 있다. 세계가 필요로 하는 것은 독단이 아니라 과학적 탐구의 태도이며 더불어, 수백만이 고통받는 것은 바람직하지 못하다고 하는 믿음도 필요하다. 그 고통이 스탈린이 야기한 것이든, 혹은 믿는 자들과 닮았다고 상상되는 신이 야기한 것이든 말이다.

(1952년에 씌어짐)

역자 후기

종교는 인류에게 유해한 것인가? 간단치 않은 질문이다. 종교가 인류의 역사와 더불어 발전해왔다는 것은 그만큼 인류에게 필수적인 요소라는 것을 반증하기 때문이다. 그러나 근대에 들어와 과학과 인간의 이성이 발전하면서 종교는 더 이상 과거와 같은 영화를 누리지 못하게 되었을 뿐 아니라 합리주의자들과의 길고도 힘겨운 싸움으로 돌입하게 되었다.

이렇게 볼 때 굳건한 합리주의자이자 자유주의자인 러셀이 종교를 짚고 넘어가는 것은 당연한지도 모른다.

러셀이 종교를 비판하는 잣대는 진실성과 유용성에 달려 있다. 각 종교들이 주장하는 내용이 진실이라고 볼만한 과학적, 합리적 근거가 없을 뿐 아니라 종교들 간에도 합의된 진리가 없다고 말한다.

유용성의 측면에서는 종교는 한마디로 해롭다고 말한다. 자신의 기득권을 보전하기 위해 자유와 진보를 박해하는 과정에서 결국은 속세의 기득권 세력과 결탁하게 되므로 민중의 정신을 현혹하고 인권을 억압하기 때문이란 것이다.

이러한 시각을 러셀은 특유의 날카로움과 해박한 지식을 동원해 조목조목 개진한다. 그러나 독자의 입장에 따라서는 일부 기독교 비판 대목에서 지나치게 주관적인 면을 발견하게 될 소지도 없지는 않다. 그의 관점을 어떻게 받아들일 것인지는 전적으로 독자에게 달려 있다.

역자가 볼 때 인간은 장기적으로 역사와 진보의 주체인 동시에 일회성 삶을 부여받은 개체이기도 하다. 각자의 소중한 인생을 어떻게 하면 보다 합리적인 동시에 선하게, 더불어 행복하게 살 수 있을 것인지 보다 깊게 고찰하기 위해서는 이번 기회에 종교의 순기능도 함께 점검해볼 필요가 있다고 본다.

송은경